일곱 빛깔 이야기
— '예담길' 7인의 약전 —

일곱 빛깔 이야기
— '예담길' 7인의 약전 —

김병택

장일홍

문무병

김석희

김희숙

양원홍

김석범

평민사

일곱 빛깔 이야기

초판 1쇄 인쇄일   2025년 11월 6일
초판 1쇄 발행일   2025년 11월 20일

지 은 이   김병택 · 장일홍 · 문무병 · 김석희
　　　　　김희숙 · 양원홍 · 김석범
만 든 이   이정옥
만 든 곳   평민사
　　　　　서울시 은평구 수색로 340 〈202호〉
　　　　　전화 : 02) 375-8571   팩스 : 02) 375-8573
　　　　　http://blog.naver.com/pyung1976
　　　　　이메일   pyung1976@naver.com
등록번호   25100-2015-000102호
　ISBN   978-89-7115-895-1   03800
정　　가   16,500원

· 잘못 만들어진 책은 바꾸어 드립니다.
· 이 책은 신저작권법에 의해 보호받는 저작물입니다.
　저자의 서면동의가 없이는 그 내용을 전체 또는 부분적으로 어떤 수단 · 방법으로나
　복제 및 전산 장치에 입력, 유포할 수 없습니다.

목 차

■ 책을 펴내면서 • 7

문학에서 나의 길을 찾다
| 김병택 9

황혼에 쓰는 자서전
| 장일홍 55

나의 문학적 자화상
| 문무병 99

치기와 오기 사이
| 김석희 123

춤을 살다
| 김희숙 171

기와공장 집 아이들
| 양원홍 221

고희를 바라보는 뒤안길에서
| 김석범 267

■ 책끝에 덧붙임 • 318

책을 펴내면서

'나이가 들기는 했지만…'으로 시작되는 다소 도전적인 말 속에는 우리로 하여금 정기적인 모임을 만들게 한 의지의 일단이 들어있다. 우리는 먼저 그 의지를 실천하기 위해 필요한 항목의 하나로 '예술'을 찾아냈고, 나중에는 함께 걸으면서 예술을 이야기하는 모임의 방식에 모두 동의했다. 예술을 이야기하는 것은 사실상 예술을 배우는 것과 매한가지여서 적지 않은 유익함마저 주었다.

그렇다고 해서 우리가 저 유명한 그리스의 스토아학파를 모방한 것은 아니다. 우리도 그들처럼 걷기는 했지만 예술을 학문의 대상으로 삼지는 않았다. 그 이유로는, 모든 회원이 공히 '예술을 이야기하는 것'을 무엇보다 중요하게 여겼다는 점을 들 수 있을 것 같다.

우리가 한 달에 한 번 정기적인 모임을 가진 지도 어느덧 10년이 넘었다. 대부분 고희를 넘긴 나이가 되면서 우리는 이심전심으로 이룬 것을 하나 확인했다. 알게 모르게 각자 살아온 이야기를 자서전으로 남길 때가 되었다는 생각이 그것이다.

회고록과 자서전은 판이하게 다르다. 회고록은 자기 자신이 그

때까지 알고 있는 사람들과 간접적·직접적으로 경험한 사건들을, 저서전은 자기 자신의 발전하는 자아를 직접 쓴 글을 각각 의미한다.

올해 초, 우리는 간추린 자서전, 즉 약전을 각자의 스타일에 맞추어 쓴다는 방침을 정했는데, 실제로 약전을 쓰는 과정에서 불쑥 나타나는 과장과 축소 또는 편견과 단견을 쓸모없는 영역으로 밀어냈던 저마다의 기억도 언급해둘 만하다.

결국, 이 책은 우리가 공통적으로 지니고 있는 생각의 구체적 결실이라고 해도 크게 틀리지 않는다. 그리고 여기에는 약전 쓰기의 궁극적인 의도, 즉 예술가로서의 정체성을 드러내고자 하는 각자의 노력이 들어 있음을 밝히고 싶다. 이와 함께, 이 책은 개인의 성장 환경, 성장 과정은 물론 사회적인 성공과 실패까지를 두루 다룬 기록으로서의 역할도 충분히 수행하리라 믿는다.

끝으로, 어려운 출판 사정에도 마다하지 않고 이 책의 발간을 맡아준 이정옥 사장님과 편집부 여러분께 깊은 감사를 드린다.

2025. 10.
김병택

문학에서 나의 길을 찾다

김병택

1. 유년의 기억 — 바람, 바다, 아버지
2. '토요구락부' — 다시 겪고 싶은 질풍노도
3. 문단 데뷔 — 모험의 전후
4. '경작지대'의 열정과 순수 — 다시 책 속으로
5. 시인으로 전향하다 — 배경으로서의 삶과 시
6. 『김병택 문학전집』 — 문학비평과 시의 궤적

■ 내 삶의 문학적 연대기

1. 유년의 기억
— 바람, 바다, 아버지

유년 시절을 떠올리는 것은 어두운 숲속을 헤치며 걷는 일과 같다. 빨리 걷다가, 혹여 발이 거칠게 잘린 나무등치에 걸리기라도 하면 넘어지기 십상일 터이다. 무엇보다도 이러한 점에 유의하면서, 나의 유년 시절을 기억의 대상으로 삼기로 한다.

나는 지금까지도 대숲을 다른 나무숲보다 훨씬 더 각별하게 여긴다. 특히, 대숲의 바람 소리는 나로 하여금 문학의 길을 걷게 한 정신적 배경과 깊이 관련되어 있기 때문이다. 일반적으로 말할 때, 대숲은 다른 숲에 비해 울창하다고 할 수 없다. 하지만 바람 소리와 결합할 때의 대숲은 어느 숲보다도 울창하다. 여기서 말하는 울창함이란 시각적 대상으로서의 울창함뿐만 아니라 의미적 대상으로서의 울창함까지를 포괄한다.

유년 시절, 아침마다 대숲의 바람 소리는 모든 소리들 중에서 가장 먼저 나의 귀에 다가왔다. 그것은 단순한 바람 소리가 아닌, 댓잎들이 서로 부드럽게, 때로는 격렬하게 부딪치는 소리를 동반한 바람 소리였다. 바람이 아침에만 불었던 것은 아니었는데도, 지금까지 나의 뇌리에 각인된 바람 소리는 아침에 불었던 대숲의 바람 소리뿐이다. 그 대숲의 바람 소리가 짧게 끝나곤 했던 탓이었을까. 시골 농가의 작은 방에서 맞이하는 아침은 늘 고적했다.

대숲이 있는 곳은 40여 평 크기 우리 집 남쪽 뒤뜰이었다. 그 숲속의 무성한 칡덩굴 위로 솟아오른 여름의 대나무들은 무엇인가를 절규하는 것처럼, 바람이 심하게 부는 겨울의 대나무들은 나를 향해 끊임없이 손짓하는 것처럼 보였다.

대와 관련된 신라 시대의 죽통미녀(竹筒美女) 설화에는 죽통에 두 미녀를 넣고 다니는 나그네와 김유신이 서로 이야기하는 대목이 나온다. '죽통 속에 미녀를 넣고' 다녔다는 점에 주목하면, 대는 신령의 거처였을 뿐만 아니라 인간 생명의 거처이기도 했다는 해석이 가능하다. 이러한 해석을 가능하게 하는 설화는 삼국유사에도 있다.

신라 미추왕의 다음 왕인 제14대 유례왕 때 일이다. 이서국(伊西國. 지금의 경상북도 청도에 위치)이 금성(경주)을 침입한다. 싸움이 신라군만으로 감당할 수 없는 지경이 되자, 귀에 댓잎을 꽂은 죽엽군이 달려와 신라군과 함께 적을 물리친다. 신라군은 적이 물러간 뒤 죽엽군의 행방에 대해서는 전혀 모르다가, 한참 지나서야 하나의 단서를 확보한다. 미추왕릉 앞에서 쌓여 있는 댓잎이 발견된 것이다. 이것은 죽엽군의 활약이 선왕인 미추왕의 음덕이었음을 말해준다. 간단히 말해서, 죽엽군은 신령이었던 셈이다. 그때부터 미추왕의 능호는 죽현릉(竹現陵)으로 불린다.

무속 신화인 제석신(帝釋神) 본풀이에서는, 부모상을 당한 상주들이 대를 지팡막대로 사용하는 이유가 밝혀진다. 당금애기가 승려와 사통하여 아들 3형제를 낳는다. 성장한 3형제는 아버지를 찾았고, 당황한 당금애기는 건너편 대나무밭에 오줌을 누어 3형제가 태어났다고 둘러댄다. 그 말을 들은 3형제는 대나무밭으로 가서 아버지의 행방을 묻는다. 그때 대나무들은, "우리는 너희 아버지가 아니다. 너희 진짜 아버지가 죽은 뒤 우리를 베어다 상주 막대로 삼으면 3년 동안은 아버지가 되어주마." 하고 말한다. 이것이 부모상을 당한 상주들이 대나무를 지팡막대로 사용하게 된 내력이다.

마을 사람들은 우리 집 대숲의 대나무를 그들의 필요에 따라 이용했다. 가령 부모상을 당한 상주의 집에서는 일부러 사람을 보내 대를 몇 개씩이나 잘라갔다. 나는 대나무의 사용처를 아버지한테 들어서 알고 있었다. 그렇기는 해도, 사람들이 아버지한테 대나무를 잘라가게 해달라고 부탁하는 말을 들을 때마다 상실감 때문에 넌더리를 냈다. 하지만 아버지는 늘 사람들의 그러한 부탁을 주저함 없이 들어주곤 했다.

바람 부는 가을의 어느 일요일 저녁, 우리 집 남동쪽에 위치한 교회의 종소리가 우리 집 대나무들의 굵고 곧은 줄기와 무수한 잎들에 부딪힌 후 나의 방으로 스며들었다. 종소리는 천상의 속삭임처럼 은은하고 달콤했다. 물론 종소리 속에도 우리 집 대나무들의 굵고 곧은 줄기들이 서로 부딪치는 소리, 무수한 잎들이 서로 부딪치는 소리가 섞여 있었을 것이다. 그때의 종소리는 나에게 지상의 어떤 소리보다도 엄숙한 느낌을 주었다.

바다는 위대한 생명과 번영의 힘을 상징하고, 인간의 동경과 모험심을 불러일으키게 하는 원천이라고 한다. 하지만 바다가 내 주변 대부분 사람에게 동경의 대상으로 기억되는 것처럼, 유년 시절의 나에게도 바다는 동경의 대상인 동시에 전혀 알 수 없는 미지의 세계였던 것으로 기억된다.

여름방학 때 바다를 바라보는 것은 나의 아주 중요한 일과 중의 하나였다. 어떤 때는 밀물과 썰물을 다 바라보기도 했다. 밀물 때는 뿌듯한 행복감이 차올랐고, 썰물 때는 차오른 행복감이 어느새 다 빠져나가곤 했다. 그때마다 나는 허무한 심사를 추스르며 집으로 향하기 일쑤였다. 밀물과 썰물은 이렇게 나에게 두 개의 상반된 마음을 안겨주곤 했다.

바다를 바라보고 있을 때 내가 궁금한 것은 수평선 너머에 있는 세계였다. 유년 시절의 나는 수평선 너머에 다른 세계가 있으리라는 믿음을 가졌던 것 같다. 낮에 바다를 바라볼 때와는 달리, 밤에 바다를 바라볼 때는 수평선 너머에 있는 세계를 영영 모른 채 아버지처럼 농부로 살다 세상을 마감하는 게 아닌가 하는 불안감마저 들었다. 나는 밤바다에 외롭게 떠 있는 고깃배들을 그냥 바라보기만 했을 뿐, 바닷고기들과 힘겹게 투쟁하는 어부들의 삶에 대해서는 전혀 생각지 못했다. 마침내 책을 통해서 알게 된 수평선 너머의 세계는 무한히 넓고 컸지만, 그 세계는 나의 틈입을 좀처럼 허용하지 않았다. 그러한 생각은 나중에 그 세계를 동경하는 쪽으로 바뀌게 된다.

유년 시절의 바닷가는 우리 집 대문을 통과하는 30여 미터의 좁은 골목이 끝난 곳에서부터 시작되었다. 골목 한쪽에는 허름한

마구간이 있었는데, 아버지는 마구간에 있는 한 마리 소에게 먹이를 대느라 1년 내내 신경을 써야 했다. 나에게는, 내가 직접 소 먹이를 주었던 기억이 전혀 없다. 아마 나이가 너무 어려서 그러한 일을 시키지 않았기 때문이었을 것이다. 그 사실이야 어떠하든, 내가 골목 밖으로 나가고 골목 안으로 들어올 때 어김없이 대면해야 했던 대상은 바다였다. 대숲의 모습이 계절마다 달랐듯이 바다의 모습도 계절마다 다르게 변했다. 화창한 봄날의 바다는 은빛으로, 태양의 열기가 가득한 여름의 바다는 회색빛으로, 퇴락한 가을의 바다는 하늘빛으로, 눈 오는 겨울의 바다는 검정빛으로 출렁거렸다. 그리고 바다 빛들의 바탕에는 공통적으로 바다의 푸른색이 들어 있었다.

초가 두 채인 우리 집은 조천초등학교 동쪽 500미터 지점에 자리 잡고 있었다. 집 앞 바닷가의 속칭 '솔박물'과 '고도물'에는 항상 차고 맑은 물이 가득했다. 사람들은 '고도물'에서는 빨래를 하고 '솔박물'에서는 목을 축였다. 그 '고도물'과 '솔박물' 바로 남쪽 건너편 우리 집 뒤뜰 대숲 아래에는 증조부가 심어놓은 감나무·배나무·벚나무·앵두나무·복숭아나무·사과나무·동백나무 등이 약간씩 흔들리며 서 있었다. 바다에서 바람이 쉬지 않고 불어왔다. 마당의 화단에는 꽃들이 많았다. 장미·매화·백합·맨드라미·채송화·수선화·봉숭아꽃 등 작고 예쁜 꽃들이 사시장철 향기를 내뿜었고, 화단 한가운데는 3미터 크기의 종려나무 한 그루가 우뚝 서 있었다. 아버지는 이 화단의 꽃을 가꾸는 데 열심이었다. 눈에 거슬리게 아무럭게나 뻗은 나뭇가지를 자르거나 꽃에 물을 주는 것은 모두 아버지의 몫이었다.

하지만 뭐니 뭐니 해도 아버지를 특징짓게 하는 것은 독서였다. 아버지는 농사일을 하거나 꽃을 가꾸는 시간 외에는 항상 책을 읽었다. 온종일 책을 읽는 날도 부지기수로 많았다. 아버지가 읽는 책들은 나로서는 이해할 수 없는 아주 어려운 내용을 담고 있었다. 내가 초등학교 3학년 때 이미 아버지는 50세를 넘은 초로의 나이였다. 아버지가 특별한 일이 없는 날에 온종일 책을 읽었던 것은 아버지 나름의 중요한 목적 때문이었음이 분명하다. 지금 생각해보면, 아버지는 사서삼경(四書三經) 같은 책을 통해 당시의 현실 세계를 해석하려 했던 듯하다.

아버지의 말씀대로 우리 집안은 대대로 훈장의 전통을 지니고 있었다. 게다가 나의 증조부는 문장을 짓는 데에 능했는데, 훈장 역할을 수행하는 데 그치지 않고, 세 권의 시집까지 남길 정도였다(시집은 내가 보관하고 있다가 국립제주박물관에 기증했다). 나는 증조부의 시를 이해할 수 없었으므로, 아버지가 증조부의 훌륭함을 아무리 자주 강조해도 그것을 쉽게 받아들이지 못했다. 하지만 지금은 증조부의 훌륭함을, 그리고 증조부가 남긴 정신적 유산의 소중함을 잘 알고 있다. 나의 조부도 훈장이었고 한문에 능했다. 신식 교육을 받기는 했지만, 아버지의 지식과 교양의 원천도 역시 한문 서적이었음이 틀림없다.

내가 방구석에 놓인 작은 밥상 앞에 앉아 오랫동안 책을 읽게 된 것, 또 그것이 습관으로 굳어지게 된 것은 틀림없이 아버지의 영향이었을 것이다. 아버지가 나에게 그렇게 하도록 강요한 것은 아니었지만, '아버지의 영향'을 간과하면 그 점을 해명할 수 있는 단서는 어디에서도 찾기 어렵다. 불행하게도 당시에 조천 마을에는 도서관이 한 군데도 없었다. 하지만 내가 읽을 책을 확보하는 데는 별 어려움이 없었다. 두 누나가 이런저런 방법으로 빌려온 책들이 꽤 많이 있었기 때문이다. 이것이 바로, 그 당시 누나들이 읽은 책과 내가 읽은 책이 동일했던 이유다. 헤르만 헤세의 『수레바퀴 밑에서』, 프랑수아 모리악의 『사랑의 사막』, 톨스토이의 『부활』, 도스토옙스키의 『죄와 벌』, 이광수의 『무정』 등이 그때 내가 읽은 작품들이다. 물론 나는 그 작품들의 내용을 제대로 이해하지 못했을 것이다. 하지만 어렴풋하게 이해할 수는 있지 않았을까. 이러한 나의 독서 실태를 알게 된, 나와 열여섯 살이나 차이가 나는 형님은 동화책과 위인전을 읽어야 한다고 나를 압박하곤 했지만, 그러한 방식의 독서는 조천중학교를 거쳐 오현고등학교에 입학할 때까지도 끝나지 않았다.

대부분의 일은 여러 계기의 구성에 따라 시작된다. 그래서 어떤 일을 단 하나의 계기만으로 해명하려는 시도는 위험하다. 하지만 여러 계기 중의 최초의 계기, 또는 어떤 일을 시작하는 데에 영향을 끼친 결정적 계기에 대해서는 주목해도 좋을 것이다. 그러한 계기를 무시하고 어떤 일을 잘 해명할 수는 없다.

그러한 방식으로 독서하며 조천초등학교 5학년이 되었을 때, 나에게는 하나의 잊지 못할 사건이 있었다. 전교 글짓기대회에서 상을 받게 된 것이다. 운동장 조회가 있는 날에 상을 받는다는—그것도 내가 직접 글을 낭독한 후에—소문이 삽시간에 학생들 사이에 퍼졌고, 나는 그것이 자랑스럽기보다는 쑥스러웠다. 하지만 무슨 까닭에서인지, 주번 선생님이 내가 쓴 글의 일부를 낭독한 뒤 교장 선생님이 상을 수여하고 내가 상을 받는 간단한 순서로 운동장 조회는 빨리 끝났다. 소문과는 딴판으로 아주 싱겁기 짝이 없는 조회였지만, 나는 지금도 그 사건을 기억에서 지울 수 없다. 그 사건은 나로 하여금 문학의 길을 걷게 한 최초의 구체적인 계기로 작용했기 때문이다. 그때 상을 받게 해준 글의 제재는 '가난'이었는데, 그 내용은 체험적인 것과는 동떨어진, 내가 읽은 책 속의 내용과 유사한 것이었다.

어떤 사람이 간직하고 있는 유년 시절의 기억은 그 사람이 쓴 작품을 판단하는 데에 도움이 될 수 있다. 하지만 누가 나에게, 유년 시절의 기억이 내가 쓴 작품과 어떻게 관련되는지를 묻는다면, 나는 그 물음에 대해 금방 대답할 수가 없다. 그러한 대답은 그러한 물음과 관련된 모든 사실을 체계적으로 살펴본 뒤에야 비로소 가능할 것이다.

2. '토요구락부' 이야기
　　— 다시 겪고 싶은 질풍노도

쓸데없는 자유가 있듯이, 쓸데없는 방황도 얼마든지 있을 수 있다. 나에게 그 '쓸데없는 방황'이 전혀 없었다고 단언할 수는 없다. 하지만 나의 방황들 중에서 쓸데없는 방황은 전체의 일부분을 차지하는 것일 뿐, 대부분의 방황은 노력하는 과정의 방황이었다. 모든 인간은 노력하는 한 방황한다는 괴테의 말을 나는 전적으로 옳다고 생각한다.

누구나 다 경험하듯이, 목표를 세우기는 쉽지만 그 목표를 이루기 위해 끊임없이 노력하는 일은 쉽지 않다. 내가 목표를 '등단'으로 정한 것은 꽤 오래전이지만, 등단이라는 목표를 이루기 위한 노력은 지지부진했다. 때론 방장(方長)의 혈기가 그것을 약화시키기도 했고 현실적인 어려움이 그것을 가로막기도 했다. 나에게 선천적 능력이 부족한 것은 아닐까 하는 의문을 품을 때도 있었다. 그럴수록 요구되는 것은 명백하게 '노력'이었을 터이지만, 20대 초반의 나에게 그러한 자각의 순간은 순조롭게 다가오지 않았다. '노력'(구체적인 습작)은 잘 되지 않았고, 나는 번번이 방황하는 나 자신을 발견하기 일쑤였다.

내가 대학에 입학한 1967년에는 대통령 선거와 국회의원 선거가 시행되었다. 5월 3일의 대통령 선거에서 공화당 후보 박정희는 그해 2월에 발족한 통합 야당인 신민당 후보 윤보선보다 116만여 표를 더 얻는다. 뒤이어 시행된 6·8총선은 명백한 부정선거였다. 박정희는 3선 개헌을 염두에 두고 선거법 시행령을 고치면서까지 적극적으로 선거운동에 나섰고 마침내 개헌 선을 넘는 데에 성공한다.

젊은이들은 이렇게 어수선하고 불의가 판치는 국내 정세에 대해 모두 분노하고 개탄했지만, 시위를 벌이는 것 이상으로 할 수 있는 일은 별로 없어 보였다. '토요구락부' 동인회는 이러한 사회적 배경에서 조직된, 무엇인가 문학 속에서 현실을 극복하는 방법을 찾고자 했던 청년들의 모임이었다.

'토요구락부' 동인회[1]는 나로 하여금 나의 방황을 종식시키는 계기로 작용할 수 있을 것이라는 기대를 갖게 했고, 실제로 그 기대는 '토요구락부' 활동에 적극적으로 참여하여 동인들과 나누었던 많은 대화를 통해 어느 정도 충족되었다. '토요구락부'에 대한 정보는 당시의 일간지 《제주신문》 기획 '제주문학 20년'의 한 부분을 차지했던 글에 실려 있다.

이 글을 토대로 '토요구락부' 동인들이 지향했던 바를 몇 가지로 나누어 살펴보기로 한다.

첫째로 문학에 대해 이야기하는 것을 동인회의 목표로 세웠다. 이를 비판적으로 보는 사람들은, 문학은 혼자 하는 것이지 모여서 하는 것이 아니라는 말로 자주 시비를 걸었다. 분명히 문학은 모여서 하는 것이 아니다. 하지만 그들은 문학에 대해 이야기하는 것의 중요성을 간과했다.

모여서 문학에 대해 이야기할 수는 있다. 문학에 대해 이야기

---

[1] '토요구락부' 동인회의 활동 기간은 1969년 4월부터 1973년 말까지이다. '토요구락부'의 '토요'는 매주 토요일에 모인다는 뜻에서 붙여졌고, '구락부'는 당시에 '단체'의 뜻으로 쓰였던 '클럽'의 한자 음역어이다. 당시의 동인은 강영희 강재수 고시홍 김관후 김병택 김진자 문무병 문성숙 장영태 장일홍 정복희 정순희 홍희선 홍희숙 등 14명이었다. 이들 중 김관후는 2022년에, 정순희는 2013년에 타계했다.

한다는 것은 (…) 사람의 의식세계를 공허하게 하지 않는다는 점에서 매우 중요하다. 이 이야기를 통해서 우리는 개성의 붕괴, 인간관계의 희박을 해결하고 현금으로 맺는 유대만이 강요되는 오늘의 긴장을 승화시킨다.[2]

둘째로 토론을 이야기의 형식으로 삼았다. 물론 처음에는 혼란스러울 때가 있었음을 부인하기 어렵다. 하지만 동인들은 한동안의 무질서가 질서를 지키는 단계로 바뀌게 되리라는 것을 알고 있었다.

모여서 한 사람의 주제 발표를 듣고 곧 토론으로 들어간다. 이렇게 토론한 횟수는 50회에 가까워오고 있다. 1969년 4월 11일에 네 명이 처음 모임을 가진 이래 한 번도 거른 적이 없다.[3]

셋째로 문학예술의 두 가지 사명을 소홀히 하지 않았다. 이 경우의 사명이란 언어를 매개로 하는 문학예술이 로고스적인 면에서도 학문의 역할을 다해야 하는 야누스적인 사명을 가리킨다.

'토요구락부'는 어느 하나의 사명도 소홀히 하지 않는 데서 출발한다. 때문에 동인들은 항상 연구하고 많은 것을 생각하지 않을 수 없게 된다. 이것의 결과인 치열한 인식작업은 관계 인사를

---

2) 김병택, 「토요구락부」, '제주문학 20년', 《제주신문》(1971. 1. 28).
3) 위의 글

모시고 토론을 벌이는 단계까지 이르게 했다.[4]

넷째로 전위문학을 뚜렷이 인식하고 있었다. 하지만 추종한 적은 없었다. 우리의 이러한 태도는 서구의 사조를 무비판적으로 수용하던 당시의 학계나 문단의 풍조와도 관계가 있다.

사뮈엘 베케트의 패러독스, 알베르 카뮈의 인식, 장폴 사르트르의 논리, 미셸 뷔토르의 광학적 엄밀성, 미시마 유키오의 군국주의, 르 클레지오의 난해, 장 주네의 악덕은 모두 '토요구락부'에 의해서 한 번씩 비판되었다.[5]

다섯째로 기존의 관행을 불식시켰다. 대부분의 동인지가 장르를 시, 소설로 제한하고 있는 데에 비해 우리는 시, 소설, 평론, 희곡 등 모든 장르를 받아들였다. 이는 문학 장르 전반에 대한 관심을 지속시키고자 하는 문학 교양주의의 일면이기도 하다.

이것은 당연한 태도이기도 할 것이다. 솔제니친이 어떻게 해서 노벨문학상을 받게 되었는가 하는 것은 누구나 알고 있다. 그러나 솔제니친의 작품세계를 알려면 어떤 의식적인 노력이 없으면 안 될 줄로 안다.[6]

---

4) 위의 글
5) 위의 글
6) 위의 글

'토요구락부'는 이렇게 무엇인가를 위해 의식적으로 노력하고자 하는 동인회였다. 1970년 구랍 때 나온《타임》지는 솔제니친이 소련 비밀경찰에 의해 적지 않은 수난을 겪고 있다고 보도한 바 있다. 동인들은 이 보도를 읽은 뒤 소련문학의 전통을 헤쳐볼 줄 아는 능력이 있음을 자부했다.

'토요구락부' 모임에서는 한 동인이 먼저 주제 발표를 한 뒤에 토론하는 것이 관례였다. 동인들은 조금도 주저하지 않고 수많은 문인들을, 그리고 그들의 작품을 비판했고 그것을 사람들이 동인들에게 부여한 특권인 것처럼 여겼다.

질풍노도의 나날을 이끌던 '토요구락부' 동인회는 구체적인 문학 활동의 방향을 모색하던 나에게 적지 않은 영향을 끼쳤다. '토요구락부' 동인회에서 한 발표와 토론은 작품 가치를 평가하는 일과 직접적으로 관련된다. 그래서 알게 모르게 나의 관심은 비평 쪽으로 쏠리게 되었다. 이처럼, 대학에 입학하면 본격적으로 시를 쓰겠다는 입학 이전의 생각은 이미 바뀌어 있었다.

3. 문단 데뷔
— 모험의 전후

군 입대로 휴학 중이던 나는 제대하고서도 한참 뒤인 1975년 2학기부터 대학원에 복학하여 본격적인 공부를 시작했다. 당시에는 입학한 뒤에 지도교수를 바로 정하는 것이 관례였다. 나는 조

조연현 선생 추모 학술회의를 마치고

연현 교수님을 지도교수로 정했고, 그 뒤부터 논문 작성에 대한 여러 지도를 받았다. 교수님의 지도는 대부분 대학 연구실이 아닌 교수님 댁에서 이루어졌다. 교수님 댁은 성북구 정릉에 있었다. 나는 항상 일요일 오전에 교수님 댁을 방문했다. 그 시간에 방문해야 교수님을 뵐 수 있었기 때문이다.

맨 처음에 하신 교수님의 말씀은 주로 앞으로 써야 할 논문에 대한 것이었다. 그 시기에 나는 동작구 본동에 있는 동양중학교에서 영어를 가르치는, 이른바 '직장을 가진 대학원생'이어서 직장 생활과 대학원 공부를 병행하는 것이 얼마나 지난한 일인가를 자주 절감하곤 했다. 그렇기는 했지만 일요일 오전에 교수님 댁을 방문하여 논문에 대한 자세한 말씀을 듣고 나면, 근원을 알 수 없는 강한 의욕이 나의 가슴에 밀려 들어왔고, 마치 얽히고설킨 복잡한 미로를 헤쳐나가는 데에 필요한 지혜를 얻은 것 같은 기분에 잠겼던 기억이 아련하다.

어느 날, 교수님 댁을 방문해 석사학위 청구논문 초고를 보여드렸을 때, 교수님은 정작 논문에 대한 말씀보다는 평론 쓰기를 적극 권유하는 말씀을 하셔서 놀랐던 기억이 있다. 《현대문학》지의 평론 추천작 모집에 응모해 보라는 것이 말씀의 요지였다. 나의 석사학위 청구논문인 「'날개'의 이미저리에 관한 연구」로 미루어 보아 평론을 쓸 수 있는 능력도 갖추고 있다는 교수님의 말씀은 나를 크게 고무시켰다. 교수님은 그 후에도 두어 번 더 경상도 억양의 조용한 어조로 그러한 말씀을 하셨다. 근무하고 있는 학교의 동계 방학을 고대하고 있던 나는 방학이 시작되자마자 모든 일을 뒤로 미룬 채, 한 달 내내 하숙방에서 두문불출하면서 글을 쓰는 데에 온 힘을 쏟았다.

마침내 나는 1978년 2월 하순에 종로구 연지동의 현대문학사로 직접 가서 「意識의 向方」이라는 평론 원고를 응모작으로 제출했고, 1978년 5월호 《현대문학》은 이 글을 초회 추천 작품으로, 그리고 두 달 뒤인 1978년 7월호 《현대문학》은 「詩人의 現實과 自由」라는 글을 추천 완료 작품으로 각각 발표하기에 이른다.

1978년 6월, 내가 학교를 옮겨 용산구 청파동에 있는 신광여자고등학교에 근무하고 있을 때였다. 명문여대 출신 의사에다 보기 드문 휴머니스트였던 당시의 척명자 교장선생님은 주간 교사 전체를 용산구 남영동 소재 파리제과 건너편의 미도회관으로 모이게 한 뒤, 대대적인 연회를 베풀면서 나의 평론 천료를 축하해주었다. 지금도 나는 교사 한 사람에게 국한된 경사를 그렇게 확대하면서 축하 자리를 마련해준 그분의 '베풂'을 잊지 못한다. 당시 동대문구 이문동 전셋집에 살고 있던 나는 그때 축하주를 너무 마셔서 연회가 끝나고 귀가하는 도중에 길을 잘못 드는 바람에 여러 해프닝을 겪었는데, 그것은 지금도 즐거운 추억으로 남아 있다.

① 김병택 씨의 「意識의 向方」을 추천한다. (…) 새로운 문제를 제시한 것은 아니지만 문제에 대한 진지한 추구가 호감을 갖게 했다.[7]

② 김병택 씨의 「시인의 현실과 자유」. 김수영의 '현실'과 '자유'를 주제로 택한 이 글은 그 '현실'과 '자유'가 구체적으로 어떤 성질의 것이었느냐 하는 데 대한 절실한 究明이 거의 거세되어 있어 관념적 공허를 느끼게 한다. (…) 하지만 한 시인을 감상하는 능력의 가능성에 이 글은 여러 가지 기대를 갖게 한다. 이러한 능력이야말로 모든 비평의 선행조건이 아닐 수 없다.[8]

③ 나는 내 시야 앞에 세로로 서 있는 벽을 바라보고 있지만, 저 벽이 누구나 믿고 있듯이 그렇게 견고하다고 단정할 수가 없다. 저것은 견고한 벽일는지도 모른다. 그러나 견고하다, 또는 견고하지 못하다는 단정은 건축상의 모든 지식을 가지고 정밀한 검사를 끝낸 다음에 내려져야 할 것이다. 그때 만일 견고하다는 결과가 나왔다면, 나는 서슴지 않고 저 벽은 견고하다고 할 수 있다.

---

[7] 조연현, 「평론 초회 추천 후기」, 《현대문학》 1978년 5월호.
[8] 조연현, 「평론 완료 추천 후기」, 《현대문학》 1978년 7월호.

문학작품에 대해서도 마찬가지이다. 부분적이고 단편적인 관찰에 의해서, 기발함과 약간의 사색에 의해서, 혼란스러운 암시와 마구잡이의 독단에 의해서 이루어진 판단은 독자의 정서와 의식을 불안하게 한다. 이것은 문학을 위해서 전적으로 유해하다. 너무 날카롭게 주의를 기울인 나머지 약간 과장하는 것은 언어에 대한 정열이란 점에서 그대로 수긍이 가는 터이지만, 나무만 보고 숲의 모양을 이야기하는 식의 발상은 고쳐져야 한다고 생각한다.[9]

①의 「意識의 向方」에서 나는 작품 속의 인간과 의식을 등식의 관계로 설정하고 그 속성을 고찰하는 데에 글의 의도를 두었다. 나에게는 지금까지 국내에서는 아무도 실행하지 않은 구체적인 방법론이 있었다. 내가 그러한 의도를 실천하기 위해 선택한 작품은 이상의 「날개」였다. 「날개」는 자아와 존재의 문제가 극명히 노정되어 있을 뿐만 아니라 정신적인 구속과 모럴의 금제에서 탈출하려는 의지, 그리고 극한적이고 폐쇄적인 자아의 상징들로 가득 차 있는 작품이어서 나의 의도를 나의 방법론으로 실천하는 데에는 안성맞춤이었다.

「날개」의 '나'의 행동과 '아내'의 행동에 대한 언어를 따로 분리시켜 생각하면, 망측스럽고 천한 '아내'와 일상생활이 지리멸렬한 '나'의 형상만을 볼 수 있을 뿐이다. 하지만 그것을 그렇게 추상적 관념으로만 해석하는 것은 옳지 않다. 그것은 이상이 스스로의 의

---

9) 김병택, 「평론 추천 완료 소감 - 바닷바람」, 《현대문학》 1978년 7월호.

식을 '나'와 '아내'에게 분담시켜 새로운 의식인간을 창조하고자 한 결과로도 볼 수 있다. '나'는 의식의 항로를 잃고 아내에 의해 쫓겨 다니며 생활의 일반 논리에 기만당했다는 것을 깨닫고 최후의 탈출 방법으로 날개를 머리에 떠올린다. 일상적 현실로부터의 탈출을 시도하는 것이다. 이러한 탈출의 의지는 곧 「날개」 전체를 관류하는 중심 사상이기도 하다. 결국, 나는 '날개'를, 탈출의 의지를 배경으로 한 인간의 욕망이 조그만 파편이 되기도 하고, 또는 큰 덩어리가 되기도 하며, 망망대해에 떠밀리는 선체(船體)처럼 우리에게 구원을 요청하는 절규의 상징으로 판단하기에 이른다.

②의 「詩人의 現實과 自由」에서 나는 I.A. 리처즈가 말한 "시인의 경험의 재생"이 김수영의 시에 어떤 형태로, 어떤 방법으로 표상되어 있는지를 밝히고자 했다.

김수영의 현실적 경험은 매우 많지만 그것은 유사한 경험들이어서, 나는 그 유사한 경험들을 '자유'라는 중심적 개념으로 묶었다. 시인은 자신의 경험을 독자에게 전달한다. 시가 없다면 다수의 사람들은 시인의 독특한 경험세계와 가까이할 기회를 갖지 못할 것이다. 따라서 시는 시인의 마음속에 일어나는 경험을 독자에게 전달하는 수단이라고 할 수 있다. 시인은 시를 통해 현실과 현실에 부수되는 온갖 현상의 미묘한 흐름을 판단하고 비판한다. 시는 시인에게 부여된 활동력의 근거이며, 마치 마지막 보루와도 같다. 첨예한 시론을 갖춘 그에게 현실은 진실의 근저를 위협하는 괴물인 것처럼 보였다. 그 현실은 '죽음과 가난과 매명'을 촉진시키는 실체였다. 김수영의 시에는 현실의 경험이 부단히 강조되어 있을 뿐만 아니라 고뇌에 빠진 자신에 대한 위로와, 살아 있는 문화를 향한 의지가 부각되어 있다. 나는 현실에 접근하는 그러한 태도가 시 자체에 기여하는 결과를 가져온다고 보았다.

③은 나의 평론 추천 완료 소감인데, 이에 대해, 일부에서는 오만한 인상을 준다느니, '투쟁적 선언문'을 읽은 것 같다느니 하는 시비조의 반응이 더러 있었지만 나는 조금도 개의치 않았다. 그들이 어떻게 말하든, 그것은 그들의 느낌을 간단히 말한 것 이상의 의미를 지닐 수 없다고 생각했기 때문이다.

4. '경작지대'의 열정과 순수
— 다시 책 속으로

4년간 재직했던 신광여자고등학교를 사직한 나는 1982년 3월부터 제주대학교에서 강의를 시작했다. 고향 제주에 내려왔을 때, 나는 '토요구락부' 동인들에 대한 정보가 별로 없었으므로 (내가) 군에 입대한 1971년 12월 이후 연락이 끊긴 동인들의 근황이 매우 궁금했다. 그래서 일부 동인을 일부러 만났고, 앞으로의 활동에 대해 이야기를 나누던 중 새로운 동인회 결성의 가능성을 발견했다. 이것이 '토요구락부'의 일부 동인과 새로운 동인들이 참여한 '경작지대' 동인회의 결성 배경이다.

'경작지대' 동인회는 당시의 사람들에게 거창한 조직처럼 보였던 듯하다. 동인 수가 많고 이십대, 삼십대의 청년들로 구성된 점

제주대 재직 시절, 신년하례식에서

이 그 이유였을 것이다. 하지만 '경작지대' 동인회는 열정적이고 순수를 지향하는 젊은 문학인들의 모임일 뿐이었다. 동인지《경작지대》창간호[10]의 「《경작지대》제1집을 펴내면서」를 바탕으로 다른 문학 동인회와 구별되는 '경작지대'의 특징을 살펴보기로 한다.

첫째로 동인회 결성 이유를 문학에 대한 열정에서 찾았다. 따라서 동인들은 문학적 지방주의와 관련이 없었다. 오히려 동인들은 한구석에서만 뜨거워지다가 금방 식어버리는 문학의 열기를 경계의 대상으로 삼았다. 그리고 동인들은 문학작품에 대한 공감은 시간과 장소를 초월한 단계에서 이루어지는 것이 바람직하다고 생각했으며, 그 단계에 도달할 수 있기를 희망했다.

둘째로 동인들은 모두 순수문학을 추구했다. 동인들의 의도는 동인들을 둘러싸고 있는 시대에 문학의 빛을 던지며 살아가는 데

---
10) 「《경작지대》제1집을 펴내면서」,《경작지대》창간호(1984. 10.)

있었다. 문학 이념을 내세우는 것이 얼마나 부질없는 일인가를 알고 있는 동인들은 시대를 투철히 인식함으로써 얻어지는 공통분모만을 지켜나간다는 방침을 세웠고 그것을 모임에서 확인하는 기회도 여러 차례나 있었다. 또한 동인들은 《경작지대》가 순수문학 작품의 발표장이 되기를, 그리고 문학에 대한 열정을 지닌 사람들이 함께 연출하는 치열한 무대가 되기를 꿈꾸었다.

셋째로 문학의 모든 장르를 망라하는 동인회의 형식을 고수했다. 문학은 여러 장르로 나뉘어 전개되기 마련이지만, 동인들은 그들이 소유하고 있는 '경작지대'를 그들의 방법으로 가꾸어나갈 수 있기를 바랐다.

《경작지대》 창간호의 동인은 오경훈 송상일 김병택 고시홍 장일홍 문무병 나기철 김광렬 김승립 등이다. 제3집부터는 김용길도 함께 활동했다. 이렇게 동인 수는 10명이었는데, 이들 중 오경훈은 2025년 2월에 80세를 일기로 타계했다. 다른 동인들이 지금까지도 제주문단의 원로 또는 중견 위치에서 활발하게 작품 활동을 하고 있음은 다 아는 사실이다. '경작지대' 동인들은 창간호(1984. 10), 제2집(1986. 3), 제3집(1987. 9), 제4집(1989. 5) 등 네 권의 동인지를 발간한 뒤에 공식적 활동을 종료했다.

'경작지대' 활동을 끝낸 뒤에도 나의 내면에 도사리고 있는 지적 갈증은 조금도 줄어들지 않았다. 책 읽기는 그것을 해소하기 위한 가장 적절한 방안이었지만, 내가 판단하기에 그것은 좀 더 체계적일 필요가 있었다. 나는 다시 읽고 싶은 책들과 미처 읽지 못한 책들을 목록으로 작성한 뒤, 집중적으로 읽기 위한 세부 계획을 세우고 실천했다. 그때 내가 읽은 책들 가운데 지금도 기억에 남는 몇 권을 소개하기로 한다.

R.M. 알베레스의 『20세기의 지적 모험』은 나의 지적 욕구를 가장 많이 충족시켜 주었다. 이 책에서 그는 낙관적 휴머니즘이 만개한 19세기의 이상을 수용하지 않는 20세기에서 '인간'을 정립하기 위해서는 작품에서 무엇을 드러내야 할 것인가를 고민한다. 그는, 루이지 피란델로·알베르 카뮈·올더스 헉슬리·쥘리앵 그린 등 10명의 작가를 한꺼번에 다룬 이 책뿐만 아니라, 『앙드레 지드』나 『장폴 사르트르』 같은 개인을 다룬 책에서도, 늘 개인을 넘어서는 영역을 고찰하고 보편적 정신의 역사를 독자들 앞에 펼쳐놓는다. 이처럼 이 책은 20세기 인간의 정신적 과정과 이루어낸 것들, 그리고 고뇌하는 모습을 서구 전체의 공통적 특징으로 파악한다. 이와 함께 이 책은 비교문학의 영역에서도 간과할 수 없는 성과를 보여준다.

사르트르의 『구토』는 나에게 가장 큰 영향을 주었다. 그에 의하면 인간 존재와 사물 존재는 분명히 구별된다. 인간 존재는 '무엇에 대한 의식'을 가지고, 사물 존재는 어떤 존재론적 목적을 가지고 각각 존재한다. 인간 존재는 자체의 목적을 가지지 않는다. 의식의 모습으로만 존재할 뿐이다. 인간 존재는 의식의 작용을 통해서만 자신의 존재론적 목적을 이룬다. 이것이 인간 존재가 다른 사물 존재와 구별되는 점이다. 의식을 가진 존재로서는 인간이 유일하다. 인간을 제외한 모든 존재는 의식을 가지고 있지 않다는 점에서 사물 존재이다. 이 세상이 사물 존재들로만 구성된다면 그 존재들에서는 아무런 질서도, 의미도, 가치도 찾을 수 없다. 인간의 의식은 그러한 존재들에 질서와 의미와 가치를 부여한다. 『구토』는 주인공인 로캉탱이 사물과 부딪힐 때마다 일어나는 '구토증'의 원인을 밝히기 위해 쓴 소설로, 1932년 1월 말부터 약 한 달 동안의 일기 형식을 취하고 있다.

 I.A. 리처즈의 『문학비평의 원리』는 내가 여러 번 읽은 책 중의 하나로 꼽힌다. 번역본이 없어서 영어 원서로 처음 읽을 때의 어려움은 결코 적지 않았음을 기억한다. 하지만 다 읽은 뒤에 얻은 지식이 나를 성장시켰음은 분명하다. 내가 그의 비평에서 공감하는 것은 무엇보다도 '정독'을 강조한 점이었다. 1929년에 출간한 『실제비평』에서 그는 4년 동안의 강의를 토대로 한 독서이론을 체계화하고 그것을 비평에 적용했다. 그는 작자를 밝히지 않은 시를 케임브리지 대학의 60여 학생들에게 나누어주면서 일주일 후에 시를 읽은 횟수를 기입하고 감상을 써오는 과제를 부여하기도 했다. 그는 불신을 스스로 중지하고 수용하는 마음으로 텍스트를 읽어 나가는 데에서 텍스트를 대하는 독자의 올바른 태도를 본다.

 콜린 윌슨의 『아웃사이더』는 내가 기회 있을 때마다 감탄하면서 읽었던 책이다. 나는 이 책을 읽을 때마다 그의 박학다식이 부러웠다. 그것은 지금도 마찬가지이나. 나는 이 책을 아마 다섯 번 이상 읽은 것 같다. 윌슨은 이 책에서 지금까지 나타났던 위대한 사상가와 작가들, 특히 니체·톨스토이·도스토옙스키·헤르만 헤세·반 고호·T.E. 로렌스·니진스키·사르트르·T.S. 엘리엇·버나드 쇼·카프카 등의 작품 속 인물들의 인생관과 생활방식을 비교 분석한 뒤 아웃사이더적인 공통점을 찾으려 했는데, 이 책은 이러한 노력의 결정체이다.

주어진 대부분의 시간에 나는 책을 읽거나 글을 썼지만, 문우들과 대화하는 기회를 마련하는 일도 게을리하지 않았던 것 같다. 내가 대화를 나누었던 문인들은 김선학 신상성 강성천 최순열 유재엽 채수영 황명 등 내 나이 또래의, 대학원 공부를 하면서 알게 된 문인들이거나 문단 선배들이다. 이와는 별도로, 자주 만나 문학에 대한 방자한 담론을 펼쳤던 대표적인 문인으로는 전재수 시인을 들고 싶다.

1979년 여름, 서울 신광여자고등학교에 국어교사로 근무하던 나에게 1급 정교사 자격증을 얻기 위한 연수의 기회가 주어졌다. 서울대 인문대에서 함께 연수를 받은 전재수 시인은 당시 성남고 국어교사였고 60년대에 이미 《현대문학》 추천으로 데뷔한 경력의 소유자였다.

전재수 시집 『생활탄주』의 시 세계는 단번에 나를 매료시켰다. 같은 《현대문학》에서 추천을 받으면서 데뷔했다는 인연 때문이었을까. 나보다 여덟 살 위인데도, 그와 나는 형제 이상의 느낌을 가지게 될 정도로 가까운 사이였다. 나는 자신의 삶을 영위하는 데에 그보다 더 열정적인 사람을 만난 적이 없다.

전재수 시인의 출신 지역인 대구의 어느 문인이 들려준 이야기에 따르면, 공군 장교였던 그는 사랑하는 여인 때문에 허공을 향해 권총을 발사하는 해프닝을 벌인 일이 있었다고 한다. 그러한 이야기를 들은 나는 그 해프닝조차 좋은 방향으로 해석하고 싶었다. 언제나 그의 내면에 가득했던 '순수'의 질량을 나는 잘 알고 있었기 때문이다. 삶의 여러 방식에 투여한 그의 에너지가 막대한 탓이었을까. 애석하게도 그는 40대를 넘기지 못했다.

5. 시인으로 전향하다
— 배경으로서의 삶과 시

정년 퇴임 이후의 시간 활용에 대해 계속 고민하던 나는, 시 전문지 《심상》의 작품 모집에 '꿈의 내력' 외 4편'을 응모했고, 이 작품들로 신인상 수상자가 되었다. 2016년 1월호 《심상》에는 신인상 수상작과 심사평이 함께 수록되어 있다. 1978년에 문학비

고별 강연 끝낸 뒤 기념 촬영

평가로 데뷔하여 활동하다가 무려 36년 뒤에 시인으로 다시 문단에 데뷔한 셈인데, 사람들이 나를 향해 시인으로 완전히 전향했다고 말하는 것도 무리가 아니다. 이후에 내가 쓴 글들이 모두 시 쪽으로 치우친 것이 이를 뒷받침한다.

M.H. 에이브럼스에 따르면, 사람들의 시에 대한 관점은 네 가지로 정리된다. 모방적 관점, 효용적 관점, 표현적 관점, 존재적 관점 등이 그것이다. 나의 시에는 모방적 관점으로 쓰인 시가 압도적으로 많다. 다음에는 비교적 최근에 발표한 나의 시들을 대상으로 그러한 점을 확인해보기로 한다.

오래전에 바이칼호로 여행을 갔다. 제주신화연구소 회원들과 함께 가는 여행지가 바이칼호라고 늘었을 때 나의 뇌리에 가장 먼저 떠오른 것은 바이칼호 주변에 살고 있는 부랴트족이었다. 이것은 아마도 오래전에 부랴트족의 얼굴과 한국인의 얼굴이 아주 닮았다는 신문 기사를 읽은 기억과 관련이 있을 것이다. 바이칼호에 가서 만난 부랴트족의 얼굴은 예상보다 훨씬 더 한국인을 닮은 모습이었다. 학자들은 부랴트족과 한국인이 몽골로이드에 속한다고 주장하지만, 그런 점이 부랴트족에 대해 지니고 있는 신기한 느낌을 지우게 하지는 못했다. 누가 부랴트족에게 다가가서 한국어로 "고향이 어디냐?"고 물으면 부랴트족은 곧바로 "한국이오"라고 대답할 것 같았다. 이러한 점을 확인한 뒤부터 부랴트족은 나에게 바이칼호를 환기하는 매개가 되었다. 수심 1621미터의 바이칼호는 "부랴트족의 얼굴과 한국인의 얼굴이/ 정말 닮았다"는 말을 듣자마자 흰 물결이 일렁이는 듯한 웃음으로 반응할 것처럼 보였다. 「바이칼호의 웃음」은 이러한 배경에서 쓰였다.

나는 역사적 사건과 꽃의 연관성에 대해 생각해본 적이 있다. 산수유는 젊은 시절의 내가 일요일마다 서울 성북구에 있는 산을 오르내리면서 관찰했던 꽃이다. 「산수유」에서 산수유는 역사적 사건인 4·3과 밀접하게 관련된다. 나는 산수유 자체에 대해서는 말할 의도가 없었다. 대신 나는 산수유를 다른 존재와 결부시켰다. 그것의 구체적인 예는 2연의 "잊을 수 없는 날의 기억을 간직한/ 산수유 가지에는 동그랗고 새빨간/ 울음들이 땅을 향해 고개를 숙이고 있었다"와 4연의 "산수유 건너편에 앉은 큰바위는/ 그 날의 황급했던 발자국들로 어지러웠다"에서 찾을 수 있다.

한라수목원의 겨울 숲 축제가 열리기 직전 상황을 다룬 「겨울 숲」에서, 나는 "어둠이 시작되면/ 찾아오는 사람들은/ 녹색 코트 차림의 정령들을 쉽게 만날 수 있다/ 사람들과 정령은 밤길을 함께 걸으며/ 오래된 이야기를 퍼트릴 것이다"에서 보듯 '정령'이란 낱말을 사용했다. 겨울 숲을 소재로 사용한 이전의 시에서는 볼 수 없었던 새로운 시도였다. 나는 그것을, 숲에 대한 시각의 변화에서 비롯된 것으로 생각한다.

한라수목원을 걸을 때마다 나의 시선을 끄는 나무는 수려한 자태를 지닌 늘푸른나무가 아니라, 드문드문 외롭게 서 있는 고목이다. 「요즘 고목이 회의에 빠진 순간」에서 고목과 노인을 등식으로 설정한 것은 나의 이러한 생각에서 비롯되었다.

바다와 집은 나에게 서로 매우 가까운 곳에 위치하는 사물로 인식된다. 바다 바로 옆에 우리 집이 있었다. 이 둘 중에서 나의 유년 시절을 지배한 실체는 바다였다. 봄과 가을에는 바다 앞에 서서 아득히 펼쳐진 바다를 바라보며 수평선 너머에 존재하는 이어도를 상상했고, 여름에는 바닷속의 여(礖)와 여(礖) 사이를 헤엄쳐서 왕복했다. 바람이 불 때마다 출렁이는 겨울 바다를 「바닷가를 걸으며」의 제재로 삼은 연유다.

우리 집은 마을에서도 아주 오래된 초가 건축물의 하나로 꼽힌다. 구한말에 지어졌으니 줄잡아 200년 남짓한 역사를 간직하고 있었다. 고조부, 증조부는 오랜 기간 우리 집에서 동네 아이들에게 한문을 가르쳤다. 특히 시인이었던 증조부에게는 방문객이 많았으므로 그에 따라 생성된 이야기 또한 적지 않았을 듯하다. 「우리 집」의 초가지붕은 새마을운동이 한창일 때 슬레이트 지붕으로 교체되었지만, 전체 골격은 예전 그대로였다. 증조부가 공들여 뒤뜰에 심어놓은 나무들은 온갖 풍상을 겪은 뒤 앙상한 형체만 남아 있었다. 그런데 지난해(2024년) 6월부터는 여러 사정으로 건물이 철거되어 공터로 존재한다. 우리 집은 적지 않은 세월에 걸쳐 우리 조상과 가족이 경험했던 영욕의 현장이었음을 생각할 때마다 나는 말할 수 없이 허전하다.

아는 분이 경영하는 목장에 일행과 함께 들른 일이 있다. 육중한 철문을 열고 들어서자마자 나의 눈에 띈 것은 한가롭게 풀을 뜯고 있는 말들이 아니라, 경계로 쌓아놓은 돌담 옆에 외롭게 서 있는 소나무 한 그루였다. 그래서 많은 이야기를 간직하고 있을 듯한 그 소나무는 「소나무 한 그루」의 소재가 되었다.

몇 년 전, 꽤 넓은 평수의 과수원을 매입한 Y씨의 등 뒤로 이상한 소문이 돌았다. 소문의 내용은, Y씨가 과수원을 시세보다 훨씬 싸게 매입했을 뿐만 아니라 밭담으로 구획된 넓이도 실제보다 아주 넓어서 결과적으로 큰 이익을 얻었다는 것이다. 결국, Y씨의 부탁을 받은 측량기사가 과수원의 넓이를 측량해본 결과, 밭담으로 구획된 넓이가 실제보다 넓다는 소문은 거짓이 아닌 사실로 판명되었다. 양심적인 농부인 Y씨는 약간의 망설임도 없이 인부들을 사서 밭담 일부를 허물었고, 곧이어 밭담을 새롭게 구축하는 작업을 시작했다. 하지만 그 작업은 결코 쉽지 않았다. 이전의 과수원 주인이 쌓인 돌들 틈에 시멘트를 넣으면서까지 밭담을 철벽처럼 단단하게 구축해 놓았기 때문이다. 이상이 바로 「밭담」의 배경 이야기에 해당된다.

일본 이즈 제도의 화산섬인 미야케섬을 여행한 기억은 지금도 생생하다. 넓이 55.5km^{2}인 이 섬의 인구는 고작 4,000명이며 교통수단은 헬리콥터가 유일하다. 웬걸, 나는 헬리콥터 속에서 나의 내면에 도사리고 있는 두 '자아 사이'의 심리적 갈등을 겪었는데, 「미야케지마로 가는 헬리콥터에서」에는 그것의 일부가 들어 있다.

아버지에게 들은 이야기를 옮기면 이렇다. 증조부는 당신의 나이 서른다섯일 때, 뒤뜰의 옥토에다 감나무를 비롯한 일곱 그루의 나무를 심었다. 나비들은 나무를 가꾸는 증조부의 정성에 보답하듯, 해마다 뒤뜰에 찾아와 군무를 추었다. 증조부가 가꾼 뒤뜰은 신선들이 모이는 별건곤이 아니라, 친한 벗들과 함께 담소를 나누는 지극히 인간적인 장소였다. 증조부의 벗들은 해마다 나무로 둘러싸인 뒤뜰의 평상에서 술을 마시며 나무로부터 얻는 기쁨을 토로하곤 했다. 내가 증조부의 이러한 나무 사랑을 「멀구슬나무의 견문」과 「할아버지의 뒤뜰」 등의 작품에서 시의 소재로 삼은 것은 당연했다.

아버지는 사례(四禮)의 전통적인 법도를 엄격하게 지키려고 했고, 나는 군말 없이 공손하게 그것을 따르지 않을 수 없는 자식의 입장에 있었다. 그렇다고 해서 아버지가 모든 일에 엄격하기만 한 것은 아니었다. 자식에 대한 아버지로서의 사랑도 함께 지니고 있었다.

달빛이 마을의 허다한 사연을 품은 바닷물 위로 골고루 뿌려지는 칠월 보름 백중날 밤이었다. 평소 여름밤의 열기 따위에는 아랑곳하지 않는 사람들의 얼굴에는 '그 무엇'으로부터 받은 불가사의한 느낌에 전전긍긍하는 기색이 역력했다. 밀물이 큰길을 건너 마당 귀퉁이 쪽으로 몰려오고 있는데도 아버지는 왠지 여느 날과 다르게 신경을 쓰지 않았다. 아버지에게는 뒤늦게 결혼해 육지에 살고 있는 작은누나의 행복이 더 중요했다. 그런데 정작 작은누나 부부는 바닷가 저쪽 바위에 앉아 서로 이야기하는 데에 열중하는 모습이 보였다.

신비한 경험 하나를 추가하기로 한다. 아버지의 분향 재배는 향내가 제사 음식 주위를 한 바퀴 돌고 난 뒤에야 끝났다. 그때 내 눈에는 증조부의 삶의 조각들이 지방(紙榜) 가장자리 주변을 둥둥 떠다니고 있는 게 보였다. 증조부와 아버지와 내가 동시에 참여했던 백중날의 제사는 30여 년이 지난 지금까지도 잊히지 않는다. 이것이 「백중날 밤」의 배경 이야기이다.

시에 그림을 수용하는 방법에는 두 가지가 있다. 하나는 기억의 매개를 통해 그림을 수용하는 방법이다. 이 경우, 수용된 '그림'은 시적 논리와 연결되면서 새로운 의미를 만들어내는 데 기여할 때에만 의미를 지닌다. 다른 하나는 유사성의 매개를 통해 그림을 수용하는 방법이다. 대부분의 시인은 대체로 그 '유사성'을 일반적 진술의 형식으로 나타내지만, 의문을 동반한 진술의 형식으로, 또는 의문의 형식으로 그것을 나타내는 시인도 존재한다.

세 작품의 공통점은 그림을 수용했다는 사실에서 찾을 수 있다. 세부적으로 볼 때, 「자화상을 그린 또 다른 이유」와 「근원을 알 수 없는 외로움이」는 기억의 매개를 통해 그림을 수용한 작품에, 「이중섭의 모든 소들은 알고 있을까」는 유사성의 매개를 통해 그림을 수용한 작품에 각각 해당한다. 「이중섭의 모든 소들은 알고 있을까」는 그중에서도 '의문을 동반한 진술의 형식'으로 유사성을 나타낸 작품이라 할 수 있겠다.

6. 『김병택 문학전집』
― 문학비평과 시의 궤적

정년 퇴임한 뒤부터, 나는 30여 년 동안 쓴 글들을 한데 모아 언젠가는 '전집'을 발간하겠다는 막연한 생각을 품기 시작했다. 길고 긴 항해를 막 마치고 돌아온 나에게 그것은 감로수를 마시는 일과는 완전히 다른, 쉽게 이룰 수 없는 지난한 작업처럼 보였

문학 콘서트에서(김동윤 교수와 대담)

다. 그러던 나에게 예고도 없이 좋은 기회가 찾아왔다. 제주문화예술재단에서 시행하는 '원로 예술가 지원 프로그램'이 있다는 것을 알게 된 것이다. 나는 곧바로 모든 서류를 갖추어 응모했고, 최종 심사를 통과했다. 『김병택 문학전집』(전10권, 국학자료원, 2021)은 이러한 경로를 거쳐 발간된 책이다.

이 전집은 전10권으로 구성되었다. 나의 저서 중 『한국 현대시인론』(1995)과 편저 『현대시론의 새로운 이해』(2004)는 이 전집에서 제외했다.

제1권 바벨탑의 언어(1986) [430쪽]
제2권 한국 근대시론 연구(1988)/ 한국문학과 풍토(2002) [596쪽]
제3권 한국 현대시론의 탐색과 비평(1999) [368쪽]

제4권   한국 현대시인의 현실인식(2003) [490쪽]

제5권   현대시의 예술 수용(2009) [314쪽]

제6권   제주 현대문학사(2009) [421쪽]

제7권   제주예술의 사회사(상)(2010) [414쪽]

제8권   제주예술의 사회사(하)(2011) [517쪽]

제9권   시의 타자 수용과 비평(2914) [421쪽]

제10권   꿈의 내력(2017)[70편]/ 초원을 지나며[2018][70편]/
        떠도는 바람(2020)[70편]/ 벌목장에서(2021)[70편]

다음 글은 이 전집의 맨 마지막에 있는 발문이다.

　　올해로, 1978년 7월호《현대문학》지의 평론 추천으로 데뷔하여 글쓰기를 시작한 지 43년이 된다. 그동안 글을 많이 썼다고 할 수는 없으나 나름대로 계속 글을 써온 것만은 분명한 사실이다.
　　제1권부터 제9권까지에는 평론과 학술적 성격의 글들을 수록했다. 바꾸어 말하면, 여기에 수록된 글들은 모두 시론, 시인론을 비롯해 지역문학론, 지역문학사, 지역예술사, 비교문학론, 작가론, 작품론, 문화론 중의 어느 하나에 해당한다. 그리고 제10권에서는 2016년《심상》지를 통해 시인으로 데뷔한 뒤 상재한 네 권의 시집을 한데 묶었다.
　　돌이켜보면 쓰기 쉬운 글은 한 편도 없었다. 마음을 다잡으며 단단한 집 한 채를 지을 각오로 글을 완성하던 시간들이 새삼스럽게 떠오른다.

나는 이 전집에 수록된 글들이 최소한 여섯 가지의 의의를 지닌다고 생각한다. 그것을 간략히 정리해보면 다음과 같다.

첫째로 한국 초기 근대시론을 체계적으로 논의했다. 『한국 근대시론 연구』에 실린 「한국 초기 근대시론 연구」에서는 M.H. 에이브럼스의 삼각모형 이론에 의거해 한국의 1920년대 시론이 표현론·모방론·효용론·기교론 등으로 분석, 논의된다.

둘째로 문학작품을 다룬 최초의 지역문학사이다. 『제주 현대문학사』는 기존의 지역문학사와는 여러 부면에서 다르다. 여기서는 작가 연보나 문단의 에피소드와 같은 문학적 사실보다 문학작품을 더 중시하는 태도가 확연히 드러난다.

셋째로 사회변동에 따른 제주예술의 변화 양상을 밝혔다. 그 기간은 『제주예술의 사회사』에서 다룬 일제강점기부터 1990년대까지이며, 두 권의 책에 등장하는 예술 장르는 문학·미술·연극·사진·음악·건축 등이다. 이 예술 장르들을 고찰하는 과정에서도 나는 기록·대담의 형식을 빌리거나 시대별로 특기할 만한 예술가들의 활동을 집중적으로 조명하는 새로운 방식을 사용했다.

넷째로 비교문학적 연구가 이루어졌다. 『현대시의 예술 수용』과 『시의 타자 수용과 비평』에서는 시가 다른 장르를 어떻게 수용하고 있는지를 논의하는 비교문학적 연구가 주류를 이룬다. 시가 수용한 다른 장르는 그림·무용·영화·음악·건축·사진·철학·역사·정치·종교 등 다기하다.

다섯째로 반발이론(Theory of Reaction)을 논증적으로 다루었다. 반발이론은 모든 문예사조, 문학이론의 발생과 소멸의 근거를

'반발'에 둔다. 『현대시의 예술 수용』에 수록된 「문예사조에서의 반발이론에 대한 연역적 논증」에서 서구 문예사조의 발생과 소멸은 반발이론의 중요한 논거로 작용한다.

여섯째로 서정적 이야기시의 모습이 제시되었다. '서정적 이야기시'는 내가 오래전부터 바람직하게 여기는 시를 지칭하는 용어이다. 이 전집에 수록된 시집은 『꿈의 내력』, 『초원을 지나며』, 『떠도는 바람』, 『벌목장에서』 등 네 권이다. 네 권의 시집은 대부분 서정적 이야기시로 구성되었다는 특징을 지닌다.

전집을 발간한 지 몇 년이 지난 지금을 기준으로 말한다면, 나의 시집은 『김병택 문학전집』 제10권에 수록한 네 권 외에도 두 권이 더 있다. 이 전집이 나온 뒤에 펴낸 『서투른 곡예사』(2023), 『아득한 상실』(2025) 등 두 권의 시집이 그것이다. 지금도 나는 시 쓰기를 계속하고 있다.

■ 내 삶의 문학적 연대기

- 1949년 8월 26일(호적), 김해김씨 시조 51세손 萬希公派 德彦系 22세손이다. 아버지 鎭河, 어머니 邊仁슈이 2남 3녀 중 차남으로 제주도 북군 조천면 조천리 2376번지(현재, 제주도 제주시 조천읍 조천5길 14)에서 태어났다. 아버지(1907년생)는 어릴 때부터 증조부에게서 한학을 공부했고 조천공립보통학교를 졸업(3회)한 뒤에는 일본 오사카로 건너가 日本電療專門學院에

서 전기치료술을 공부한 기술인이었다. 해방 전에 귀국한 아버지는 4·19 직전까지 조천면사무소 직원으로 근무했다.

- 1955년 3월, 조천초등학교에 입학(1961년 2월 졸업). 나보다 여덟 살 위인 둘째 누나는 책읽기를 무척 좋아하여 부잣집 친구들에게서 소설책과 수필집을 자주 빌려오곤 했는데, 나는 5학년 때부터 누나가 빌려온 책들을 많이 읽었다. 물론 남독이었다. 내용도 제대로 이해할 수 없었을 것이다. 그때 읽은 책들 중에서 헤르만 헤세의 『수레바퀴 밑에서』, 프랑수아 모리악의 『사랑의 사막』, 이광수의 『무정』, 김동인의 『운현궁의 봄』, 유달영·최신해의 여러 수필집 등은 지금까지도 기억에 남아 있다.

- 1961년 3월, 조천중학교에 입학(1964년 2월 졸업).

- 1964년 3월, 오현고등학교에 입학(1967년 2월 졸업). 3년 내내 본태성 고혈압(의사 진단) 때문에 무진 고생했다. 얼굴에 열이 오르고 두통이 심한 날이면, 수업이 끝나자마자 제주도립병원으로 달려가서 혈압을 재고 약 처방을 받아야 했다. 서구의 문인들에게 '졸도적 문체,' '천식의 문체,' '맹인적 문체'가 있었다면, 나에게는 '고혈압의 문체'가 있었다고 생각할 정도로, 고혈압은 오랫동안 나에게 커다란 부담으로 작용한 질병이었다. 지금도 그것은 마찬가지이다.

- 1967년 3월, 제주대학교를 국문과 수석으로 입학하고 1971년 2월 전체 수석으로 졸업했다. 대학도서관은 건축가 김중업 선생이 설계한 대학 본관 건물 1층에 있었다. 나는 입학하자마자 대학 4년 동안에 대학도서관의 책들을 독파하기 위한 세부 계

획을 세웠는데, 그 계획의 일부는 실제로 실천되기도 했다.
- 1969년 5월부터 '토요구락부' 동인으로 활동했다(~1973년 12월).
- 1971년 3월, 동국대 대학원에 입학 후 곧바로 휴학했다.
- 1971년 4월, 중등교원 순위고사를 치르고 서귀여중에서 영어를 가르쳤다. 내가 국어교사로 교단에 서지 못한 것은 초임 국어교사 티오(T.O.)에 빈 자리가 단 하나도 없었기 때문이다. 결국 나는 중등교원 순위고사와 함께 치른 부전공 시험의 성적도 발령 근거로 삼을 수 있도록 명시한 규정에 따라 영어교사(4월 1일자)로 발령을 받았다.
- 1971년 12월, 군에 입대하여 육군 행정병으로 복무했고 병장으로 만기 제대했다. 바로 대정중학교 영어교사로 발령을 받았으나 6개월 정도 근무한 뒤 1974년 10월 사직했다. 대학원 공부를 하기 위한 결정이었다.
- 1975년 5월, 서울로 거주지를 옮겼고, 1980년 2월까지 동작구 본동의 사립학교인 동양중학교에서 영어교사로 근무했다.
- 1975년 9월, 동국대 대학원에 복학했다.
- 1977년 8월, 동국대 대학원에서 석사학위를 받았다. 석사학위 논문인 「'날개'의 이미저리 연구」는 스퍼전(Caroline Spurgeon)의 이미저리 분석 방법을 원용하여 李箱의 「날개」에 나타난 이미저리를 분석한 논문이다. 지도교수는 조연현 교수였다.
- 1977년 3월, 동악어문학회 회원, 한국국어교육학회 회원으로 활동했다.

- 1978년 3월, 서울시 용산구 청파동에 있는 신광여자고등학교로 직장을 옮기고, 1982년 2월까지 국어교사로 근무했다. 또한 이 기간에는 '凝視' 동인으로 활동했다.
- 1978년 5월, 이상의 「날개」를 분석한 「意識의 向方」으로 《현대문학》 5월호에서 평론 초회 추천을 받았다. 추천자는 조연현 교수였다.
- 1978년 7월, 《현대문학》 7월호에서 평론 추천이 완료되어 문학평론가로 데뷔했다. 천료 평론 제목은 「詩人의 現實과 自由」, 추천자는 조연현 교수였다.
- 1979년 1월 23일, 孫寧珠(한라대학교 교수)와 결혼했다.
- 1980년 3월, 동국대 대학원 박사 과정에 입학했다.
- 1980년 2월, 딸 珉琡이 출생했다.
- 1982년 4월 29일, 제주대학교 인문대학 국어국문학과 교수로 발령을 받고 교과목 강의를 하기 시작했다. 5월부터 국어국문학회 회원으로, 2000년대 초에는 제주 지역 이사로 활동했다. 7월, 아들 洪範이 출생했다.
- 1984년 4월, '경작지대' 대표(~1987년 10월)를 맡아 동인지 《경작지대》 1, 2, 3, 4집을 발간했다.
- 1986년 8월, 첫 번째 저서 『바벨탑의 언어』(문학예술사)를 출간했다.
- 1987년 2월, 동국대 대학원에서 박사학위를 받았다. 박사학위 논문인 「한국 초기 근대시론 연구―1920년대를 중심으로」는 김시태 교수의 지도에 따라 M.H. 에이브럼스의 삼각모형 이론

을 적용하여 한국의 1920년대 시론을 체계적으로 분석한 논문이다.
- 1988년 2월,『한국 근대시론 연구』(민지사)를 출간했다.
- 1989년 12월, 제주도문화상(예술 부문)을 수상했다.
- 1990~1992년 제주문인협회(한국문인협회 제주도지부) 회장으로 활동했다.
- 1995년 2월,『한국 현대시인론』(국학자료원)을 출간했다.
- 1996년 6월 16일(음), 노환으로 고생하던 아버지가 교통사고로 별세했다. 향년 90세.
- 1999년 1월부터 2000년 12월까지 '귤림문학회' 회장으로 활동했다. 8월,『한국 현대시론의 탐색과 비평』(제주대학교 출판부)을 출간했다.
- 2000년 1월부터 제주작가회의(한국작가회의 제주도지회) 회장(~2001년 12월)으로 활동하면서《제주작가》4, 5, 6, 7호를 발간했다. 4월부터 제주도 문화재위원회 위원으로 활동했다(~2002년 3월).
- 2001년 9월부터 2003년 8월까지 제주도 문화예술진흥위원회 위원으로 활동했다. 12월, 지역문학론과 관련된 논리를 본격적으로 개발하기 시작했다.
- 2002년 1월부터 (사)민족문학작가회의 이사로 활동했다(~2003년 12월). 10월,『한국문학과 풍토』(새미)를 출간했다. 11월부터 영주어문학회 제2대 회장으로 활동했다(~2004년 11월).
- 2003년 1월부터 2005년 1월까지 제주문화예술재단 제2기 선

임직 이사로 활동했다. 7월, 증조부 水隱 金熙敦 선생의 시들을 모은 『수은 시집』이 제주대학교 탐라문화연구소에서 출간되었다. 『수은 시집』에는 원문과 吳文福 선생의 번역문이 함께 실려 있다. 8월, 『한국 현대시인론』이 절판된 것을 계기로 『한국 현대시인의 현실 인식』(새미)을 출간했다. 10월, 모든 문화 현상과 예술 사조의 발생에 적용할 수 있는 '반발이론'을 체계화하기 시작했다. 12월, 평론집 『한국문학과 풍토』로 귤림문학회가 제정한 제3회 오현문학상을 수상했다.

• 2004년 8월, 편저 『현대시론의 새로운 이해』(새미)를 출간했다. 이 책에는 내가 쓴 글 「시란 무엇인가」와, 문예사조에서의 '반발이론'에 대한 나의 주장을 담은 논문 「문예사조에서의 반발이론에 대한 연역적 증명」도 수록되어 있다. 10월, 시의 예술 수용을 논의하는 비교문학적 연구를 시작했는데, 가장 먼저 관심을 가진 대상은 '시의 그림 수용'이었다.

• 2005년 2월, 증조부 水隱 金熙敦 선생의 산문들을 모은 『수은 문집』이 오문복 선생의 번역으로 제주대학교 탐라문화연구소에서 출간되었다. 7월부터 평화통일자문회의 위원으로 활동했다(~2007년 6월). 7월 1일, 제주문화예술재단 이사회에서 제3대 이사장으로 선출되었다. 이에 따라 교육부 승인을 거친 뒤 파견 형식으로 제주문화예술재단에 근무했다(~2007년 6월 30일). 10월, 『제주 현대문학사』(제주대 출판부)를 출간했다. 제주의 현대문학사를 쓰는 것은 나의 오랜 소망이었다. 나는 그 소망을 이룰 수 있다는 확신을 가지고 계획을 세워 하나하나 실천해 나갔

다. 내가 이 책을 쓰면서 명심한 것은 기존의 문학사와는 구별되는, 작품 중심의 지역문학사를 써야 한다는 점이었다.

- 2006년 11월 24일, 제주일보사와 사단법인 제주학회가 공동 제정한 제4회 제주학학술상을 수상했다. 수상 저서는 『제주 현대문학사』였고, 수상 이유는 "자료 수집의 충실성과 분석의 치밀성으로 지역문학사 연구의 지평을 넓혔다"는 것이었다.
- 2009년 10월, 『현대시의 예술 수용』(새미)을 출간했다. 시의 예술 수용에 관심을 쏟게 된 것은 시와 예술은 수용의 형식으로 공존할 수 있다는 판단에서 비롯되었다. 논의의 대상으로 삼은 예술 분야는 회화·무용·영화·음악·건축 등이다.
- 2010년 3월, 『제주예술의 사회사(상)』(제주대학교 탐라문화연구소)를 출간했다. 『제주 현대문학사』를 펴낸 뒤부터 나는 '제주예술의 사회사'를 구상하면서 자료를 조금씩 모으기 시작했는데, 나중에 한데 모아 놓은 자료는 예상 밖으로 방대했다. 처음부터 《제주작가》에 연재하는 방식을 취한 것은 그러한 점에서 연유한다. 그리고 『제주 현대문학사』를 쓸 때처럼, 이 책을 쓰면서 명심한 것도 기존의 예술사와는 다른 방법으로 예술사를 써야 한다는 점이었다.
- 2010~2014년 '마퀴스 후즈후 세계인명사전'(Marquis Who's Who in the World)에 연속 등재되었다.
- 2011년 1월부터 영주어문학회 제6대 회장으로 활동했다(~2012년 12월). 3월, 『제주예술의 사회사(하)』(제주대학교 탐라문화연구소)를 출간했다.

- 2012년 7월, 「일제강점기의 제주문학」을 일본 식민지문화학회 학회지『식민지문화 연구』제11호에 발표했다. 이 글을 일본어로 번역한 이는 한국 근대문학 연구가였던 오무라 마스오 와세다대 명예교수이다. 마스오 교수는 2023년 1월 타계했다. 8월, 아내와 함께 스페인·포르투갈·모로코 등지를 패키지로 여행했다. 이전에도 싱가포르·베트남·일본·중국·대만 등 아시아 국가와 서유럽·동유럽·미국·러시아·몽골 등지를 여행한 바 있다.

- 2012년 9월부터 2013년 8월까지 연구년이어서 집중적으로 책을 읽고 글을 썼다. 이 기간에 쓴 글로는 「일제강점기 친일 문인의 내면 풍경」, 「이공·삼공 본풀이의 의식시간과 의식공간」, 「시의 사진 수용」, 「시의 연극 수용」, 「시의 역사 수용」 등이 있다.

- 2013년 4월 13일, 딸 珉㪌이 朴晟秀와 결혼했다. 5월 18일, 연초부터 제주의료원에 입원했던 어머니(1907년생)가 향년 107세를 일기로 별세했다.

- 2013년 9월부터 2014년 5월까지 「시의 정치 수용」, 「시의 종교 수용」, 「시의 철학 수용」 등을 썼다.

- 2013년 12월, Lousie M. Rosenblatt의 "The Transactional Theory of Reading and Writing"을 번역한 「읽기와 쓰기의 거래이론」을 《제주작가》 제43호에 발표했다.

- 2014년 7월, 『시의 타자 수용과 비평』(새미)을 출간했다. 이 책은 시에 수용된 사진·연극·역사·정치·종교·철학 등에 대한 논의를 망라한다. 8월, 32년 5개월을 근무한 제주대학교에서 정년 퇴임했다. 최근 3~4년 동안 담당했던 강의 과목으로는 '한

국 현대시인론'·'현대시론의 새로운 이해'·'문학비평의 이론과 실제'·'현대문학사'·'문예사조사의 새로운 이해'·'비교문학 연구'·'현대문학 연구 방법론'·'현대 한국 문학사상사 연구'·'현대 한국시사 연구' 등이 있다.
- 2015년 독서, 음악 감상, 여행, 걷기, 시 습작 등으로 한 해를 보냈다.
- 2016년 1월,「꿈의 내력」외 4편으로 시 전문지《심상》의 신인상을 수상하면서 시인으로 데뷔했다.
- 2017년 3월, '2017년 앨버트 넬슨 마퀴스 평생공로상'(2017 Albert Nelson Marquis Lifetime Achievement Award) 수상자로 선정되었다. 3월, 제1시집『꿈의 내력』(새미)을 출간했다(서울대 교수 김진하 해설). 9월,「4·3 서사의 인물 대립 양상」을《제주작가》가을호에 발표했다.
- 2018년 3월, 제2시집『초원을 지나며』(심상)를 출간했다(독문학자 김종태 해설).
- 2019년 12월,「제주 민속무용 대본의 경향론」을『춤을 살다』(황금알)에 발표했다.
- 2020년 1월, 제3시집『떠도는 바람』(새미)을 출간했다(시인 김지연 해설). 7월, 장일홍의 4·3 문학작품을 논의한「묶인 이님과 풀린 시대」를 발표했다(『장일홍 4·3 작품집』).
- 2021년 10월, 제4시집『벌목장에서』(새미)를 출간했다(평론가 고명철 해설). 11월,『김병택 문학전집』(전10권, 국학자료원)을 출간했다. 평소에도 안구건조증 때문에 적잖이 고생했는데, 이

전집의 글들을 교정하면서부터는 더욱 심각한 단계에 이르게 되었다. 안구건조증은 교정이 끝나자마자 사라졌지만 완치된 것은 아니었다. 요즈음도 안구건조증은 오랫동안 책을 읽고 난 뒤에 어김없이 나타나곤 한다.

- 2022년 12월, 「고영기론」을 《귤림문학》(통권 제30호)에 발표했다.
- 2023년 7월, 제5시집 『서투른 곡예사』(황금알)를 출간했다(평론가 백운복 해설). 8월, 영국·스코틀랜드의 여러 도시를 2주 동안 여행했다.
- 2024년 8월, 더블린 등 아일랜드의 여러 도시를 2주 동안 여행했다. 11월, 「경험과 사유의 시적 변주」(김성진 시집 해설)를 집필했다. 12월, 「일상적 경험과 시적 사유」(김광춘 시집 해설)를 집필했다.
- 2025년 1월, 제6시집 『아득한 상실』(황금알)을 출간했다(평론가 권온 해설).

황혼에 쓰는 자서전

장일홍

유·소년기의 상징어
  : 팽이, 오줌싸개, 팔 병신, 향원
청년기의 통과의례
  : 공무원, 군대, 등단, 동아리 활동
중년기
  : 기쁨과 슬픔의 파노라마
노년기
  : 영혼의 자궁―하나님과 문학
맺는말

- 잊을 수 없는 사람들
- 나의 연보

언젠가 나의 삶과 문학에 대해 고백조의 어투로 담담하게 말할 때가 오리라고 생각했다. 하지만 자서전을 쓸 만큼 훌륭한 일을 하지 못했고, 아직은 인생의 대차대조표를 정리할 단계도 아니며, 작가는 작품으로만 말해야 한다는 고집이 있었기에 미루어 왔지만, 고희(古稀)를 훌쩍 넘긴 이제는 말해도 좋다고 여겨진다.

누구에게나 일회적이고 유일하고 독창적인 삶이 있고, 모든 개인사 속엔 크든 작든, 화려하든 초라하든, 그 나름의 기념비적 사건이 있게 마련이다.

내 인생의 모뉴망은 문학과 신앙, 이 두 가지와 밀접하게 관련되어 있다. 문학은 인간·인생·세계의 비의(秘意)를 드러내는 것이다. 그 비의는 이면(裡面)에 감춰져 있다. 결국 문학은 현상이 아니라 본질을 탐구하는 행위이다. 신앙은 신을 믿는 것이다. 비신자는 신 없이도 잘 살았으니 죽음 이후도 걱정하지 않는다. 그러나 인생의 가장 본질적인 질문은 이것이다. '천국과 지옥은 있는가?' 세상의 모든 종교는 '있다'고 가르친다. 신 앞에 섰을 때는 이미 늦었다.

한 인간의 개인사를 언급할 때는 프로이트 영감이 중시하는 유년시절로 거슬러 올라가야 한다. 눈부시게 아름다운 인간은 있어도, 그런 인생은 어디에도 없다.

유·소년기(1~18세)의 상징어
: 팽이, 오줌싸개, 팔 병신, 향원

유년의 한때, 우리 동네는 세상에서 제일 큰 마을이고 세계의 중심이라고 생각했다. 오래지 않아 이 신념은 무너져 내렸지만, 철 모르는 아이들의 머릿속은 환상과 공상으로 가득하다.

구한말(舊韓末) 병조판서와 외부대신을 지낸 김윤식의 『속음청사』에 따르면 나의 조부(祖父) 장용견은 '제주의 삼재(三才)' 가운데 하나로 정의군수를 지냈다. 부친 장석관은 체육인으로 제주경찰서장을 거쳤는데, 어린 나에게는 염라대왕 같은 존재였다.

어느 날, 왼손잡이였던 나에게 아버지가 표독스럽게 말했다.

첫돌 사진

"다시 한번 더 왼손을 쓰면 잘라버릴 거야!" 집 앞에서 열심히 팽이를 치고 있었는데 멀리서 국방색 제복이 보이자, 난 재빨리 팽이채를 오른손으로 바꿔서 쳤다. 팽이가 저만치 나가 떨어져 죽고 말았다. 그것은 내가 태어나서 처음으로 본 '이 세계의 붕괴'였다.

어린 시절의 가족 사진

어린 시절, 자주 이불에 오줌을 싸서 삼태기를 머리에 쓰고 이웃집에 소금 빌리러 갔다가 빨래방망이로 두들겨 맞았다. 어떤 날은 아버지가 오줌싸개를 발가벗겨서 대문 밖으로 내쫓았다. 그때의 수치심은 형언키 어려워서 쥐구멍에라도 들어가고 싶었다.

의학적으로 오줌싸개는 신체적 결함보다 심리적 증상의 발로라고 하는데, 이걸 우격다짐으로 고치려 하는 건 무지의 소치였다. 오줌싸개에게 키를 씌운 건 무지몽매한 시대의 관습, 그래서 계몽은 시대를 관통하는 미덕이 된다.

초등학교 3학년 때인가? 링(그네의 일종)을 타고 있는데, 학급 친구 K가 뒤에서 세게 밀자, 다급히 그만 해! 그만 해! 소리쳤지만 K는 아랑곳없이 더 강하게 밀어부쳤다. 링에서 손을 놓자 나는 땅바닥에 곤두박질쳤고 오른 팔꿈치 관절이 부러졌다. 니은(ㄴ)자로 팔을 고정하고 오랫동안 접골원에 다녔지만(정형외과에 가야 하는데!) 팔은 완전히 펴지지 않아 팔 병신이 되었다.

그러나 그때나 지금이나 K를 원망하지 않는다. 이것도 운명이라고 기꺼이 받아들였던 것이다. '아모르 파티'(운명을 사랑하라)는 '이 또한 지나가리라'와 함께 나의 오래된 인생 철학이다.

언젠가 아버지는 재래식 변소(제주말로 돗통시)에 들어가 인분을 퍼서 텃밭에 뿌리라고 명령했다. 아버지는 그게 자식을 강하게 키우는 훈련이라고 믿었겠지만, 오히려 어린 가슴 속에 적개심이 활활 타오르게 했다.

그것이 아버지와의 불화의 시작이었고 못된 인간에 대한 환멸과 혐오, 염세주의, 이 세계에 대한 비극적 인식의 출발점이 됐는지 모른다.

어쨌거나 아버지에 대한 기억은 모조리 부정적이지만 불혹의 나이, 마흔 살이 되면서 나는 아버지를 용서하기로 결심했다. (아버지의 아들로 태어난 것도 하나님 뜻이니까)

반면에 어머니에 대한 기억은 거의가 긍정적이다. 처녀 시절, 시를 썼다는 낭만적 기질의 어머니는 남편 잘못 만난 덕분에 마흔 살이 넘어 동문시장에서 식료품 가게를 열었다. 일본 오사카와 제주 조천을 왕래한 여객선 군대환(君代丸) 선주의 딸이었던 어머니는 당시에 드물게 도쿄 여학교에 유학한 재원이었다.

대한항공(KAL)의 회장 따님이 미국에서 출항한 항공기를 출발지로 되돌아오게 한 '땅콩회항'은 유명한 사건인데, 어머니도 오사카를 떠난 군대환을 되돌린 적이 있는, 말하자면 철부지 공주님이었다. 어머니의 애창곡은 〈동심초〉였다. '아무도 날 찾지 않는 외로운 이 산장에…' 하는 가사와 멜로디를 나는 지금도 기억하고 있다. 노래의 힘은 이처럼 무서운 것이다. 고고하고 우아했던 그녀가 쓰레기와 오물더미 시장통에서 거친 장사꾼들의 악다구니 속에서 전율하며 살아야 했고, 더불어서 나도 니나노집 늙은 갈보들에게 술 파는 일을 즐겁게 수행해야 했다.

나는 이런 걸 '운명의 복수'라고 부른다. 한때 잘나간다고 으스대는 인간은 어리석다. 생의 빙하기는 누구에게나 언제든지 찾아오니까. 그래서 영리한 바보들은 그게 처세에 유리하다는 걸 알아서 겸손한 척한다. 그래봤자 리처드 도킨스의 주장처럼 인간은 '이기적 유전자'의 명령에 따라 움직이는 '생존기계'에 불과하다. 어쩌면 어머니에 대한 나의 애정은 외디푸스 콤플렉스의 발현일까?

고등학교 1학년 2학기부터 내 청춘의 방황은 시작되었다. 대학에 보내줄 수 없다는 아버지의 폭탄선언 때문이다. 오현고에 장학생으로 입학해서 서울대는 따놓은 당상이라고 믿었던 나에게는 청천벽력이었다. 공부를 포기하고 나니 할 짓은 독서밖에 없었다. 동급생이었던 김종은이 그의 형 김종원(시인, 영화평론가)이 읽었던 책들(《사상계》,《세대》,《현대문학》)을 보여줬다. 난 그 책들을 포식하면서 막연히 '작가가 되고 싶다. 작가가 될 것이다'는 예감에 휩싸였다. 이런 무차별 독서가 바탕이 되어 고교 2학년 때 중앙일간지 신춘문예에 응모할 정도로 조숙한 문학소년이었다.

1967년 어느 봄날, 막 고3이 된 까까머리 고교생 셋이 '남양여인숙'에 모였다. 여기가 셋 중 하나인 문무병 군의 집이었다. 문무병과 김동훈, 나는 우리가 주축이 되어 제주시내 인문계 고교(오현고, 제주일고, 신성여고, 제주여고) 재학생 가운데 문학 지망생을 모아 문학동아리를 만들자고 결의했다.

당시에는 상당히 기상천외한 발상이었다. 동아리 이름은 '향원(鄕園)'으로 정했는데, 지역적 정서를 감안한 작명이 아니었나 싶다. 우리는 곧 동지 규합에 나섰는데, 동기생인 김재천(제주일고), 고미라(신성여고, 고금례로 개명), 정순희(제주여고) 등이 우선 포섭됐다. 그후 고1, 고2 후배들도 참여해『향원』제1집에는 모두 13명의 회원이 작품을 발표하게 된다.

향원은 1967년에 창립해 1974년 유신정권의 긴급조치 발령으로 전국의 모든 고교생 시클과 함께 해체되기까지 8년 동안, 아마도 제주도내 학생 동아리로서는 가장 많은 인원이 참여한 역대급 단체로서 오래 전성기를 구가한 모임이었다.

세월이 흘러 향원 멤버 중에 문학으로 대성한 사람도 있고, 다른 분야로 전향한 사람도 있지만, 동시대의 선구자로, 엘리트로 성장한 모태가 바로 향원이었다는 사실은 잊지 않고 있을 것이다.

문학 외길을 걸어간 사람은 시인으로 문무병, 김재천, 김대용, 김광렬, 강영은, 강방영, 강상윤 등이 있고, 소설가로 정순희(작고), 김석희, 강법선, 고원정 등이 있으며, 극작가는 장일홍, 수필가는 김정옥(김가영으로 개명), 이영운 등과 논픽션 작가 양성자가 있다.

비문학으로 전향한 사람은 고미라(소아과 의사), 문정인(연세대 교수, 대통령 특보), 김학렬(한국은행 경제교육센터 원장), 홍창희(부산대 교수), 김영범(대구대 교수), 김석준(제주대 교수), 김동욱(대학 교수) 등과 서양화가 강요배가 있다. (괄호 안은 전직)

 향원의 지도교사는 양중해(작고, 제주대 교수), 송상순(제주교대 총장), 고재환(제주교대 교수), 현길언(작고, 한양대 교수), 김원치(작고, 대검 검사장), 김길웅(수필가), 김순이(시인), 김경환(작고, 신성여고 교사), 김충성 등인데, 양중해 교수를 제외하고 당시 제주 시내 고교 교사였다.

 어쨌거나 대학 입시를 코앞에 둔 고3 입시생들이 문학 동아리를 결성했다는 사실 자체가 요즘의 사고방식으로는 도저히 이해할 수 없는 미친 자들의 소행이었으나, 나는 지금도 향원을 만든 일을 후회하지 않는다.

 향원의 산실이자 아지트는 '남양여인숙'이었다. 때로 창문에 뚫은 구멍을 통해 투숙객들의 흘레 장면을 감상(?)하면서 난 돼먹지 않은 수백 편의 시와 소설을 썼다. 이를테면 남양여인숙은 봇물처럼 터져 나오던 깨어나는 정신의 용광로였던 셈이다.

 모든 사람에겐 각자의 화양연화가 있다. 나의 화양연화는 향원 시절이었다. 정말 이상하다. 나의 십대 후반은 일생에서 가장 불행하고 절망적인 시기였는데, 나는 왜 '꽃처럼 아름다운 시절'로 기억하고 있는 걸까? 그 원인은 그때 거기에 향원이 있었기 때문이다.

 고3 때, 등교일수는 통틀어 40일 정도에 불과했고 퇴학시키겠다는 담임교사의 최후통첩을 여러 번 받았으나 이미 아나키스트에다 히피가 되어버린 나에게 그따위 위협은 우스꽝스러웠다.

학교는 더 이상 나의 보금자리가 아니었다. 서부두로 사라봉으로 쏘다니며 술을 마셨다. 절망과 울분을 삭이기 위해 술을 마셨고 나중에는 술이 나를 마셔버렸다. 한쪽 유리알이 빠진 선글라스를 끼고 지팡이를 짚고 칠성통 번화가를 배회했다. 벌써 반쯤 미쳐 있었던 것이다.

1968년, 고교 졸업을 한 달쯤 앞두고 난 섬을 탈출했다. 소년 시절의 방황에 종지부를 찍고 새로운 인생을 개척해 보겠다는 포부를 안고 부산에 도착, 지인이 소개해준 남양어망주식회사에 공원으로 취직했다. 부산시 영도구 달동네 판자촌에 살면서 밑바닥 삶을 체험했고, 그때의 공돌이 체험이 나중에 「강신무」(단막 희곡)에서 문학으로 형상화된다(인생에서 그 어떤 것도 버려야 할 것은 없다). 도스토예프스키의 소설에 보면 시베리아 유형수들이 가장 싫어하고 공포를 느끼는 노동이 있는데, 그것은 무의미한 반복작업이다. 인간은 나름대로 의미를 추구하는 변덕스런 동물인데 같은 일의 되풀이는 참을 수 없는 거였다. 공돌이 생활은 아무런 전망도 없고 무의미한 반복작업의 연속이었다. 그런 생활에 지겨움을 느끼고 있을 무렵 서울 사는 형님이 상경하라는 전갈을 보내왔다.

나의 유·소년기를 정리하면, 엄격하고 완고한 부친 밑에서 기가 팍 죽은 내성적인 소년으로 자라면서 가난이라는 굴레를 안고 살았던 절망의 방황기였다.

청년기(19~39세)의 통과의례
: 대학 중퇴, 공무원, 군대, 등단, 동아리 활동

서울로 가서 다음 해 대학입학시험 준비를 했다. 서라벌예술대학 문예창작과에 들어가서 소설가가 되고 싶었다. 당시 서라벌예대에는 소설가 김동리, 시인 박목월·서정주 등 기라성 같은 분들이 교수로 있었고 대다수 한국 문인들이 이 학교 출신이었다.

그런데 운명의 장난인가, 1969년부터 대입제도가 변경되어 예비고사제가 시행되었다. 고향에 있는 친구 김동훈에게 예비고사 응시원서(고등학교 발행)를 보내주도록 부탁했는데 원서 마감일이 지나서야 도착했다. 예비고사 없이 들어갈 수 있는 학과를 찾아보니 소위 딴따라 학과라는 연극과, 영화과 등이 있었다.

할 수 없이 서라벌예대 연극과에 입학해서 1학기를 다녔는데 형님이 더 이상 학비 조달이 어렵다고 해서 그해 여름, 짧은 대학 생활을 접고 낙향해 버렸다.

이때 만일 내가 독한 맘 먹고 아르바이트를 해서 독학으로 학업을 계속했더라면 아마도 내 인생은 다르게 전개되었을 것이다. 그러나 세네카가 말했던가? 운명에 순응하면 업혀가고 반항하면 끌려간다고… 우리 속담에 "독 안에 들어가도 팔사 노망은 못 간다"는 게 있다. 아모르 파티의 첫걸음은 운명에의 순응이란 걸 난 그때 알았다. 기독교 신자에게 운명은 하나님의 뜻이다. 운명을 사랑한다는 건 곧 섭리에 순종한다는 말이다. 어른이 된다는 건 정말 이토록 어처구니없는 이 운명을 받아들이는 것이다.

대학을 중퇴하고 고향으로 내려온 뒤, 대학에서 어깨 너머로 배운 연극이 토대가 되어 아마추어 연극활동을 시작하였다. 그런데 당시만 해도 희곡집을 구하기 어려웠고 그나마 있는 것은 번역극 일색이어서 에라, 내가 작품을 써서 공연해 보자고 작심했다. 난 소설가 지망생인데 희곡쯤이야… 분명히 이것은 나의 착각이었다. 희곡은 만만한 상대가 아니었으니까.

1971년, 공무원 시험에 합격하여 공직 생활이 시작되었다. 40년간의 공직생활은 나름 보람도 있었으나 정년퇴임하고 보니 하나도 남는 게 없었다. 내 아이디어로 추진한 수많은 사업들은 다 기관장의 업적일 뿐이다(모든 공직자의 숙명이다). 공직에 임하는 나의 신념은 세 가지였다.

첫째, 최선주의. 최선을 다하여 내가 받은 보수만큼, 아니 그 이상으로 일하자(나는 '일 중독자'였다). 둘째, 선공후사(先公後私). 공을 사보다 앞세우라(私나 邪가 끼면 魔가 낀다). 셋째, 공명정대(公明正大). 공정하고 당당하고 떳떳하자(말은 쉽지만 실천은 어렵다).

40년 공직생활의 대부분을 제주도교육청에서 근무했다. 주로 기획·공보·인사부서에서 일했는데, 내가 기획해서 주도한 사업들은 '작은 사랑의 씨앗 운동' '청소년의 거리 조성' '제주교육리뷰(신문) 창간' '제주교육 발전전략(중기계획) 수립' 등인데 이 가운데 가장 역점을 둔 사업은 작은 사랑의 씨앗 운동이었다.

이 운동은 매달 받는 봉급에서 천원 미만의 자투리 돈을 기부받아 적립하고, 이 자금으로 어려운 이웃(학생 포함)들을 돕는 것이다. '시작은 미약하지만 나중에 창대하리라'란 성경 구절처럼 처음은 도교육청 직원들만 참여했으나 나중엔 교육행정기관(도·시·군교육청, 사업소)과 초·중·고 전 학교가 동참하여 수년 내에 몇억 원의 기금을 모았다. 수혜자도 수백 명에 이르리라 추정한다.

K교육감 재임 8년 동안 이 운동이 지속됐으나 차기 교육감은 이를 폐지해 버렸다. 전임자의 사업은 모두 뒤엎어 버리는, 대한민국 관가의 치졸한 민낯이 드러나는 순간이었다.

몇백 원의 작은 사랑의 씨앗을 심어 몇억 원의 꽃을 피우는 이 아름다운 사업을 내동댕이쳐버린 사람들은 누구인가?

이 운동이 정상 궤도에 오른 시점에 나는 '사랑의 띠잇기 운동'도 전개했다. 이 운동은 불우한 처지(소년·소녀 가장, 결손 가정, 극빈 가정의 자녀들)에 있는 학생들과 독지가들이 인연을 맺도록 중개하여 독지가들이 후원하는 아이들이 올바르게 자랄 수 있도록 돕자는 취지였다. 큰 성과를 거두진 못했으나 이 역시 밝은 세상을 만들기 위한 노력의 일환이었다. 가만히 있으면 아무 일도 일어나지 않는다. 무언가를 저질러야 역사가 만들어진다.

도교육청에서 근무할 때 연설문 쓰기도 나의 주요 업무였다. 본연의 임무를 수행하면서 그 일은 덤으로 주어졌다. 역대 교육감 5인의 연설문을 썼기에 그들의 능력과 자질을 잘 알아볼 수 있었다. 그들 중에는 자신의 회고록에 내가 쓴 글을 버젓이 올리기도 했고 어떤 이는 행사 때 건배사까지 써주어야 하는 경우도 있었다. 지금도 달라진 게 없을 테지만, 이 나라의 기관장이나 고위공직자 중 대다수가 말도 글도 변변치 않다고 본다.

높은 자리에 앉으면 아랫사람이 다 해주니까, 무식자도 기를 쓰고 오르려고만 한다. 영국 총리 윈스턴 처칠은 조지 6세가 죽자 추도사를 자신이 직접 썼다. 영국인들은 83세의 이 늙은 꼬부랑 정치인을 아버지처럼 신뢰하고 존경했다. 이 멋진 사내는 한국의 대통령들처럼 국민의 기대를 배반하지 않았기 때문이다. 누가 '정치는 국민의 마음을 얻는 것'이라고 했던가?

작고한 소설가 오성찬은 한때 제주도지사 연설문 작성자였는데, 자신의 소설「글 쓰는 유령」에서 스크립터의 신세를 한탄한 적이 있었다. 말하자면 내가 쓴 연설문은 모두 교육감의 연설을 통해 마치 그의 발상인 양 세상에 전해졌고 나는 그저 프롬프터(연극에서 막 뒤에 숨어서 배우에게 대사를 읽어주는 사람)나 유령에 지나지 않았다.

존재하면서 존재를 부정당하거나 이용당하는 사람—나야말로 차디찬 이 세계에 던져진 존재의 고통을 느끼면서도 미래를 향해 끊임없이 포복하는 시시포스 같은 실존적 인간이었다.

나의 공직생활의 마지막은 제주교육박물관장으로 재임한 1년이다. 수년 전부터 인사권자인 교육감한테 박물관으로 보내주십사고 애원했지만 막무가내다. 선거 공신을 챙기느라 나의 부탁은 오불관언일 수밖에 없었다.

박물관장으로 부임할 때 직원들에게 말했다. "내가 만약 3년 전에 여기에 왔으면 제주교육박물관을 한국의 명소로 만들었을 건데 참으로 안타깝다… 운운."

나의 박물관 경영지침은 간단했다. "지금까지 한번도 해보지 않았던 사업, 한국의 박물관들이 한번도 가보지 않았던 길을 가겠다"였다. 여러 가지 사업이 있지만 한 가지만 말하면 '100년 후에 개방할 타임 캡슐 제작'이었다. 제작의 요지는 다음과 같다.

① 지금까지 모든 타임캡슐은 지하에 묻었지만 우리는 방에 놓는다. 발상의 대전환이다.
② 타임캡슐의 보존기간은 2009~2109년까지 100년이다.
③ 캡슐 보존을 위해 전문업체에 제작을 의뢰한다.
④ 캡슐의 내용물은 제주도와 제주교육의 역사적 자료, 21세기의 문물로 채운다.

등인데, 아직도 제주교육박물관에서 2109년 개봉의 날을 기다리고 있다. 지금까지 내가 공직자로서 한 일을 대충 밝혔다. 혹자는 자기 자랑을 한다고 생각하겠지만 있는 사실을 그대로 전하는 것일 뿐 전혀 그럴 마음이 없다.

하지만 불완전한 인간이기에 실수나 잘못도 있었고 부족한 점이 참으로 많았으리라 여겨진다. 무엇보다도 좀 더 친절하고 따뜻하게 동료 직원들을 대하지 못했던 게 마음에 걸린다.

"더 낮아지고 겸손했더라면 좋았을 걸…" 하는 후회가 밀려온다. 그래서 인생의 최대 과업은 후회하지 않는 삶을 사는 것이다. 왜 옛사람들이 일일삼성(一日三省: 하루에 세 번씩 반성하라)이라고 했는지 이해가 간다.

제주 속담에 "동네 심방 알아주지 않고, 동네 처녀 내미린다"는 게 있다. 사람들은 가까이 있으면 쉽게 여기고 천시하는 버릇이

'골빈당' - 반세기 지나서

있다. 가까이 있는 내 가족, 내 동료나 친구, 내 이웃의 소중함을 알아야 한다. 스승이나 준마는 멀리 있는 게 아니다. 함석헌 옹의 말처럼 "생각하는 백성이라야 산다." 나라가 살고 나도 산다.

골빈당은 1972년 제주시 남문로 소라다방에서 스무 살 남짓한 더벅머리 총각들이 모여 창립했다. 골빈당원들은 소라다방 일대의 술집을 누비며 낭만을 구가하던 로맨티스트였고, 군사독재 시대의 암울한 사회 분위기 속에서 오로지 문학과 술로 허기를 채우며 열정과 광기를 분출하려고 했던 데카당이었다. 시대의 고뇌와 좌절을 짊어진 청년들은 시계와 점퍼를 저당 잡히고 비오는 날은 우산까지 맡기면서 마시고 또 마셨다.

여기서 잠시 골빈당의 계보를 살펴볼 필요가 있다.

1833년 명저 『엘리아 수필집』을 펴낸 차알스 램은 우자동맹(愚者同盟)이란 단체를 결성한다. 우자동맹의 멤버는 당대 영국의 대표적 지성들이다. 1926년 일본 유학생이었던 당대 최고 문장가인 소설가 이태준, 화가 김용준 등은 백치사(白痴社)란 단체를 조직했다.

우자동맹·백치사·골빈당의 공통점은 '바보들의 모임'이다. 바보는 반어적 표현이다. 중국 속담에 '커다란 지혜는 어리석은 것과 같다(大智若愚)'는 말이 있다. 노자와 장자를 배출한 도가(道家)에서 말하는 어리석음(愚)은 큰 지혜이다. 어쨌거나 골빈당이 우자동맹(런던)이나 백치사(도쿄)의 맥을 잇는 한국(제주)의 청년 지성집단임에는 틀림이 없으리라.

골빈당의 아지트 소라다방은 이상의 자전적 소설「봉별기」에 나오는 '제비다방'을 연상시킨다. 낡은 축음기에서 클래식 음악이 흘러나오고 퇴폐의 아우라를 풍기는 이곳에 문학과 정치 지망생들이 둥지를 틀었다.

제비에 마담 금홍이 있다면 소라엔 정 마담과 레지 남 양, 민 양이 있다. 제비엔 기생 출신 금홍의 관능적 교태가 있으나 소라의 여인들에겐 따뜻한 인간미가 있다. 술 먹다가 SOS를 치면 정 마담은 누님처럼 달려와서 술값을 계산해 주었고, 외상 장부에 찻값을 달아놓기도 했다. 폴 고갱이 그린 '타히티의 여인'을 닮은 민 양은 바람처럼 스쳐 지나간 풋사랑이었다. 아! 그녀들은 시금 어디서 무얼 하고 있을까? 할머니가 되어 손주들의 재롱을 보고 있겠지…

우리의 청춘시절이 궁핍하지만 행복했던 건 이처럼 착한 이웃들, 다정한 동반자들이 있어서이다. 1920~1930년대 유럽 각지에서 모여든 예술가들이 몽파르나스의 허름한 카페와 술집에서 '에콜 드 파리'를 형성했던 것처럼 골빈당은 해방 이후 제주사회에서 젊은이들로 구성된 최초의 '에콜 드 제주'였고 '누벨바그'에 다름 아니었다. 소라다방은 에콜 드 제주의 발원지요 근거지였던 것이다.

1970년대의 어두운 사회 분위기는 우리를 데카당으로 몰아갔지만 우리의 이념적 고향은 실존주의였다. 1950년대 유럽에서 유행하던 실존주의가 60년대 한국에 상륙하면서 우리도 그 사상의 세례를 받았다.

사르트르와 카뮈를 독파하면서 실존주의의 핵심 개념인 피투성(被投性, 던져짐)과 기투성(企投性, 던짐)에 매료됐다. 그러나 나는 훗날 기독교에 입문하면서 실존주의와 결별했다. 실존주의의 무신론적 인간관과 세계관에 동조할 수 없었기 때문이다.

오히려 그 당시 '절망이라는 병'을 치유해준 건 문학이었다. 그래서 나는 "문학은 타자를 구원할 수 없으나 자기구원은 가능하다"고 확신했다. 문학은 무엇이 가치 있는 삶인지 깨닫게 해준다. 환언하면 어떻게 사는 게 가치 있는 인생인지 알게 해 준다.

글쓰기를 통해 우리는 시궁창에 있었지만 별을 바라볼 수 있었고, 실의와 낙망의 폐허 위에 희망의 꽃을 피웠으며 마침내 성공의 금자탑을 세웠다. 더 이상 우리는 패배자가 아니며 실패자도 아니었다.

우리의 내면 깊숙한 곳엔 항상 '순결하고 자유로운 영혼'이 있었고 그 자유혼이 우리를 춤추고 노래하게 한다. 아무것도 가진 것 없는 빈털터리였지만 '한 알의 모래에서 우주를 보고 / 한 송이 들꽃에서 천국을 본다'는 윌리엄 블레이크의 시는 우리들의 찬란한 정신이었던 것이다.

어느덧 반세기의 세월이 훌쩍 지나갔다. 우리들 중 누군가는 한때 아나키스트였고, 세상의 변혁을 꿈꾸던 혁명가였지만 생의 황혼기에 접어든 지금은 고단한 방랑자일 뿐이다.

때때로 형해화된 청춘의 잔상들을 떠올리며 나는 오열한다. 돌아가야 할 곳, 돌아갈 수 있는 곳이 없는 자의 슬픔을 아는 자, 누구인가? 흐릿한 기억의 저편에 있는 더할 나위 없이 순수하고 수줍던 그때가 우리들의 벨 에포크(아름다운 시절)가 아니었던가? 아아! 오뉴월 햇살처럼 빛나던 청춘의 그날로 돌아가고 싶구나! 모든 것은 다 지나가고, 지나간 것은 다 아름답다.

1972년, 제주시 소라다방에서 태동한 '골빈당'의 결성은 논란의 여지가 있겠지만 하나의 역사적 사건이었다. 왜냐하면 20대 떠꺼머리 총각이었던 골빈당의 당원들은 10여 년 후 줄줄이 시인과 작가로 데뷔했고, 20~30년 후에는 중앙일간지 사장, 국회의원, 대학교 총장 등 우리 사회의 중추로 떠올랐기 때문이다.

1973년 골빈당의 준동(?)에 격분한 도내의 부잣집 자식들이 '골찬당'을 조직했으니 6개월을 넘기지 못하고 해제되고 말았다. 이념적 동일성이나 지적 수준에서 골찬당은 골빈당의 적수가 되지 못했다.

찰스 램이 만든 '우자동맹'은 '현자동맹'의 역설적 표현이다. 런던의 발상법과 같은 맥락에서 골빈당이 창당됐다는 사실을 골찬당의 멍텅구리들이 알 턱이 없다.

　동시대적 감수성을 공유했던 골빈당 당원들의 연대의식은 세월의 흐름과 함께 점차 희석되기는 했지만, 아직도 그들의 가슴 속에는 잃어버린 세대의 통렬했던 기억들이 향수처럼 남아 있는 것이다.

　1972년 다니던 직장에서 휴직하고 군대에 갔다. 신병훈련소를 거쳐 자대에 처음 배치된 곳은 휴전선과 인접한 최전방 수색중대였다. 거기서 6개월 정도 있다가 보병중대로 전출했다.
　당시 군 생활은 매우 끔찍했는데, 고참의 구타나 사역(노동)을 피해 간 데가 군대교회였고 여기에서 세례를 받았다. 하나님의 부름을 받았던 그 순간, 천국보험에 가입한 그때가 내 인생 최대의 기적이었다. 세상의 권세, 부, 명예가 다 말짱 헛거라는 걸 깨닫고 '회개하라! 천국이 가까이 왔다!'는 하나님의 음성이 들려온 것이다.
　크리스천은 세상에서 가장 중요한 게 하나님의 사랑을 받는 거라고 생각한다. 나는 한 일도 없는데 공짜로 하나님의 사랑을 너무 많이 받았다(나는 이것을 '하나님의 아찔한 사랑'이라고 한다). 그래서 내가 받은 사랑을 세상에 전하고 증거하고 자랑하려고 한다. 그러니까 하나님이 나를 사랑한 것처럼 나도 하나님을 사랑하고 나아가 세상을 사랑할 것이다. 이것이 하나님의 사랑에 보답하는 길이고 이것이 나의 간증이다.
　1983년 부산에서 열린 제1회 전국연극제 참가작은 내가 처음으로 쓴 「파도야, 어쩌란 말이냐」라는 희곡이었다. 매우 엉성한 습작이었지만 극작가의 길을 가게 한 동기가 되었다. 군대에 갔다 오고 결혼하여 아이를 낳고… 저 밍밍하고 평범한 일상의 나날을 보냈지만 내 가슴속에 화인(火印)처럼 남은 작가의 꿈은 포기하지 않았다.

1984년《현대문학》에 오학영 선생의 추천으로 단막극「카나리아의 죽음」을 발표했고 이듬해에 단막극「제노비아」를 발표하여 극작가로 데뷔하였다.「제노비아」는 안나를 모델로 한 작품이다. 안나는 결혼에 실패하고 제주를 떠나 육지로 갔다. 그 후 몇 번 그녀와 통화를 했지만 만나지는 않았다. 추억은 추억의 자리에 그냥 놓아두어야 한다고 판단했다. 추억이 아름다운 것은 세월이라는 여과장치와 '순수'라는 필터로 걸러냈기 때문이 아닐까.

청년기의 기록에서 빼놓을 수 없는 건 동아리 활동이다. '토요구락부'는 1969년부터 1973년까지 5년간 존속했던 문청(문학청년) 동아리였다. 구락부는 단체의 뜻을 가진 클럽의 음역어이다.

1971년 1월 28일자《제주신문》은 '제주문학 20년 기획' 기사를 내보냈는데, 김병택(평론가)은 기고문에서 "매주 토요일 오후 5시에 모여서 한 사람의 주제 발표를 듣고, 곧 토론으로 들어간다. 이렇게 토론한 횟수는 100여 회에 이른다. 우리는 전위라는 것에 많은 관심을 가지고 있지만 무작정 추종하진 않는다. 베케트의 패러독스, 카뮈의 인식, 사르트르의 논리 등은 토요구락부에 의해 한 번씩 비판되었다"고 했다.

요즘, 이처럼 도전적이고 선복석인 발언을 하는 젊은이들이 있던가? 우리는 지적 우월감에 사로잡혀 있었지만 문학만 떠든 게 아니다. 술에 취해 제주 시내 중심가(칠성통·원정로·남문로)를 배회했는데, 그건 마치 제임스 조이스의 『율리시스』 주인공이 아일랜드의 수도, 더블린을 싸돌아 다닌 장면을 연상시켰다.

19세기 말의 멜랑콜리를 짊어진 유럽의 청년들처럼, 혹은 절망의 나락에서 허우적이던 일제강점기의 조선 청년들처럼 우리는 하염없이 걸었다. 술을 마실 때면 다자이 오사무의 『사양(斜陽)』에 나오는 건배사 "기로칭, 기로칭, 슈르슈르 슈!"를 외치면서 잔을 부딪쳤다(우리가 사랑한 다자이와 미시마 유키오, 둘 다 자살한 천재였다).

한 가지 특기할 점은 전 회원이 그날의 소감을 비망록에 남겼는데, 그 기록을 나기철이 몽땅 잃어버린 것이다(나 시인은 약간 어벙한 데가 있지만 시를 위해 이 세상에 태어난 사람이다).

지금도 기억하는 어느 비 오는 날의 비망록 한 구절.

'비 오는 날의 대화는 언제나 가치가 있다.' (김병택)
'내 마음의 횡경막에 슬픈 비가 내린다.' (문무병)

일본인들이 즐겨 쓰는 '하이쿠' 같은 촌철살인의 빛나는 문장들이 들어있던 비망록의 망실은 아직도 안타깝다.

토요구락부 회원은 모두 15명이었는데, 먼저 세상을 떠난 회원은 과묵한 소설가 김관후, 착한 사마리아인 정순희, 회사원 강재수, 육군 장교로 전역한 장영태 등이고, 연락이 두절된 회원은 치명적 매력을 지닌 팜므파탈 강영희, 한국일보 신춘문예 당선(소설) 후

절필한 김진자가 있다. 나머지 고시홍, 김병택, 나기철, 문무병, 문성숙, 장일홍, 정복희, 홍희선, 홍희숙은 제주에 살고 있다.

　인생은 수많은 정거장을 거쳐 목적지인 종착역(죽음)에 이르는 기차여행과 같다. 토요구락부는 그 무수한 정거장들 중 결코 잊을 수 없는 추억의 간이역이다(혹은 사랑과 슬픔의 플랫폼이다).

　세상의 모든 허영은 악덕이지만 지적·문화적 허영은 미덕일 수 있다. 어쩌면 20대의 우리들은 치기 어린 허영에 들떠 있었는지 모르지만 문학의 이름으로 그 질풍노도의 시기를 통과한 것에 대해 나는 여전히 긍지를 느끼고 있다.

　바바리코트 자락을 휘날리며 서부두 방파제를 거닐던 그 시절―순수한 열정과 광기가 모닥불처럼 타오르던 그때, 그 사람들이 그리워진다.

　'경작지대'는 1983년부터 1991년까지 9년간 활동했던 문학동인이다. 제주의 중견·신진 문인(시·소설·희곡·평론) 10명이 참여하여 4권의 동인지를 발간했다. 지금까지 '경작지대'가 지속됐더라면 제주문학사의 한 획을 긋는 쾌거가 됐을 텐데… 하는 아쉬움이 남는다. '경작지대'의 연장자인 오경훈 형이 금년(2025) 갑자기 돌아가셨다. 머잖아 지상에 남은 우리들도 곧 그 뒤를 따를 테지만 이별은 언제나 슬프다.

　토요구락부 - 골빈당 - 경작지대로 이어지는 청년기는 내 인생의 금자탑이었다. 절망의 나락에 빠졌던 소년기를 벗어나 가장 왕성하게 활동한 황금기였다고 할 수 있다.

　스토아철학의 창시자 제논은 선박을 이용한 무역업자였는데,

폭풍으로 선박이 침몰하여 모든 것을 잃고 난 후, "내가 폭풍 덕분에 철학의 길로 접어들게 되었으니, 폭풍은 얼마나 친절한가! 폭풍은 나에게 행운이었다"고 말했다.

나의 경우, 대학진학이 좌절돼 문학의 길로 나서게 됐으니 가난은 나에게 행운이었다. 위기를 기회로, 불운을 행운으로 바꾸는 기술이야말로 가장 탁월한 삶의 기술이다.

일본에서 '경영의 신'으로 추앙받았던 마쓰시타 고노스케(1894~1989)는 '덕분에' 철학의 소유자였다. 가난 덕분에 세상살이에 필요한 경험을 쌓을 수 있었고 허약한 덕분에 운동에 힘써 건강을 유지할 수 있었고 초등학교를 중퇴한 무식 덕분에 모든 사람을 스승으로 삼아 배울 수 있었다고 했다. 마쓰시타는 누구, 무엇 '때문에'라면서 남 탓, 환경 탓 하면서 포기하고 주저앉지 않았다. 그리하여 마침내 성공의 대도에 들어섰다.

감사를 모르는 사람은 미성숙한 인간이다. 성공이나 출세한 사람이 빠지는 함정은 저 잘나서 그리 됐다고 착각하는 것이다. 주변 도움이나 신의 도움 없이 독야청청할 수 있다는 생각은 구제불능의 오만이다. 그물코처럼 얽혀진 세상, 우리는 매순간 누군가로부터, 혹은 우주의 기운으로부터 도움을 받고 있다. 기도와 간구가 필요한 이유이다.

복음 성가에 '은혜'라는 노래가 있다.

    내가 누려 왔던 모든 것들이 / 내가 지나왔던 모든 시간이
    당연한 것 아니라 은혜였소 / 아침 해가 뜨고 저녁의 노을

봄의 꽃 향기와 가을의 열매 / 변하는 계절의 모든 순간이
당연한 것 아니라 은혜였소 / 모든 것이 은혜 은혜 은혜
한없는 은혜…

나는 이 찬송가를 부를 때마다 눈물이 난다. 나 같은 죄인을 살려주시고 여기까지 인도해 오신 주님의 은혜를 생각하면 저절로 고개가 숙여진다.

나의 청년기에서 잊을 수 없는 사건은 한 소녀와의 만남이다. 1983년 Y여중의 서무과장으로 발령받았다. 그 학교는 격년으로 예술제를 개최하는데, 전공을 살려서 내가 연극 공연 지도를 맡았다. 나는 1~3학년 학급 실장들을 전부 소집하여 그 중에서 배우와 스텝을 골랐다. 겨울 방학 중에 연습을 했는데, 눈 내리는 어느 날 꼬마 배우들과 눈싸움을 했다.

일대육의 싸움. 아이들은 모두 나를 향해 눈덩이를 던졌지만, 나는 유독 한 아이, H만 공격했다. 눈덩이로 소녀의 뺨을 비비기도 했다. 그 참을 수 없이 행복했던 시절은 가고, 1991년 문예회관에서 '전국연극제'가 열리면서 내 작품 「붉은 섬」이 공연됐다. 공연이 끝나 로비에 서 있는데 뒤에서 누가 "선생님…" 하고 불러서 돌아보다가 난 그만 얼어붙고 말았다. 눈부시게 숙녀로 성장한 H가 아닌가. 공연 종료 후 늘상 배우들과 스텝들이 모여서 한 잔 하는 쫑파티를 마다하고 나는 H의 손을 잡아 이끌었다.

그후, 우린 무슨 운명처럼 자주 만나서 술을 마셨다.

제주대학 사범대를 나온 H는 두 번이나 교원임용고사에 낙방

했다가 세 번째는 경기도교육청에서 시행하는 시험에 붙었다. 경기도 어느 시골 중학교로 발령받은 H는 고향을 떠나기 하루 전날 만났을 때, 입을 열었다

"선생님… 오늘이 마지막이네요."

그 말을 듣는 순간, 눈물이 왈칵 쏟아졌다. 스물네 살 대 마흔두 살, 내 나이 절반에 가까운 H와의 애틋한 만남은 그렇게 허무하게 끝나고 말았다.

Y여중에 근무할 때 여교사들의 대화를 엿들은 적이 있다.

"여고에 갔으면 여학생들 많이 울렸을 거야, 저 남자…"

맞다. 내가 여고에 가서 아이들을 가르쳤다면 참되고 착하고 아름다운 인간과 인생에 대한 이야기로 여학생들의 혼을 쏙 빼앗있을 테니까(다시 태어난다면 여고 교사가 되고 싶다). … 그렇게 화톳불처럼 맹렬히 타오르던 젊은 날의 향연은 서서히 끝나가고 있었다.

중년기(40~64세)
: 기쁨과 슬픔의 파노라마

목마르게 기나긴 생에서 누구에게나 한번쯤 '별의 순간'이 찾아온다. 1990년은 내 생애 최고의 해였다. 신춘문예 도전 4전5기 끝에 당선된 것이다. 몇 년 동안 최종심에 오르기만 하고 계속 낙선하자, 나는 비장한 각오로 당선소감을 먼저 쓰고 집필에 들어갔다. 한국일보와 중앙일보에 각기 다른 작품을 보냈는데 한국일보

에 보낸 「강신무」가 당선됐다.

나중에 알고 보니 중앙일보에 보낸 작품(「우리를 잠들게 하는 새들의 합창」)은 심사위원이었던 이근삼 선생의 실수로 서울신문 신춘문예 최종심에 올랐다.

신춘문예 당선의 여세를 몰아 나는 '대작을 써서 세상을 놀라게 하리라'고 마음먹었다. 당시 4·3을 다룬 문학은 현기영·오성찬·현길언 등의 소설이 있었고 희곡은 전무한 상태였다. 나는 국내외 4·3 관련 자료들을 수집해서 6개월 만에 독파했고 6개월간 장막극을 집필했다. 이것이 「붉은 섬」이다.

이 작품이 수록된 첫 번째 희곡집 『붉은 섬』으로 1991년 정부가 주는 유일한 문학상이었던 '대한민국문학상 신인상'을 수상하였다. 대한민국 최초의 4·3 희곡에 대한 일종의 격려 차원이었다고 생각한다.

이 작품은 1990년대 전국의 대학가에서 공연했고 제주에서 열린 '전국연극제'에서도 공연됐는데, 극우파로부터 '좌경화된 작품'이란 오해를 받았고 판금될 것이란 소문이 나돌았다. 실제로 내가 전국의 대학에 책을 보냈는데 받았다는 사람이 없었다. 어떤 기관에서 내 책을 수거해갔다면, 내 책은 지금쯤 모두 재로 변했을 거리고 체념해 버렸다. 그때 나는 진시황의 분서갱유를 떠올렸고 어둠의 권력에 대한 두려움보다는 경멸을 보냈다.

모차르트가 그런 말을 했다고 기억한다. "권력이 예술가를 탄압할 때, 예술가는 더 좋은 작품으로 그와 맞설 수밖에 없지 않은가!"

1991년 희곡집 『붉은 섬』을 간행한 이후, 10년 동안 나는 슬럼

'월간문학 농리상'을 수상하고

프에 빠졌다. 간간이 문예지에 작품을 발표하긴 했지만 문제작을 써내지는 못했다.

21세기가 시작되는 2000년에 장막극 「자기 땅에 유배된 사람들」을 발표하여 한국희곡문학상을 수상했고, 2003년에는 문화관광부가 주관하는 전통연회 창작희곡 공모에서 장막극 「이어도로 간 비바리」가 최우수상을 수상했다.

2003년에 두 번째 희곡집 『이어도로 간 비바리』를 간행했는데, 이 희곡집으로 '월간문학 동리상'을 수상했다. 2004년 10월 「이어도로 간 비바리」를 「초혼」으로 개명하여 이윤택 연출로 국립극장에서 공연했는데, 이 작품은 서울연극제 공식 참가작으로 '동아연극상—무대제작상'을 받았다.

그동안 내 작품이 전국 각지에서 공연됐는데, 「초혼」만큼 많은 관객이 모인 공연을 본 적이 없다. 닷새 동안 1,500석이 되는 국립극장(하늘극장) 좌석이 연일 매진되었다. 한 연극평론가는 「초혼」을 올해 최고의 한국연극이라고 극찬을 아끼지 않았고, 고려대 서연호 교수가 펴낸 『한국연극사』에서 「초혼」은 한국연극의 대안 양식을 제시한 작품으로 평가되었다. 연극사에서 내 작품이 언급된 사실은 지금껏 자부심으로 남아 있다.

2008년에는 세 번째 희곡집 『내 생애 단 한 번의 사랑』이 간행되었고 이 희곡집은 한국문화예술위원회(구, 문예진흥원)가 선정한 '올해의 우수문학도서'로 뽑혔다. 분에 넘치게 세 권의 희곡집 모두 상찬을 받게 된 것은 하나님의 은총과 축복으로 믿고 감사드릴 뿐이다.

중년기의 끝자락인 2010년에 나는 공직에서 은퇴했다. 은퇴하고 몇 년이 지난 후, 나는 제주도교육청과 산하기관에서 근무하다가 퇴직한 일반직 공무원(교원을 제외한 전부) 단체인 '제주문우회' 회장을 맡게 되었다. 문우회에서는 매년 국내여행과 해외여행을 번갈아 갔는데, 어느 해 여행 중 생긴 일이다.

무주 구천동에서 케이블카를 타고 산 정상을 향해 올라가는데 나에게 등을 보인 채 일행들과 수다를 떠는 한 여인의 모습은 영락없이 안나가 아니던가! 정상에서 지상으로 내려와 걸어가는데 그 여인이 내 곁으로 왔다.

"혹시… 안나가 아닌지…" 내가 더듬거리며 묻자 "아닌데요." 짧게 대답했다. 나는 미안하다, 사람을 잘못 봤다고 인사하고 헤어졌다.

여행에서 돌아온 다음, 출판사를 운영하는 후배한테서 전화가 왔다. "형님, 영화 보러 와요." 후배는 사무실 한 귀퉁이에 와인 바를 차려서, 와인을 마시며 영화 보는 게 취미였다. 〈어느 예술가의 마지막 일주일〉이라는 제목의 독일 영화였다. 그 영화의 스토리는 이랬다.

한 피아니스트가 보석상의 딸을 사랑하게 된다. 두 사람은 열렬히 사랑하지만 여자의 아버지는 가난한 예술가를 못마땅히 여겨 둘을 억지로 떼어놓는다.

30년의 세월이 흐르고 우연히 둘은 거리에서 재회한다. 남자가 "혹시… 나타샤가 아닌가요?" 묻지만 잠시 침묵하던 여자가 아니라고 고개를 젓는다. 길모퉁이를 돌아선 여자가 흑, 하며 닭똥 같은 눈물을 뚝뚝 흘린다.

순간 나는 이마를 딱! 쳤다. 이게 뭔 시추에이션인가? 아! 이거였구나, 그때 안나도 그랬잖아?… 난 여자를 몰라도 한참 모르는 쑥맥이다. 예나 지금이나 여자 앞에만 서면 한없이 작아진다. 바보! 등신! 머저리! 팔푼이! 아무리 자책하고 한탄해 봐야 죽은 자식 불알 만지기다.

버스는 떠났다. 안나는 미지의 피안으로 사라졌다. 노래방에 가서 양희은의 '이루어질 수 없는 사랑'을 피를 토하듯 부르며 원통함을 달랠 수밖에…

2012년에 장막희곡 「어디서 와서 왜 살며 어디로 가는가」는 문화예술위원회의 아르코 문학창작기금에 선정되었다. 2013년에 희곡집 『사랑하다가 죽어버려라』를 출간했다. 이 시기에 '낭그늘' '예담길' '이어도 연구회'라는 세 단체의 멤버로 참여하여 지금까지도 회원들과 교유하고 있다.

'낭그늘'은 낭(나무)+그늘의 합성어다. 아마도 작명인은 나무 그늘 아래서 편히 쉬는 모습을 인생 후반기의 자화상으로 여긴 것 같다. 이 모임의 구성원은 문학·음악·미술·연극·무용 등 다양한 분야의 예술가들이다. 분기에 한번쯤 모이고 연말에는 회원들의 작품 발표회를 열기도 한다. 뮤지션 노명희는 육지에 살면서도 모임 때마다 참석하는 열성분자이다.

2014년, 토요구락부의 멤버들 중 일부가 참여한 '예담길'이 창립됐다. 예담길은 '예술에 대한 담론을 길 위에서 즐기는 사람들'의 모임이다. 이러한 모임의 원조는 고대 그리스의 '소요학파'가 아닐까 한다. 소요학파의 지도자 아리스토텔레스는 아테네 학원의 경내를 거닐면서 제자들을 가르쳤다. 장자의 '소요유'는 직역하면 '산책하며 놀다'의 뜻이지만 대자연의 섭리에 몸을 맡기고 어떤 것에도 속박되지 않는 자유인의 정신적 유람이다.

일찍이 다산 정약용 선생은 친구 열 사람과 '죽란사'라는 시회(詩會)를 만들어 살구꽃, 복숭아꽃, 매화가 필 때나 홍시가 익을 때 모여서 정담을 나누고 시를 지었다. 『속음정사』에 보면 제주에 유배 온 구한 말 외부대신 김윤식도 제주토박이 지식인들과 함께 '귤림시회'를 만들었다.

필자의 조부도 이 시회의 멤버였는데, 풍광이 좋은 경승지를 찾아다니며 주흥(酒興)이 무르익으면 시로 자연을 노래하던 풍류객들의 모임이었다(옛 사람들은 이런 여유와 운치가 있었다).

퇴계는 "유산(遊山: 산으로 놀러다님, 지금 표현으론 오름걷기)은 독서와 같다"고 했다. 산에 가는 자체가 곧 마음 수양이고 지식 연마이다. "두 발로 걸어다닐 수 있을 때까지가 인생"이라는 말이 있다. 걷지 못하면 인생 종친다는 뜻. 보생와사(步生臥死), 걸으면 살고 누우면 죽는다. 노인들에겐 걷기가 절체절명의 과업이 아닐 수 없다(나는 하루에 한 시간씩 꼭 걷는다. 사는 게 고달프다).

근래의 영국에서도 판타지 문학의 고전으로 쌍벽을 이루는 『반지의 제왕』의 저자 톨킨과 『나니아연대기』를 쓴 루이스의 걷기 모임이 있다고 한다(명작은 골방에서만 나오는 게 아니다).

제주의 예담길은 이 같은 동·서양의 유구한 전통을 이어가는 예술가들의 걷기 모임이다. 예담길 멤버들의 면면을 보면 아동문학과 수필을 제외하고 문학의 전 장르가 참여하고 있다. 김병택(평론), 문무병(시), 장일홍(희곡), 김석희(소설), 나기철(시), 김대용(시), 김광렬(시), 양원홍(시).

이제껏 우리는 이기주의, 배금주의, 속물주의를 배격하고 경멸해 왔다. 그리고 권력, 명예, 돈 같은 하찮은 것을 얻기 위해 우리의 순결한 영혼을 팔지 않았고 더럽히지도 않았다. 이게 우리가 지켜온 최후의 마지노선이다.

데카당스를 탐미적 퇴폐주의라고 정의한다면 길 위의 방랑자요, 유목민이었던 우리는 자신을 여전히 데카당이라고 명명할 것이다. 남은 여생도 이태백처럼 마시고 배호처럼 노래하고 이사도라 던컨처럼 춤 추리라. 그러면서 생의 절정을 향해 시시포스의 포복을 계속할 것이다. 골빈당이 '20세기의 데카당'이라면 예담길은 '21세기의 데카당'이다.

'이어도연구회'는 '한반도 최남단 마라도 서남쪽 149km에 위치한 수중 암초 이어도'를 지키기 위한 모임이다. 연구회의 설립 취지는 해양주권을 공고히 하고 국민들에게 해양 영토의 중요성을 널리 알리며 해양시대를 준비하기 위한 대안모색 활동을 하는 데 있다.

회원들은 한달에 한 번 모여서 오름 걷기로 친목을 다지고 있다. 작년에 부영주(제주일보 주필) 회원이 사망하여 애석한 마음을 금할 수 없다. 생자필멸이요 회자정리라고 하지만 떠나간 사람의 빈 자리가 너무 허전하다.

나의 중년기는 늦깎이로 신춘문예 당선, 다수의 문학상 수상 등 문학적으로는 전성기를 누렸으나 인생사에서는 두 번의 이혼이라는 아픔을 겪기도 했다. 셰익스피어는 "인생은 연극이고 인간은 세상이라는 무대에 잠시 등장했다가 속절없이 사라져가는 어릿광대"라고 했다.

로마 시대 철학자 에픽테토스도 "우주는 신이 연출하는 한 편의 연극이니, 고난 앞에서도 마땅히 할 일을 하라"고 했다. 나는 불행에 굴복하지 않고 의연하게 할 일을 해왔다고 자부한다.

대부분의 사람들이 안정기에 접어드는 것과 달리 나의 중년기는 변화와 굴곡이 많았던 기쁨과 슬픔의 파노라마였다. 모든 것이 아무런 변화도 없이 흘러가고 만사가 더할 나위 없이 좋았더라면 그런 상태를 질투의 신이 용납하지 않았을 터이다.

노년기(65세 이후~)
: 영혼의 자궁 ― 하나님과 문학

노년기에 가장 주목할 만한 일은 4·3과 관련된다. 2017년 4·3 장편소설 『山有花』를 출간한 이후, 2020년에는 4·3희곡선집 『불멸의 영혼』, 4·3작품집 『레드 아일랜드』를 펴냈다. 세인의 관심사항은 아니지만 언젠가 반드시 평가받을 날이 오리라 믿는다.

희곡집 『오케스트라의 꼬마 천사들』과 『매국노』의 간행도 노년기의 성취다. 2022년 둘째 아들 요한이가 병사한 것은 참척의 슬픔이었다. 나는 요한이의 임종을 지켜보며 "천국에서 만나자…"고 하면서 담담하게 고통을 받아들였다.

또 이런 말도 했다. "누구든지 회개하고 예수를 믿으면 구원받아 천국에 간다. 넌 죽기 전에 세례를 받았으니 반드시 하나님 품으로 갈 거야. 천국은 이 세상보다 훨씬 좋은 데란다. 그러니 아무 걱정말고 편안한 마음으로 기도하자꾸나…"

요한이가 떠난 후, 며칠은 울었지만 이젠 울지 않는다. 누구나 언젠가는 가는 것이니까. 그리고 하나님이 요한이를 사랑했기 때문에 일찍 불렀다고 믿는다. 2024년에는 제주시 삼양동에 교회를 지어 하나님께 바치기로 작정했다. 생애 최초의 성전 봉헌이다.

노년기의 친구들이 있다. 가끔씩 만나는 강공우(前 도의원), 김익수(前 제주대 사무국장), 김성수(시인), 진성효(사업가) 등이 있고, 한 달에 두 번 만나 맛집을 순례하는 탐미회(탐라미식가회의 약칭) 회원들―강한근(연극 연출가), 강영철(前 제주시의회 의장), 최종원(배우, 前 국회의원), 박현순(한국연극협회 부이사장) 등이 늘그막의 다정한 벗들이다.

나의 70평생을 떠받친 세 개의 기둥은 문학—공직—신앙인데, 공직에서 퇴임하고 나니 남은 건 문학과 신앙뿐이다. 공자는 70세가 넘어서 오도일이관지(吾道一以貫之)라고 했다. "나의 길은 하나로 꿰여 있다. 나는 세상의 흐름에 흔들리지 않고 내가 가야 할 길을 일관되게 걸어 왔다"고 술회한 것이다.

나도 마찬가지다. 소년시절부터 문학 외길을 걸어왔고, 21살에 공직에 발 들여놔서 40년간 한 길을 걸어왔으며, 22살에 세례를 받아 현재(75세)까지 신앙인으로 살고 있다.

벤자민 프랭클린의 말이 떠오른다.

"죽음과 함께 잊혀지고 싶지 않거든 읽을 만한 책을 쓰거나, 글로 쓸 만한 일을 하여라." 글로 쓸 만한 위대한 일을 한 적이 없으니 남은 건 읽을 만한 책을 쓰는 일인데, 과연 내가 쓴 책들이 내가 죽은 후에도 세상 사람들에게 읽힐까?(모든 작가들은 프란츠 카프카처럼 사후에라도 재평가 되기를 바란다).

대체 나는 어떤 사람으로 기억되고 싶은 걸까? 작가와 신앙인이다. 실로 신앙과 문학은 내 영혼의 자궁이었으나, 둘 중 하나를 선택하라면 신앙이다. 하나님 앞에 서면 모든 것이 무의미하고 무력해진다. 신앙—내 인생의 유일한 목표와 목적은 바로 그것이었다. 일흔 살을 넘기고서야 나는 어떤 정념과 욕망에도 휘둘리지 않고 마음의 평온을 얻을 수 있었다(샬롬!).

여생은 오로지 하늘나라에 소망을 두고 살겠다. 주님 품안에서 먼저 떠난 가족·친지들과 영생복락을 누리는 것—나의 마지막 꿈이다. 그러니까 나의 노년기는 모든 걸 정리하고 천국행 기차를 타기 위한 준비기이다. 나는 플랫폼에 서서 아스라이 멀어져가는 영원이라는 이름의 기차를 본다. 그 기차의 유리창에 불멸하는 영혼의 불꽃이 조금씩 모습을 드러내기 시작했다. 인생의 삼무(三無)는 정답이 없고 공짜가 없고 리허설이 없다는 것이다. 단 한 번뿐이라는 일회성 때문에 우리의 삶은 존귀하고 경이롭고 아름답다.

맺는 말

  지금까지 살아온 인생을 한 문장으로 정리하면, 유·소년기엔 가난에 허덕이며 살았고 청년기 한때 좌절하여 방황하다가 21~60세까지 공무원으로 비교적 안정된 삶이었으나 일에 몰두하여 폭주 기관차처럼 앞만 보고 달렸으며 정년 퇴임 후에야 비로소 자유인으로 여유 있게 살아 왔다.
  지나온 칠십 평생을 뒤돌아보면서, 인생은 고해요, 화택이고 일체개고란 걸 뼈저리게 느낀다. 또한 인생은 한바탕의 꿈이고 잠시 머물 이 세상은 헛된 것들뿐이며 모든 일은 섭리에 의해 예정된 것이므로 아옹다옹, 아등바등하며 살 필요가 없고 오냐오냐, 그래그래하며 살자고 스스로에게 다짐해본다.
  그리고 무거운 짐을 지고 헉헉대며 먼 길을 걸어온 자신에게 "그동안 참 수고 많았어!"라고 위로의 말을 건네고 싶다.

그동안 읽은 책 가운데 천 페이지 가까운 벽돌책 3권은 모두 역사와 관련된다. 헤로도토스의 『역사』, 펑유란의 『중국철학사』, 그리고 『성서』이다. 내가 성서를 역사라고 하는 이유는 구약은 유대민족의 역사이고, 신약은 예수님과 제자들의 일대기이기 때문이다. 성서만큼 역사의 교훈이 올곧게 드러나는 책은 지구상 어디에도 없다고 확신한다.

역사가 가르쳐주는 두 가지 핵심 메시지와 주제는 예정설과 인과응보다. 인간의 운명은 신에 의해 이미 정해져 있고 뿌린 대로 거두는 것이다. 운명을 개척했다고? 운명을 바꿨다고? 실은 그것조차도 예정된 운명이다. 역사는 인간이 '어떻게 살았느냐'의 문제이고 철학은 '어떻게 사느냐'의 문제다. 어떻게 사느냐의 문제는 평생의 숙제인데, 결국 역사로 돌아가서 생각해야 한다. 역사를 보면 인생의 답이 보이기 때문이다.

역사는 우리가 경청해야 할 거대한 이야기다(결코 사소한 이야기가 아니다). 왜 경청해야 하나? 거기에 수많은 교훈과 성찰의 자료들이 담겨 있어서다. 역사라는 과거의 거울을 통해 우리는 현재와 미래의 모습을 투시한다. 내가 살아온 발자취도 올바른 역사의 길을 걷기 위해 혼신의 노력을 기울였다는 게 이 자서전의 결론이다. 이 간추린 자서전은 내 인생사의 축소판이요, 조감도라고 할 수 있다.

공자님은 60세를 이순(耳順), 70세를 종심(從心)이라고 했다. 60대는 인생을 관조하면서 생의 심연을 들여다보는 나이다. 70대는 거추장스런 온갖 굴레를 벗어던지고 꼴린 대로 살 때다. 공자는 80대를 살아보지 못했으니 뭔 말이 없지만 나는 80대를 허심(虛心)이라고 하겠다.

80세가 되면 마음을 비우고 내려놓아야 한다. 살 만큼 살고 죽을 날이 코 앞인데 무얼 더 바라겠는가? 산전수전 공중전 지하전까지 천하의 희로애락을 다 겪었으니 무슨 미련이나 원망이 남아 있겠는가? 일찌감치 인간이나 인생에 대한 기대도 다 접었다. 그러니까 당장 죽어도 여한이 없다. 마음이 산란할 때마다 나옹선사의 선시(禪詩)를 음미한다.

청산은 나를 보고 말없이 살라하고
창공은 나를 보고 티없이 살라하네
탐욕도 내려놓고 성냄도 없이
물처럼 바람처럼 살다가 가라하네

피할 수 없는 생의 대단원의 막이 내릴 때 나는 말하리라. "백 번 죽어 마땅한 죄인이지만 최후의 일각까지 하나님 뜻을 좇아 살려고 발버둥쳤으니, 이만하면 된 거 아닙니까!"

칠십 평생을 돌이켜 보면 눈물 골짜기를 지나 고난도의 산을 넘고 시련의 바다를 건너왔다. 수십 편의 작품(희곡·소설·시나리오·뮤지컬·애니메이션)과 수백 편의 칼럼(신문, 잡지 기고)을 썼다. 수천 권의 책을 읽고 수십 만 장의 원고지를 허비했다. 그런데 정신 차리고 보니 모든 것은 아지랑이나 연기, 안개나 물거품처럼 자취도 없이 사라지고 허무만 덩그러니 남았다. 사랑과 우정, 기쁨과 슬픔, 쾌락과 고통, 증오와 연민… 모든 것은 지나가고 마침내는 사라진다. 인생이 우리에게 가르쳐 준다. 삿된 욕망, 헛된 꿈을 버리고 조용히 평범하게 살아가라고. 붉은 노을처럼 잠시 허공을 물들이다가 사라져 가는 게 우리네 인생 아니던가. 찬란했던 기억도, 무지개 꿈도 머잖아 망각의 강을 따라 흘러갈 테지. 아! 새벽보다 황혼이 더 아름답구나!!!…

■ 잊을 수 없는 사람들

곱씹어 보면 인생에서 중요한 건 출세나 성공, 재물이나 명예가 아닌 인간관계이다. 삶이란 인연의 연속이고 관계의 역사다. 비유하자면 인생은 커피 마시기와 같다. 찻집에서 지인을 기다리다 만나서 커피를 선택(차거나 따뜻한, 진하거나 옅은)하여 주문한다. 그래서 인생은 기다림과 만남과 선택의 총합이요, 무한 반복이다. 그 기나긴 기다림과 무수한 만남과 불가피한 선택의 최종 대면자는 죽음이다.

오랜 세월 동안 나와 인연을 맺어온 사람들―내게 생이 다시 주어진다 해도 그들과 만나고 싶다. 여기 단체 회원의 명단을 세재하는 이유는 그들의 이름을 영원히 기억하려는 것이다.

〈토요구락부 회원〉

김관후, 김병택, 고시홍, 장일홍, 문무병, 강재수, 정순희, 나기

철, 강영희, 문성숙, 홍희숙, 정복희, 홍희선, 장영태, 김진자

〈골빈당 회원〉

문무병, 장일홍, 고충석, 고희범, 김상철, 김태성, 나기철, 부종호, 이재훈, 강창일, 김용훈, 홍진표, 김영범

〈경작지대 회원〉

오경훈, 송상일, 김용길, 김병택, 고시홍, 장일홍, 문무병, 나기철, 김광렬, 김승립

〈낭그늘 회원〉

문무병, 장일홍, 나기철, 김광렬, 부종호, 유철인, 양원홍, 김희숙, 노명희, 정민자, 장여진, 이숙희, 김금희

〈예담길 회원〉

김병택, 장일홍, 문무병, 김가영, 김석희, 김대용, 나기철, 김광렬, 김희숙, 조영배, 양원홍, 김석범

〈이어도연구회 회원〉

김호성, 고기택, 장일홍, 고충석, 부영주, 강동훈, 강연길, 조월순

〈향원 회원〉

1기—김동훈, 문무병, 장일홍, 김재천, 정순희, 고미라, 방영옥

2기—문정인, 김정옥, 홍희숙, 곽지순, 박숙희

3기—김학렬, 김석희, 이영화, 정복희, 강정희, 김윤자, 백연숙

4기—강요배, 홍창희, 김대용, 이영운, 고영숙, 이은자, 현효숙, 김애영, 최현숙

5기—강법선, 김광렬, 김형주, 김원택, 김정효, 고인덕, 강선

옥, 오정옥

6기 — 김석준, 김창식, 김민건, 임경립, 김금희, 홍선희, 정숙희, 강형자, 양부임

7기 — 김영범, 고상익, 고원정, 강수희, 이순실, 강영은, 고영란

8기 — 김헌, 김학준, 김명철, 강방영, 강현숙, 김소영, 정미경, 정미정

9기 — 김상익, 강문봉, 손창렬, 강기범, 강상윤, 강광렬, 서명숙, 김삼옥, 문성화, 김준희, 오은주, 강옥자

10기 — 고호성, 김동욱, 고효정, 김명숙

11기 — 양성자, 김정희

■ 나의 연보

- 1950년 1월 6일, 제주시 3도1동 266번지에서 장석관(張錫瓘)과 김순재(金順在)의 셋째 아들로 태어남.
- 1956년 3월, 제주남국민학교 입학. 1962년 2월 졸업.
- 1962년 3월, 오현중학교 입학. 1965년 2월 졸업.
- 1965년 3월, 오현고등학교 입학. 1968년 2월 졸업.
- 1969년 3월, 서라벌예술대학 입학. 1969년 8월 중퇴.
- 1971년 9월 1일, 공무원 생활 시작(행정서기보, 제주북국민학교 근무).
- 1972년 4월 25일, 군 입대(육군). 1975년 3월 13일 군 제대(병

장). 군대에서 세례받고 기독교 신자가 됨.
- 1980년 1월 8일, 중학교 교사 강희복(康熙福)과 결혼.
- 1981년 10월 18일, 장남 요섭(要燮) 출생.
- 1982년 5월, 제1회 전국지방연극제에 「파도야, 어쩌란 말이냐」 출품(최초의 희곡).
- 1984년 2월, 단막극 「카나리아의 죽음」《현대문학》에 발표.
- 1985년 3월, 단막극 「제노비아」《현대문학》에 발표, 극작가로 문단에 데뷔. 이 작품은 극단 '반도'에서 주요철 연출로 공연. 남대구청년회의소 초청 공연.
- 1985년 6월 20일, 차남 요한(要翰) 출생.
- 1986년 12월 20일, 지방행정사무관으로 승진(제주도교육위원회 중등교육과 사회교육 계장으로 보임).
- 1987년 10., 장막극 「인간은 인간에게 이리」《현대문학》에 발표, 이 작품은 극단 '제주극협'에서 문무병 연출로 공연.
- 1988년 3월, 장막극 「당신의 눈물을 보여주세요」《월간문학》에 발표, 이 작품은 극단 '작업'에서 길명일 연출로 공연.
- 1990년 1월,《한국일보》 신춘문예 당선(단막극 「강신무」), 이 작품은 극단 '전망'에서 심재찬 연출로 공연. 이후 극단 '정낭'에서 강한근 연출로 수차례 공연. 전국연극제에 이광후 연출로 공연(귀양풀이로 개칭).
- 1991년 6월, 희곡집 『붉은 섬』 간행(문학과비평), 이 희곡집으로 대한민국문학상 신인상 수상. 장막극 「붉은 섬」은 극단 '제주극협'에서 김중효 연출로 공연. 부산외국어대학 등 전국 대

학가에서 공연.
- 1997년 11월 10일, 지방서기관으로 승진(제주도교육청 공보담당관으로 보임).
- 2000년 7월, 장막극「자기 땅에 유배된 사람들」《월간문학》에 발표, 이 작품으로 한국희곡 문학상 수상.
- 2000년 10월, 장막극「이어도로 간 비바리」《자유문학》에 발표, 이 작품으로 문화관광부 주최 전통연희 창작희곡 공모 최우수상 수상.
- 2003년 7월, 희곡집 『이어도로 간 비바리』 간행(연극과인간), 장막극「이어도로 간 비바리」는 극단 연희단거리패에서 '초혼'으로 개명하여 이윤택 연출로 공연. 이 작품은 동아연극상(무대제작상) 수상.
- 2004년 7월, 희곡집 『이어도로 간 비바리』로 한국문인협회 제정《월간문학》동리상 수상.
- 2005년 11월 29일, 부친 사망.
- 2008년 4월, 희곡집 『내 생애 단 한 번의 사랑』 간행(연극과인간).
- 2008년 9월, 희곡집 『내 생애 단 한 번의 사랑』이 한국문화예술위원회 우수문학도서에 선정됨.
- 2010년 12월 31일, 공무원 정년 퇴임(제주교육박물관장 역임 후).
- 2012년 8월, 장막극「어디서 와서 왜 살며 어디로 가는가」로 한국문화예술위원회 아르코 문학창작기금 선정.
- 2013년 8월 14일, 모친 사망.
- 2013년 11월, 희곡집 『사랑하다가 죽어버려라』 간행(연극과인간).

- 2017년 5월, 4·3 장편소설『山有花』간행(월인).
- 2019년 9월, 희곡집『오케스트라의 꼬마 천사들』간행(연극과 인간).
- 2020년 8월, 4·3 희곡선집『불멸의 영혼』간행(연극과 인간).
- 2020년 8월, 4·3 작품집『레드 아일랜드』간행(월인).
- 2022년 2월 24일, 차남 요한 사망.
- 2023년 9월, 희곡집『매국노』간행(평민사).
- 2023년, 인터넷 신문《제주의소리》에 10년간(2013~2023) 연재했던 고정칼럼 '장일홍의 세상사는 이야기'를 종료했으나, 이후에도 계속 기고.
- 2024년 5월 31일, 제주시 삼양일동 1542-32번지에 성전(제주이음교회)을 건축하여 하나님께 바침(초대 목사: 이대용).
- 2025년 8월 24일, 제주시 삼양동 제주이음교회 후신으로 '주사랑교회' 이전(목사: 김해준).

나의 문학적 자화상

문무병

1. 비새가 되고 싶은 아이, 어린 '울보'의 초상
2. '골빈당'의 강령이 된 청개구리의 신화
3. 극단 '수눌음' 시절의 문화운동
4. 『이제사 말햄수다』 출간, 해원상생의 굿판
5. 휘감아도는 감성과 낭만의 바람

■ 나의 연보

1. 비새가 되고 싶은 아이, 어린 '울보'의 초상

나의 문학에는 '삼류'가 되려는 처절한 노력과 고민이 배어 있다. 왜 하필이면 삼류인가? 내가 말하는 삼류는 소위 상류사회의 배운 사람 즉, '먹물'들이 저들을 스스로 일류라 정해놓고, 가난한 탓에 기회와 혜택에서 소외된 다수의 못 배운 사람 '양아치'를 평가절하하는 말로 사용하는 그런 삼류는 아니다.

내가 주장하는 삼류는 시시하고 천박한 저질이란 의미의 삼류가 아니라, 주석을 달지 않으면 해석할 수 없는 제3 유형을 의미한다. 예를 들면 '비새[悲鳥]'는 제주의 신화에 나오는 '슬피 우는 새'로, 비극적 아름다움의 깊이를 지닌 미학적 의미까지 포함한 '한(恨)'의 미학을 완성한 슬픔이다. 그러므로 '비새'는 유행가의 노랫말 정도로 유치하게 정의하거나, 계층과 계급을 나누는 분류로서 삼류가 아니며, 권력·돈·사랑을 혼자 독차지한 자본주의 사회의 강자로서 힘을 지닌 자를 뜻하는 일류도 아니며, 세상이 뒤집어져도 사랑하는 당신만을 위하여 살겠다는 당신지상주의, '너와 나' 이외의 제3자의 개입을 필요로 하지 않는 이유도 아닌, 더불어 사는 삶, 모든 사람의 가치를 평등하게 제일로 정한 공동체적 삶을 삼류로 새롭게 설정했을 때의 '삼류'가 되겠다는 의미를

＊이 글은 제주작가회의에서 펴낸 『제주의 작가들』(2010)에 실린 기사를 재수록한 것이다. [편집자 주]

담고 있다.

그러니 저 녀석은 왜 하필이면 삼류가 되려 하는가에 애정과 관심을 가진다면, 나의 문학에 대한 해답은 자명해질 것이다. 나의 문학을 색깔로 말하면 담백하거나 청초하지는 않을 것이다. 나의 문학은 태생부터 이중의 의미를 지니고 있다. 글 못 쓰는 사람 붓 타령 하듯 붓도 글도 부담이긴 하지만, 나의 유년은 '뿌리'와 족보부터 소용돌이치는 태풍의 눈 속에 있었다. 전통과 신문화가 공존하는 부둣가 뒷골목에서 태어났기 때문이다.

우리 집은 부둣가에 있었다. 나는 제주시 건입동, 산지 부둣가에 있는 '남양여인숙' 다마짱의 셋째아들로 태어났다. 그 당시 동네 어른들은 나를 '울보 아들'이라고 놀렸다. 울보처럼 너무나 잘 울었기 때문이다.

일단 내가 처절하게 울기 시작하면 어른들은 동문로터리의 지게꾼 진짜 울보가 내 아버지라는 것이다. 그러니까 애비를 닮아서 잘 운다고. 덧붙여 다리 밑에서 풀빵 굽는 미친년 울보 각시가 바로 너의 어머니란 것이었다. 괜히 출생의 비극성에 반문하며 어머니가 미친년이란 걸 사실로 믿고 싶어졌다. 지금 같이 살고 있는 어머니가 나를 다리 밑에서 주어다 키웠으니, 키워준 건 고맙지만 진짜 생모를 찾아가 공양하며 살아야 도리라고 생각하며 또 울었다. 눈물이 마르지 않았던 시절 내 목은 늘 쉬었고 잠겨 있었다. 그래서 몇 번 나는 로터리의 아버지를 찾아갔다. 술에 취해 지게 앞에서 우는 울보는 철학자였고, 철학자 울보의 눈물은 지게 짐꾼이 리어카 짐꾼에게 일자리를 빼앗겨 우는 먹이사슬의 반영이었다. 세상은 그렇게 변하고 있었다. 울보는 얼마 없어 죽었고, 로터리의 지게꾼들은 리어카꾼으로 대체되었다.

이렇게 나를 로터리 울보 아들로 놀리던 할아버지는 우리 집 앞집에 사는 상군 보재기(漁夫)였고, 할머니는 상군 잠수였다. 또 우리 집 밖거리에는 평안도에서 피난 온 '무산이 할머니'가 살았다. 말을 할 때마다 "저 무산이(저 뭐랄까)" 하며 말하기 때문에 '무산이 할머니'라 했는데, 그 할머니는 유독 나를 '울보'가 아니라 '변사'라고 불렀다. 말 잘하는 무성영화의 마지막 변사 '차라리'를 일컫는 말이었다. 나는 기분이 괜찮았다. 차라리는 현대극장의 마지막 변사였는데, 유성영화가 나오면서 직업을 물지게꾼으로 바꾸었다. 골목이나 동산에 사는 집에서는 지장샘의 산지물을 길어다 먹기가 힘들었다. 집집마다 허벅으로 물 길어오던 시대는 가고, 차라리에게 동전 한 닢을 주고 물 한 지게 사먹는 시대가 되었다.

수도가 없었던 시절, 집안에 우물이 있거나 펌프를 장치한 집이 드물었던 60년대의 제주. 산지 지장샘에서 생수를 길어 지게에 지고 무성영화의 대사를 외는 물지게꾼, 그는 당대의 대스타였다. 차라리는 물지게꾼이기도 했지만, 술이 취하면 지게를 옆에 두고 거리의 이야기꾼 변사가 되어 구경꾼을 모아놓고 사람들을 울렸다. "때는 바야흐로… 이있던 거니었나" 하는 이야기의 스토리는 두고, "그리하여 가지고…" 하며 말을 끄는 변사 특유의 어법에 사람들은 매료되어 거리를 메웠던 것이다. 무산이 할머니가 나의 특징을 변사로 잡은 건 내가 너무 울어 매일 목이 쉬어 있었기 때문에 쉰 목소리로 억지를 쓰며 말하는 폼이 차라리의 어투와 비슷

했기 때문이 아니었을까.

 나는 거리에서 무성영화의 스토리를 엮어가는 광대의 면모를 이렇게 배워가고 있었던 것일까. 육지와 외지의 온갖 것들이 연락선을 타고 수입되던 시절, 목포행 여객선은 한려호·화양호·황영호가 있었고, 부산 가는 배는 이리호·평택호·제주호가 있었고, 뒤에 목포배는 화양호가 폐선되고 대신 철선 가야호, 부산배는 평택호가 폐선되고 아리랑호로 대치되었다. 손수건을 흔들며 떠나는 사람만큼 다른 세상의 이야기들이 우리 동네 차라리의 이야기판에서 무르익어가고 있었다. 전통사회의 풍물과 울보의 인생, 사회 변동기의 활동사진처럼 변하던 시대상들이 차라리의 구수한 이야기판에서 변형생성되던 시절, 나는 새끼광대 작은 음유시인의 수업을 서럽게 전수받고 있었다.

 왜 동네 어른들은 나를 놀림감으로 삼았을까. 광대는 놀림감으로 단련되어야 하는 인생일까. 정말 나는 주워온 아이였을까. 이 수수께끼는 나의 문학수업의 시작이며, 알렉스 헤일리의 소설 『뿌리』처럼 자전적 소설 『남양여인숙』을 써서 제주의 현대사를 이야기하려는 뜻이 거기에 있다. 그리고 눈물 많은 소년을 울리던 두 노인이 지어준 '어린 울보'와 '거리의 변사'라는 별명은, 산지항 주변에 나뒹굴며, 문화의 갈등을 몸으로 익히며 한편으론 거리의 슬픔들을 채집하며 자라던 성장기의 나를 시인과 광대로 키워준 큰 힘이 되었던 것이다.

2. '골빈당'의 강령이 된 청개구리 신화

1970년 초 나이 스물두세 살 무렵의 팔팔한 청년들, 아니 무서운 청년들. 누가 홍길동의 '활빈당'을 이야기를 하면, 우리 '골빈당'이 옳다고 우기던 청년들, 내로라하는 도둑놈들이 모였으니 잘 놀아야 할 게 아니냐며 소라다방에 들어앉아 역적 모의를 하던 악동들이 결성한 '골빈당'의 우두머리는 나였다. 아무도 이의를 제기하지 않는 골빈 놈들의 괴수, 나는 '마형'이라고 불리던 악동들의 선봉장이었다. 실존주의 철학과 부조리 문학이 당대의 문학계를 풍미하던 당시, 학삐리와 야쓱 간 문학광들을 모아놓고 나는 제주라는 우주의 중심에서 그래도 낭만과 감성의 시대를 열어나가자며 엉뚱한 선언을 준비하고 있었으니, 그 선언이 바로 '골빈당 선언'이며, 선언문 제목은 「청개구리 신화」였다.

선언문은 원고지 100매 분량으로, 알베르 카뮈의 『시시포스 신화』나 『반항적 인간』에 맞먹는 재치 있고 기지 발랄한 명문(?)이었다고 기억된다. 그러나 "왜 이런 명문의 선언문이 초라하게 취급을 받아야 하냐?"며 소라가(街)의 어느 쓰레기통에 내팽개쳐 버려진 채 유실되어 지금은 찾을 수 없다. 정말 안타까운 사건이었으나, 혹자는 '골빈당'의 선언문답게 사라져버린 것이라 하였다. 이렇게 내가 쓴 초고는 반항적인 청개구리의 이야기였다. 모친수장의 당위성을 주장했던 반항적 선언문이었으나, 이데올로기와 당파성을 배제해 약간 김빠진 대신 낭만적 흐름을 유지하고 있었다. 그러므로 골빈당은 골이 빈 자들의 모임인가, 골을 비운 자들의 모임인가 하는 근본적인 쟁점이 지금도 흔들린다. 아, 욕망 앞에 흔들리는 진리여. 왜냐하면 화끈하지 못하고 좀 비겁한 면이 있었기 때문이다.

그렇게 70년대 '골빈당'은 우리들의 중심이었고, 그 모임터는 '소라다방'이었다. 소라다방 근처 '나문한짓골(南門大路村)'을 우린 소라가라고 불렀다. 소라가를 주름잡던 시절, 우리들의 엽기적 삶은 좌충우돌하였다. 구두를 벗어버리자고 하면 누구나 고무신을 신고 나와 거리를 쏘다녔고, 장폴 사르트르, 알베르 카뮈, 프란츠 카프카를 이야기하고, 제임스 조이스와 윌리엄 포크너의 의식의 흐름을 논했다. 스탕달의 『적과 흑』, 레마르크의 『개선문』을 이야기했고, 라이너 마리아 릴케의 『말테의 수기』를 감명 깊게 읽었다는 것 하나 때문에 한 여자를 사랑하였다. 첫눈이 오는 날 우리 인연이 있으면 다시 만나자며 첫눈 오는 날을 끝없이 기다리기도 했다.

관부연락선을 타고 일본으로 떠나는 첫사랑의 여자와 손수건 흔들며 배가 멀리 물마루 너머로 사라질 때까지 이별을 아쉬워하던 산지항 동부두 방파제 길이여. 겨울 산행에서 눈에 빠진 여인을 일으키며 처음 느꼈던 사랑, 한라산 초기밭의 다시 오지 않는 2월, 설국 눈밭의 사랑 등 끝없이 만나고 헤어지면서 끝없이 쌓았던 70년대식 사랑법을 짧은 지면에 다 소개할 수 있을까. 하나만 소개하자.

나와 나기철 시인이 처음 만나던 이 사건은 잊을 수 없다. 추석 전날 나 시인이 사랑하던 여중생 미복이, 그 아이는 나의 아르바이트 제자였다. 미복이 어머니의 죽음과 거기서 만난 나기철과 문무병의 기막힌 인연은 우연이었을까.

그날은 추석 전날 저녁 무렵이었다. 하역 작업을 하던 화물선에서 쌀 열 가마가 바다에 떨어져 침수되었다. 선주는 우리 동네 해녀들에게 부탁하여 쌀 열 가마를 건져내면 한 가마를 주겠다고 했다. 미복이 어머니가 추석 제수를 마련하려고 위험을 무릅쓰고 바닷물에 들어가 쌀가마에 줄을 매고 나오다 숨이 막혀 배 밑창에 붙어 빠져나오지 못한 채 운명하고 말았다. 이렇게 어처구니없이 추석 전야 미복이 어머니가 돌아가시던 날 밤. 하늘을 보며 한숨을 쉬던 나기철 시인은 고등학교 1학년, 나는 재수생이었다. 둘은 술집에 갔다. 막걸리를 마시며 울었다. 사랑은 그런 거라며 술을 권하던 나와 기철이, 그때부터 반세기 넘는 우정과 낭만은 정을 이어왔다.

우린 그렇게 맹목적이고 따뜻한 계절이 그립다. 그렇게 하며 아낌없이 주고받던 사랑, 소라다방과 한영실비집 주변을 맴돌며 무진무진 마시던 술, 이백과 두보·도연명·백낙천·소동파·이하·이상은의 한시를 외며 마시던 술, 한라산 아혼아홉골 흐르는 물에 발을 딤그고 일주일 내내 술을 푸던 '회수일음삼백배(會須一飮三百杯)'를 어찌 다 이를 수 있겠나. 그만두자.

문전성시를 이루었던 소라 시절의 낭만은 전무후무한 한 시대 우리들의 자화상이었다. 골빈당의 소라다방 시절은 그렇게 계속

김시태 교수(가운데)와 함께

되었다. 18세기의 낭만과 20세기 실존주의가 문학다방 '소라'에서 시작되었고, 그 폭풍의 핵으로 등장한다. 그때 내 별명은 '마형'이었다. 악마 같은 형이라는, 애정이 담긴 거짓말이 나를 사랑하는 연인들이 준 선물이었던가.

그 당시 내 문학의 발상지는 '토요구락부'였다. 토요일이면 만나서 문학을 이야기하는 모임을 만들자고 김시태 교수가 제안하여, 그를 따르던 문학청년들이 모임을 갖게 된 것이다. 김병택·고시홍·문성숙·문무병 등 제주대 국문과 출신 시인·소설가 지망생들이 아직 등단을 못했던 시절이었다. 희곡을 쓰는 내 친구 장일홍, 그리고 정순희·김진자·강영희 등 교육대학 출신의 초등학교 교사 시인들이 함께 동인 활동을 하였다. 이들의 문학적 특징과 성향을 보면, 김병택은 학구파, 장일홍과 문무병은 달변과 광기, 고시홍은 실전파였고, 김진자는 엉뚱했다. 끝없이 달아오르던 문학 논쟁, 아무튼 이 모든 것을 골고루 지닌 엉뚱파 김시태 교수는 문학의 수장이었다. 토요구락부 동인의 특징은 모두 술고래였다는 거다. 문학보다 술이 우선했다는 점에서 문학의 가능성을 많이 보인 그룹이 아니었던가 한다.

어느 날 김시태 교수 왈, "야, 무병아, 넌 꼭 헤세를 닮았어, 저 뿔테 안경도 그렇고 말이야." 하고 김시태 교수가 추어올리자 그 때부터 나에겐 또 하나의 별명 헤르만 헤세가 붙었고, 헤세처럼 군림하였다. 정말 아름다운 시절이었다. 그런 시절이 있었기에 나는 정말 연극이다 민속학이다 바쁘게 살았는데, 1990년 늦게나마 김시태 교수가 주간으로 있는 《문학과 비평》 신인상을 받고 시인으로 등단하게 되었다.

나의 시를 알아주었던 스승은 또 한 분 계시다. 1985년 《민족과 굿》에 장편 굿시 「날랑 죽건 닥밭에 묻엉…」을 발표했을 때, 백기완 선생님이 어느 누구보다 좋은 시인이 될 것이라 칭찬해주셨다. 등단도 하기 전인데 말이다.

시인의 길로 들어서게 해주신 김시태 교수와 백기완 선생님은 끊을 수 없는 인연이었다. 나는 두 분 때문에 문학을 하게 되었음을 행복하게 생각한다.

'라데빵스'라는 백수 모임이 있었다. 시를 사랑하는 후배들과 탑동 라면집을 그럴듯하게 이름하여 왈 '라데빵스'라 하고, 이곳에 모여 막걸리를 마시며 끈끈한 정을 나누던 아우들. 지금은 성장하여 40대 후반 중년의 기라성 같은 후배들, 원홍이와 성엽이, 이제 이 후배들과 21세기에 함께 또 뭉쳤으니, 21세기 신낭만주의는 어떻게 전개될까. 그건 아무도 몰라.

3. 극단 '수눌음' 시절의 문화운동

광주항쟁이 일어난 1980년, 그해 8월에 나는 김상철·고임순·김창후·김후배·김수열·부정희·부숙희·김도훈·정공철 등과 극단 '수눌음'을 창립하였다. '수눌음 지역문화운동 선언문'을 작성하여 문화운동의 출발을 알리고, 제남신문사 공개홀에서 문무병 연출의 최초의 마당굿 〈땅풀이〉를 공연하였다. 마당굿은 제주의 전통굿 〈영감놀이〉〈세경놀이〉〈전상놀이〉 등을 응용하고, 아이들의 민속놀이 〈기러기놀이〉를 더하여 모두 네 마당으로 구성하였다. 굿의 내용은 제주의 땅 85%가 모두 육지 사람에게 넘어갔다는 충격적인 내용을 담고 있었다. 〈땅풀이〉는 제주에서는 처음으로 살벌한 시대의 한복판에서 정면으로 현실을 고발한 공연이었고, 공연은 원자폭탄의 폭발처럼 무서운 파괴력을 지닌 엄청난 충격을 가져다준 사건이었다.

〈땅풀이〉는 작품을 구성하고 연출하는 출발 단계부터 제주에 내려와 있던 황석영 형님의 도움을 받아 이루어졌다. 형은 후배인 나와 같이 작품을 만들고 연출하였으며, 작품을 연습하고 공연할 때까지 전 과정에서, 마당극에 문외한이었던 나에게 이론과 실기

양면의 튼실한 힘을 보태주었다. 그렇게 해서 그 유명한 황석영 형님과 손잡고 촌(당시 제주는 정말 촌스러웠음)에서는 처음으로 지역문화운동에 불을 놓고, 마당굿 〈땅풀이〉를 연출하여 초연하면서, 제주 촌놈 문무병과 육지의 고수 딴따라들과의 악연은 시작되었다.

황석영 형님 다음으로 제주를 밟은 딴따라는 당시 청주사대 무용과 교수로 모든 딴따라(광대)들의 우상이었던 '호모 딴따라스'의 창시자 채희완 교주였다. 마당굿을 빙자하여 술판을 벌이러 온 천하의 교주 채희완은 당당하게 만삭이 된 형수와 함께 입도하여 "벗으라면 벗겠다"며 거침없이 많이 벗었고, 우리 역시 하나씩 벗어가면서 말이 앞선 문화운동이 아닌 몸으로 하는 운동, 굿판에서 하는 놀이의 신명을 배워 나갔다.

그게 오늘의 나를 있게 한 것이다. 좀 슬프지만 후회는 없다. 그때 동지였던 백수 김상철도, 제주대학교 3학년짜리 새끼광대 김수열도 늘 옆에 있고 늘 행동을 같이했다. 1980년 8월부터 우린 개같이 살겠다며, 술판에서 내공을 쌓으며, 김민기의 〈공장의 불빛〉, 김영동의 대금 산조를 들으며, 문화판의 밑그림을 그려나갔다.

그해 가을, 〈항파두리놀이〉 공연 때, 제주에서 민속경연대회가 있었고, 광주의 광대 친구들이 찾아와 실컷 울면서 광주를 알렸고, 우린 그제서야 광주의 아픔을 알게 되었다. 그리고 1981년 우린 광주에 가서 극단 '광대'의 후신인 극단 '신명'의 〈호랑이놀이〉를 보았고, 세 번째 작품 〈돌풀이〉를 공연했다. 이 작품은 나의 첫 마당굿 작품이기도 했다. 그것은 제주의 역사를 담은 마당굿—싸움굿의 시작이었다. 세화리 해녀항쟁을 담은 1982년 〈줌녀풀이〉는 그렇게 태어났다. 1983년엔가 황석영의 〈장사의 꿈〉이 김명곤·임명구 연출로 초연되고, 서울에 진출하여 국립극장 소극장에서 제주의 마당굿 〈줌녀풀이〉가 공연되었다.

그 시절 문화계간지 《마당》에 80년대 문화운동을 주도해 나갈 중요인물로 채희완·이애주·박인배·문무병·김봉준을 소개하는 토론이 좌담 특집으로 실렸다. 그리고 채희완·임진택 공저 『마당극에서 마당굿으로』라는 선언적 의미의 마당굿 이론서가 등장했다.

내가 정면에 등장하는 80년대 이야기를 잠깐 적어보았다. 그때 그 시절의 이야기가 2007년에 어떤 의미를 지닐까 생각하며, 30대 중반의 팔팔했던 내가 50대의 마지막까지 왔다. 그리고 그때의 일이 오늘의 광대 나를 있게 했다고 믿는다. 그리하여 그때 나는 마당극 문화운동 1세대에 편입되었다. 2세대는 유해정(유인렬)을 비롯, 박인배·정희섭 등의 날카로운 지성과 젊은 마당극 평론가 이영미의 예리한 평론이 그 당시를 회자하였다.

예술과 사랑을 노래하며, 역사 앞에 부끄럼 없이 서기 위하여, 광주항쟁의 해 8월 마당굿 〈땅풀이〉를 시작으로 극단 수눌음을 창립했던 때부터 27년, '수눌음'의 후신인 '놀이패 한라산'과 함께한 20년을 회상하며 2007년을 보낸다. 1980년 광주에서 온 광대들이 관덕정 앞 '수눌음 소극장'에서 흘린 눈물과 2007년 영화 〈화려한 휴가〉를 보며 비새(悲鳥)처럼 우는 나의 눈물은 그게 최후의 낭만주의자로 분류되는 늙은 광대 '영등바람'의 역사였단 말인가.

4. 『이제사 말햄수다』 출간, 해원상생의 굿판

1989년 '제주4·3연구소'를 시작했고, 『이제사 말햄수다』 1·2권을 출간하였다. 여기에 산파 역할을 한 사람이 나 문무병이었다. 그 당시 서울에는 현기영 형님을 중심으로 '제사협'(제주사회문제협의회)이 있었고, 제사협은 나름대로 제주의 역사와 4·3연구를 위한 물밑 작업을 수행하고 있었다. 그리하여 서울에 있는 현기영 형님을 소장으로 모시고, 제주에서 문화운동에 앞장서던 내가 사무국장을 맡기로 하고 여러 번 서울 나들이를 하며, 4·3연구소가 탄생하였다.

연구소의 출생은 그렇지만, 제주4·3항쟁의 증언 채록 작업은 어떻게 시작되었을까. 현기영의 소설『순이 삼촌』이나 김석범의 소설『화산도』, 김봉현의 『4·3 피의 역사』와 같은 기존 자료에 대한 연구가 아니라, 감히 조사를 시작할 엄두를 낼 수 없었던 상황에서 4·3증언 조사의 시작은 이렇게 시작되었다.

나는 당시 학위논문 준비로 5촌 당숙의 지원을 받아 제주 마을의 신당 조사를 하고 있었다. 나는 조사를 갈 때마다 4·3연구소 후배들을 함께 데리고 가서, 곁다리로 현대사(4·3증언)의 흐름을 물어보면서 조심스럽게 조사의 중심을 4·3으로 옮겨갔다. 4·3연구소는 아무런 도움도 없이 어려운 상황에서 게릴라처럼 현장에 뛰어들어 증언을 시작했다는 것이다.

그때 현장조사를 앞장서서 실행한 사람이 문무병·김창후·양성자·홍만기·김기삼 들이었다. 채록 비용은 신당 조사 비용으로 충

탐라국 입춘굿 복원 20주년 세미나에서

당하였다. 그러니까 신당 조사를 갔다가 4·3증언 채록까지 했던 셈이다. 그 결과로 『이제사 말햄수다』 1·2권이 한울출판사에서 출간되었으며, 이것이 4·3연구의 출발점이 된다는 것이다.

그리고 내가 한 중요한 사업은 90년대 말, 1998년 4·3 제50주년 되는 해에 현대적 의미의 역사맞이굿으로 4·3 해원상생굿을 완성했다는 것이 4·3과 나의 연결고리다. 90년대는 그렇게 4·3의 싸움굿으로 문화의 시대를 열었던 것이다. 굿에서 신의 '내력담' 또는 '생애 이야기'라 할 수 있는 '본풀이'를 노래할 때, 심방은 본풀이에 들어가는 굿 사설에서 '귀신의 본을 풀면 신나락만나락 한다'고 한다. 이 사설의 의미는 '풀이' 즉 역사적 해원을 통한 '신바람'을 이야기하는 것이다. 망자가 왜 죽었고, 어째서 억울한 죽음인가를 밝히는 과정에서 망자는 억울함을 풀고, 맺힌 한 때문에 이승을 떠날 수 없었던 '부정'을 털어버리고 저승으로 갈 수 있게 된다.

'역사를 역사화한다'는 것은 과거 속에 파묻히지 않고 과거를 통하여 현재를 설명하는 것이다. 4·3에서 죽은 평민과 무명용사들의 죽음은 '난리에 죽은 억울한 죽음'이다. 이들의 억울한 죽음을 신원하는 일, 이것은 사라진 역사를 복원하는 일이며, '억울한 죽음'을 '의로운 죽음'으로 신원하는 것이다. 따라서 해원의 의미는 바람을 잠재우듯이 억울한 죽음을 정당화해주고 '의로운 죽음'으로 자리매김하여 위령하고 영혼을 저승 상마을로 보내는 의식이다. 이러한 굿을 역사적 해원(解冤)·상생(相生) 굿이라 한다.

상생이란 저승으로 가는 죽은 자와 이승에 남은 산 자가 더불어 산다는 의미이다. 이승에 미련을 남기면 저승으로 갈 수 없다. 망자의 부정은 이승에 남겨둔 한(恨)이다. 한을 풀어주는 일은 이승에 남아 있는 산 자의 몫이다. 산 자가 망자의 한을 풀어주고 저승으로 보내는 해원은 상생을 위한 것이므로 해원과 상생은 동전의 양면과 같다. 서로 다르면서 궁극적으로는 불이(不二)이다. 죽어서 억울한 조상과 살아서 부끄러운 자손이, 죽어서 억울한 조상의 죽음을 '의로운 죽음'이 되게 하고, 자손은 역사 앞에 부끄러움이 없게 하는, 죽은 자와 산 자가 모두 역사 앞에 떳떳하고 산 자는 산 자끼리 더불어 하나 되게 하는 것이 '상생굿'이다.

'시왕맞이'에서 신과 인간, 망자와 산 자의 대화를 '영개울림'이라 한다. 영개울림은 '죽은 영혼의 울음'이며, 죽은 자에게 죽어서 억울한 심정을 이야기할 수 있게 기회를 제공하는 것이다. 망자는 울 수 있는 기회를 얻어 생전, 또는 죽는 순간의 못다 한 말들을 다 풀어놓음으로써 맺힌 것을 풀고, 미련을 버리고 가볍게 저승으로 떠난다. 우리는 마당굿 형식을 통하여 4·3에 죽은 원혼들의 울음을 통하여 버려진 역사, 버림받은 역사의 현장을 고발해왔다. 그것은 역사의 역사화였다. '영개울림'은 산 자와 죽은 자의 대화이며, 잊힌 역사를 재구하는 한풀이, 다시 말하면 역사적 해원인 것이다.

5. 휘감아도는 감성과 낭만의 바람

2003년 4월 3일. 나는 명도암에서 열린 4·3 제55주년 기념식장에서 뇌출혈로 쓰러져 제주대학병원으로 실려갔다. 그리고 2008년 4·3 제60주년 기념행사 때가 되면 만 5년이 된다. 이제 60주년을 앞두고 내 몸도 많이 회복되었다. 사실 지난 5년은 일보다는 건강을 회복하기 위해 피나는 노력을 했다.

그래, 자네 요즘 뭐하나. 낭만을 빙자해 40~50대 친구들 모아놓고 늘 놀 생각만 하는 게 낭만인가? 미안하다. 그러나 좀 뒷걸음치고 싶어 잠시 쉬고 있는 거라네.

"낭그늘에서 쉬고 싶어."

낭그늘은 시원한 '나무 그늘'이고, '낭만의 그늘'이라네. '그늘'은 미학의 명제인 '흰 그늘'이며, 한라산과 바다, 제주의 빛깔, '파란 그늘'이네.

21세기 문화운동은 빨리 변하는 세상의 변화 속도를 조정하는 거 아니겠나? 사람들은 이성보다는 자신의 감성을 돌아보고, 눈에 비치는 화려한 색깔보다는 리듬으로 가슴을 치는 아름다움에 귀를 열어 감성을 훈련시키고, 움직이는 아름다움에 귀 기울여야 하지 않을까. 낭만이 뭐 별거야? 빨리 걷는 것이 능사가 아닐세. 능장을 부리며 천천히 세상을 바라보려 하네. 잃어버린 사랑과 낭만을 찾아 긴 항해를 다시 시작하세. 새로운 깨어 있음을 위하여.

시청 후문 뒷골목, 외로움에 멍든 친구들 '깔아놓은 멍석'에 모여 시대를 한꺼번에 역행하여 낭만의 시를 외치며, 절규하며, 취하여 내가 도는지 세상이 돌았는지 모르지만, 낭만을 위하여 다시 한번 골을 비우자는 게 신낭만주의 운동일세. 달변도, 광기도, 슬픔도 다 접고, 객기와 낭만을 다시 찾아 이렇게 왔네. 비울 거 다 비웠으니 이제 비로소 취할 수 있겠구나.

낭만을 위해 꿈꾸는 반란, 21세기 새로운 감성의 시대를 열기 위에 반란을 꿈꾼다네. 예술가는 예술이 없는 정말 한심한 무법천지에 아름다움의 싹을 심어야 하지 않겠나. 새로운 세상을 위해. 새로운 문학을 위해.

어둠 저편에서 간헐적으로, 오랫동안 잊었던 무적(霧笛) 소리가 사라봉 등대에서 다시 들려오지 않는가. 우리들의 감성을 일깨우는 소리, 밤에 우리들 영혼을 적시는 소리, 우리는 참으로 오랜만에 잃어버린 무적 소리를 다시 들었네. 안개 속에 묻어 있는 무적은 슬픔의 D단조로 외로운 영혼들의 광기가 되고, 시가 되고, 노래가 되었네. 아름다운 이별을 위해 떠나세.

옛날 우리는 남방에서 올라오는 구로시오[黑潮] 물길을 따라 연락선을 타고, 북방 시베리아 서북풍의 바람길을 따라 삼등열차를 타고는 서울 가는 길, 밤 열차 삼등칸, 삶은 계란에 소주 한잔은 잊을 수 없는 추억이었지. 그리고 제주로 돌아오는 하향길에 천재 가수 이난영의 〈목포의 눈물〉을 불렀고, 선창가 조천하숙의 때 묻은 이불 속에서 잠시 언 몸을 녹이고, 사랑하고 이별하며, 연락선 선창가에서 온몸으로 손수건을 흔들며, 이별 연습과 헤픈 사랑으로 성숙해진 청춘은 진짜 미쳐서, 너무 젖어서 몸과 마음을 구겨버리고 안개 속에서 울던 그때, 그 잃어버린 시간에 새긴, 말술 같은 그리움은 이제 어디 갔느냐. 외젠 다비의 소설『북호텔』같은 산지항 동부두의 '남양여인숙'은 축축이 젖어 있었다.

■ 나의 연보

- 1950년 6월 29일, 제주시 건입동 출생.
- 1962년 제주동초등학교 졸업.
- 1965년 오현중학교 졸업.
- 1967년 김동훈·장일홍과 학생 문예 서클 '향원(鄕園)' 결성.
- 1968년 오현고등학교 졸업.
- 1970년 한양대학교 건축공학과 입학. 보따리를 가슴에 안고 들어와 시 창작을 강의하는 박목월 시인에게 반함. 한 학기를 다닌 후 중퇴하고 하향. 문정인·고병준과 3인 시화전.
- 1971년 김시태 교수의 권유로 제주대학교 국문학과 입학. 김

병택·김관후·고시홍·장일홍·정순희·문성숙 등과 '토요구락부' 활동. 이후 군에 입대할 때까지 소라다방을 중심으로 한 '골빈당' 당수. 식물학자 부종휴를 고문으로 장일홍·문정인·고충석·고희범·김상철·강창일·이재훈·나기철·김용훈·홍진표·부종호 등이 자주 출몰함.

• 1972년 '소라街'의 회심다방에서 나기철과 '2인 시화전'(이후 한 번 더 함). 서울대 재경학우회 제주 신당 조사에 참여. 제주 무속에 눈을 뜸.

• 1973년 군 입대. 1976년 전역. 제주대문학회·5時문우회 활동.

• 1979년 제주대학교 국어교육과(국문학과가 변경됨) 졸업.

• 1980년 제주중학교 교사. 교사 시절에 문학평론가 홍기돈·강영기 등을 가르침.

• 1980년 김상철·김수열·정공철 등과 극단 '수눌음' 창단(대표). 마당극 〈땅풀이〉〈항파두리놀이〉 연출. 이후 1996년까지 〈돌풀이〉〈줌녀풀이〉〈일식풀이〉〈태순땅〉〈동이풀이〉 등 연출.

• 1983년 오경훈·송상일·김병택·고시홍·장일홍·나기철·김광렬·김승립 등과 '경작지대' 동인. 1989년 해체 시까지 활동.

• 1984년 제주대학교 교육대학원 졸업.

• 1985년 고경희와 결혼.

• 1986년 장남 재호 출생.

• 1989년 전교조 참여로 제주중학교에서 해직. 제주4·3연구소 초대 사무국상(소장: 현기영). 차남 재헌 출생.

• 1990년 계간《문학과 비평》으로 등단(시). 김광렬·나기철·윤주

상과 '깨어있음의 시' 동인.
- 1990년부터 2002년까지 부산대학교 예술대학 무용과를 비롯해 경성대·부산여대에서 민속학을 강의.
- 1993년 「제주도 당 신앙 연구」로 제주대학교 대학원에서 문학박사 학위 받음.
- 1994년 한국민예총 제주도지회 초대 지회장(이후 4대도 역임). 제주도교육청 파견교사로 복직.
- 1996년 제주교육박물관 교육연구사.
- 1997년 민족문학작가회의 이사.
- 1998년 제주전통문화연구소 설립, 이사장 겸 소장. '탐라국입춘굿놀이' 복원, 전승의 토대를 마련함.
- 1999년 시집 『엉겅퀴꽃』(도서출판 각) 출간. 『제주의 무속신화』 출간.
- 2000년 전국민족극운동협의회 의장.
- 2000년 굿시집 『날랑 죽건 닥밭에 묻엉』(각) 출간.
- 2001년 『제주도 큰굿 자료집』 출간.
- 2003년 4·3 제55주년 기념식에서 JIBS 해설 도중 뇌출혈로 쓰러져 제주대병원에 입원. 『제주의 민속극』 출간.
- 2004년 탐라교육원 교육연구사. 『바람의 축제, 칠머리당 영등굿』(황금알) 출간.
- 2006년 아내 고경희 별세. 한국민예총 제정 '민족예술상' 공로상 수상.
- 2007년 수년 전부터 11월 말에 해오던 바바리 시낭송 모임을

정비하여, 신낭만주의 모임 '낭그늘' 출범.
- 2008년 제주작가회의 회장. 『제주도 본향당 신앙과 본풀이』(민속원) 출간.
- 2010년 제주4·3연구소 제7대 이사장.
- 2013년 시집 『11월엔 그냥 젖고 싶어』(각) 출간.
- 2017년 『신화와 함께하는 제주 당올레』(여연과 공저, 알렙) 출간.
- 2017~2018년 문무병의 제주 신화 이야기 시리즈 출간(알렙): 제1권 『설문대할망 손가락』, 제2권 『두 하늘 이야기』, 제3권 『미여지벵뒤에 서서』 출간.
- 2018년 『제주 큰굿 연구』(황금알) 출간.
- 2020년 『제주의 성숲 당올레 111』(황금알) 출간.
- 2022년 에세이집 『태순땅』(한그루) 출간.

치기와 오기 사이

김석희

무근성의 추억
문학 소년
소설가의 꿈
기타나 배울걸
대학 시절
고단한 시절
양손에 떡 하나씩 들고
귀향, 그 이후…

■ 나의 문학적 연보
■ 주요 번역서 목록

무근성의 추억

나는 생일이 셋이다. 어머니가 생일상을 차려주던 음력 생일. 아내가 미역국을 끓여주는 양력 생일. 여기저기서 축하 카드나 메시지를 보내오는 호적 생일.

태어난 날은 1951년의 막바지인 12월 29일(음력으로는 신묘년 12월 2일)인데, 호적에는 생일이 1월 2일로, 생년은 한 해 늦은 1952년으로 등록되어 있다. 그러니 1952년 1월 2일은 나의 가짜 생일인 셈이다. 그런데도 이날이 나의 주민등록증에 버젓이 자리를 차지하고 있는 것이다. 그렇다고 이제 와서 "너는 가짜니까 저리 가라!" 할 수도 없는 노릇이고, 또 내가 책임질 일도 아니다. 사정이 이렇게 된 것은, 세상에 나오자마자 두 살을 한꺼번에 먹어 남들보다 한 살 더 늦게 된 아들의 운명을 딱하게 여긴 아버지의 염려와 배려 때문이었으니까.

내가 태어나 자란 곳은 제주시 삼도2동, 속칭 무근성 동네였다. 무근성은 원래 탐라국 시대(5~7세기) 때 축조되어 도읍을 이루었으나, 고려에 복속된 이후 동문·서문·남문(북쪽은 바다여서 성문이 필요 없었다)으로 확대된 제주 읍성이 생기면서 옛(묵은) 성터는 철거되고 이름만 남았다고 한다. 조선 시대 이후에도 이곳엔 관덕정 일대의 관아에 근무하는 관리들과 육지와의 교역을 통해 부를 쌓은 이들이 많이 살았다. 말하자면 무근성은 전통적으로 부와 권

백일 사진 찍은 뒤 가족 사진

력이 집중된, 제주의 중심부였다.

그러니 제주의 타지역 사람들에게는 제주 읍성 안으로 진입하는 것이 출세의 발판이었고, 그 경계가 성안의 동쪽과 서쪽 언저리를 흐르는 산지천과 병문천이었다. 그래서 동촌(화북·조천·구좌) 사람들은 산지천의 동문다리를 건너, 서촌(노형·애월·한림) 사람들은 병문천의 서문다리를 건너 성안으로 들어가기 위해 진력했다.

내가 무근성에서 생을 시작할 수 있었던 것도 노형 출신의 아버지(김창령: 1925~2006)가 젊은 시절(해방 전) 재수 좋게도 성안에 직장을 얻어 터를 잡고 한동네의 동갑내기인 어머니(이순현: 1925~2021)와 결혼한 덕분이었다.

내가 태어난 집은 병문천변 길가의 포제단(지금도 남아 있다) 바로 옆집인데, 약간 언덕진 포제단 기슭에는 암반 틈새에 팽나무가 서 있어서, 그 나뭇가지에 올라가 앉으면 눈 아래로는 길을 오가는 사람들과 그들 배경에 펼쳐지는 풍경들이 보였고, 눈을 들면 병문천 끝자락의 버랭이깍과 그 너머에 넘실대는 파도가 보였다.

병문천과 버랭이깍은 어릴 적 놀이터였다. 병문천은 건천이기 때문에 크고 작은 바위가 드러나 있어서, 그 바위들과 옴팡진 그늘을 은폐물로 이용한 전쟁놀이도 재미났고, 물이 고인 웅덩이에서 미역도 감고 장어나 참게를 잡기도 했다. 여름철에는 버랭이깍에서 온종일 물장구를 치며 놀았다. 댓가지로 만든 낚싯대에 갯지렁이를 꿰어 코생이(놀래기)나 어랭이를 잡기도 하고, 바윗돌을 헤집으며 구쟁기(소라)와 보말(고둥)을 캐기도 하고, 좀 더 자란 뒤에는 쏘살(작살)을 들고 바닷물 속에 들어가 우럭이나 객주리(쥐치)를 사냥하기도 했다. 때로는 버랭이깍을 헤엄쳐 건넌 뒤, 한두기를 지나 한천 하류의 용연에 가서 벼랑바위에서 뛰어내려 자맥질하고는, 물속에서 누가 가장 오래 숨을 참는지 겨루기도 했다. 그렇게 물놀이를 하면서 여름을 나는 동안 온몸이 새까맣게 타서 등짝 피부가 서너 번은 벗겨졌다.

1958년 3월에 초등학교(북교)에 입학했다. 나는 진달래반이었고, 담임은 김진열 선생님(양중해 시인의 부인이라는 걸 나중에 알았다)이었는데, 무슨 까닭인지 모르지만 나에게 반장을 시켰다.

2학년 가을에 '사라호' 태풍을 맞았는데, 아직도 기억에 생생하다. 그때는 집들이 대부분 초가여서 지붕이 바람에 날려가지 않은 집이 거의 없었고, 병문천이 범람하는 바람에 허리까지 물이 차올라 대야를 붙잡고 헤엄쳐 다녔다. 마당에는 아직도 물이 넘실대고 있는데 툇마루 기둥을 붙안고 물장구를 치다가 어머니한테 혼이 나기도 했다. 그 후에도 폭우가 쏟아져 내가 터지는 일은 해마다 한두 번 겪는 일이었고, 그때 둑방에 쪼그리고 앉아서 바라보고 있노라면 넘실대며 흐르는 흙탕물 속에는 윗동네에서 물에 휩쓸린 돼지나 송아지가 떠내려가기도 했다.

4·3이나 6·25를 체험한 이들에겐 그 참상이 가장 끔찍한 기억이겠지만, 다행히 그런 난리를 겪지 않은 나에겐 사라호 태풍이 가장 처음이자 가장 처참한 장면으로 새겨져 있다. 그래서 태풍에 대해서는 일종의 트라우마 같은 두려움을 갖고 있어서, 지금도 태풍이 오는 날은 마음을 졸이며 밤잠을 설치곤 한다.

3학년 여름방학 때는 본적지인 노형동 너븐드르(광평) 마을의 외가에 가서 지냈다. 친가와 외가가 한동네에 있었지만, 친가에는 할아버지가 오래전에 사고로 돌아가셨기 때문에 할머니가 시부모와 함께 살고 있었다. 외할아버지·할머니는 딸만 셋을 두었는데, 큰이모는 일본에, 작은이모는 목포에 건너가 살고 있었기 때문에, '샛년'의 아들(더구나 초등학교를 졸업할 때까지 외아들이었다)인 나는 그야말로 외할아버지의 내리사랑을 독차지한 셈이었다.

너븐드르에 가면 동네 어른들은 나를 '이 훈장 손지'라고 불렀는데, 3학년 여름에 나는 외할아버지한테 '천자문'을 붓글씨로 쓰면서 배웠다. 이걸 시작으로, 집에 돌아와서는 아버지한테 연이어 배웠고, 그해 겨울방학과 이듬해 여름방학 때까지 천자문 학습을 계속했다.

4학년 가을에는 교육청이 개최한 한글날 백일장에 붓글씨로 처음 참가했는데, 입선과 장려상보다 위인 특선에 뽑혔다. 그 후에도 봄에는 어린이날 백일장, 가을에는 한글날 백일장에 참가하여 매번 상을 받았다.

5학년 봄에 상을 받을 때 공책 몇 권과 연필 한 다스를 부상으로 받았는데, 아버지가 공책 표지에 '나의 일기장'이라고 굵게 쓰고는, 일기를 써보라고 하셨다. '방학일기'를 써보기도 했으니 일기를 쓰는 게 낯설고 어려운 일은 아니지만, '하루를 돌아보며 반성하는 글'은 과제물을 쓰는 것과는 달랐다. 말하자면 내가 '진지한 글쓰기'에 들어선 첫걸음이었다. 그렇게 쓰기 시작한 일기를 나는 지금까지 계속 써오고 있다. 심지어 재수할 때나 군복무할 때도 일기장을 놓지 않았다. 일기를 쓰면서 글쓰기의 기초를 닦았다고 할 수 있다.

문학 소년

중학교(제주일중) 입학을 전후해시 우리 집안에 부침이 있었다. 아버지는 6·25가 나자 군대에 들어가는 대신 경찰에 투신하여, 나중에는 수사과에 근무하면서 10년 남짓 봉직한 뒤, 5·16 이듬해에 김인지 제주시장(집안 어른이었다)의 천거로 노형동장에 임명되었다. 그때만 해도 노형은 성안에서 걸어서 한 시간 넘게 걸리는 먼 시골이었고, 4·3의 생채기가 도처에 남아 있었다. 소개령으로 온 마을이 불탔고, 나중에 재건되었지만 복구되지 않은 집이 많아서, 마을 곳곳에는 빈 집터가 이빨 빠진 것 같았다. 피해 사망자 숫자도—훗날 집계된 자료에 따르면—제주의 읍면동 가운데 가장 많았다. 그러니 노형 출신인 아버지에게 동장을 맡긴 데에는 고향에 뭔가 뜻있는 일을 해보라는 권고가 담겼을 것이다.

2년쯤 동장 일을 하고 나와서 아버지는 사업을 시작했는데, 누군가와 동업으로 서문통에 가게 겸 사무실을 차려놓고 농약상과 대부업을 했던 것 같다. 그러나 사업이 순조롭지 못해서 집안에는 먹구름이 감돌기 시작했다. 아버지가 술에 취한 채 밤늦게 귀가하는 일이 잦아졌다. 어떤 날은 나를 불러다 앉혀놓고 일장 훈시를 늘어놓기도 했다. 결국은 빚에 몰려 집을 팔아야 했다. 중학교 3학년 때 동쪽 동네로 이사했는데, 작은이모네가 목포로 떠나면서 남겨둔 셋집이었다. 어머니가 많이 속상해하셨다. 자존심 센 어머니가 동생 집에 세들어 사는 처지가 되었으니, 그 심정이 오죽했을까 싶다.

어쨌거나 중학교에 들어간 뒤에는 김봉옥 교감 선생님에게 서예를 배웠다. 백일장이 다가오면 선생님은 붓글씨에 소질 있는 아이들을 소집해서 교무실 한쪽에 나란히 앉혀놓고 연습을 시켰다. 그럴 때면 선생님은 나에게 시범을 보이게 했다. 그나마 기초를 다진 내 솜씨가 괜찮아 보였던 모양이다.

1967년 3월에 고등학교(제주일고)에 입학한 뒤에는 문학 쪽으로 관심을 가지게 되었다. 중학생 때와는 다른 책읽기가 나를 그쪽으로 이끌었는지도 모르겠다. 고대옥이란 친구와 약간 경쟁적으로 문학책을 읽기 시작했는데, 책읽기가 글쓰기를 부추긴 탓인지 《학원》이라는 학생잡지에 작품을 보내기도 했다(세 번 보냈는데, 한 번 심사평에 이름이 올랐다). 가을에는 김재천 선배의 권유로 '향원(鄕園)'에 참여했다. 형은 한동네에 살고 있었는데(그의 부친인 김잉희 선생님[제주간호전문대 학장 역임]은 아버지와도 친분이 있어서 훗날 내 결혼 때 주례를 맡아주셨다), 학생문예서클을 만들려 하니 동참하라는 것이었다. 그 모임이 '향원'이었다. 제주 시내에 있는 인문계 고등학교(제주일고·오현고·신성여고·제주여고)에 다니는 학생들(학교별·학년별로 각 2명씩)로 구성되었다. 이 모임을 주도한 것은 3학년 선배들이었고, 나 같은 1학년짜리는 시키는 대로 따르면 되었다. 때때로 모여서 작품을 발표하고, 감상평을 말하고, 해마다 동인지도 펴냈다.

  2학년 때는 우리 동기가 주역을 맡았는데, 그중에서도 김학렬(한국은행 경제교육센터 원장 역임)의 노고가 많았다. 동인지 편집을 맡았을 때는 오현고 등사실에 가서 원지에 철필로 글자를 써넣고, 그 위에 잉크 묻힌 롤러를 굴려 용지에 글을 새기는 일련의 작업을 우리가 직접 해냈다.

  고등학교 2학년 때인 1968년은 나에게 여러 모로 뜻깊은 해였다.

  1학년 겨울방학 때, 집안에 뒹구는 《제주신문》에서 '3·1 학생

고등학교 2학년 때 백록담에서

'문예 공모' 공고를 보았다. 아버지가 신문을 보여주면서 한번 응모해 보라고 권했던 것 같기도 하다. 며칠 끙끙거리며 시도 몇 편 쓰고 산문도 써서 아버지에게 보여드렸더니, 산문 쪽이 나은 것 같다고 하셨다. 2월에는 목포 이모님 댁에 다녀오는 등 바쁜 나날이어서 잠시 잊고 있었는데, (세상에 나!) 산문부 장원에 뽑힌 것이다. 더구나 제1회 공모였다. 음울하던 집안에 웃음과 활기가 피어났다. 학교에서도 난리가 났다. 다른 학교들을 제치고 장원을 먹었으니 말이다. 더구나 양치종 교장 선생님은 내가 당신의 셋째아들(훗날 대법관을 지낸 양창수)의 초등학교 친구인 것을 알고는 나를 더욱 반갑게 칭찬하셨다.

여름에는 아래쪽 장공장 동네에 우리 집을 새로 짓기 시작했는데(이 집이 있던 자리엔 오리엔탈 호텔 주차장이 들어섰다), 자재를 지켜야 했기 때문에 야간에는 나 혼자 마당 한쪽에 친 천막 안에서 지냈다. 밖에서 끌어온 전깃불을 켜놓고 밤을 보내다 보면, 큰길과는 좀 떨어진 곳이어서 괴괴한 분위기를 견디는 데에는 독서가 그만이었다. 그야말로 반딧불이나 호롱불 밑에서 책을 읽었던 선현들의 정취를 맛보는 듯해서 더욱 좋았다. 그렇게 책읽기에 재미를 붙이기 시작했다.

가을에는 동국대학교가 주최하는 전국 고교생 백일장에 참가해서 산문부 장원을 차지했다. 이 백일장은 예선과 결선으로 나뉘어 진행되었는데, 예선은 여름방학이 끝난 뒤에 응모한 작품으로 가렸고, 그렇게 예선에 뽑힌 학생들이 9월에 동국대에 모였다. 참가자들은 학교 뒤편의 남산 자락으로 장소를 옮겨 저마다 편하게 자리를 잡았다. 연필과 서판과 원고지가 각자에게 주어졌다. 그런 다음, 마치 영화 속에서 과거시험을 보는 장면처럼 담당자가 두루마리를 내려뜨려 그날의 주제를 보여주었다. 시 부문은 모르겠지만, 내가 참가한 산문 부문은 '돌'이었다. 제주 사람이라면 친숙한 소재였다. 제주의 삼다(三多) 중 하나가 '돌'이 아닌가.

돌멩이는 지천에 깔려 있고 발아래 밟히기 때문에 하찮은 것으로 무시를 당하지만, 돌은 원래 지구를 뒤흔든 불(용암)이었고, 석기시대를 열어 문명을 일으켰으며, 다윗은 돌팔매로 골리앗을 쓰러뜨렸다. 그러니 흔하다고, 하찮다고 함부로 무시하지 마라. 한낱 돌멩이가 그럴진대, 사람을 비롯한 만물도 그렇지 않겠는가… 대충 이런 내용이었다.

'항원'을 통해 문학에 입문했고 동국대 백일장에서 장원까지 했으니, 나름대로 '문학 소년'의 면모를 갖춘 셈이었다. 그러니 나의 책읽기도 학습용 참고서에는 한눈을 팔고 소설 같은 문학 쪽으로 길들기 시작했는데, 주말이나 방과 후에는 도서관에 가서 보내는 시간이 많았다. 도립도서관이 집과 학교를 오가는 도중에 있었고,

친척이 도서관 직원으로 근무하고 있어서, 따로 대출 카드를 작성하지 않고도 내가 직접 서고를 드나들며 책을 꺼내 읽을 수 있었다.

그 무렵 내가 읽고 감동이랄지 충격을 받은 책이 도스토옙스키의 『죄와 벌』과 알베르 카뮈의 『이방인』이었다. 공교롭게도 나는 이 두 책을 한두 달 사이에 연이어 읽었는데, (그랬기 때문에 더욱) 두 살인자/살인범에 대한 이해가 요령부득이었다. 라스콜니코프와 뫼르소─너무나도 판이하고 대조적인 두 주인공 때문에 나는 종종 꿈속에서 두 인물을 서로 뒤바뀐 모습으로 만나기도 했다. 처음엔 주인공을 어떻게 이해할 것인가에 매달렸으나, 나중엔 그 자의성이야말로 작가의 재능이자 세계관이라는 것을 이해하는 쪽으로 나의 인식도 성장하게 되었다. 더불어 소설가가 어떤 존재인지를 (어렴풋이나마) 깨달았고, 나도 소설가가 되고 싶다는 꿈을 (막연하게나마) 갖게 되었다.

소설가의 꿈

그렇게 소설가의 길을 꿈꾸었을 때, 나는 특히 '마도로스 작가'가 되고 싶었다. 고등학교 시절, 그때 제주도는 바닷길과 하늘길로 사방이 열린 관광지가 아니라 깊고 드넓은 바다로 닫힌 섬이었고, 그 갑갑한 섬을 벗어나고 싶다는 열망에 숨이 막히곤 했다. 그렇게 섬을 떠나고 싶은 열망 속에는, 이왕이면 망망대해를 누비며 세상을 체험해보고 싶다는 소망도 깃들어 있었다. 그래서 부산에 있는 해양대학교에 진학할 마음도 먹었는데, 생각지도 못했던 벽에 부딪히고 말았다.

  2학년 가을, '학생의 날'을 앞두고, 학생주임인 정옥두 선생님에게 행사 때 발표할 연설문을 작성하라는 지시를 받았다. 해마다 시내 고등학교 학생들이 시민회관에 모여서 기념행사를 가졌는데, 제주일고 학생대표는 '대통령 각하께 보내는 메시지'를 연단에서 낭독했다. 다른 학교 대표는 국회의장에게, 미국 대통령에게, 유엔 사무총장에게 보내는 메시지를 낭독하는 식이었다. 그때는 그런 시절이었고, 그런 시대적 형편에 맞춰 '메시지'를 작성한 것이다. 당시 제주일고는 학생회장이 어떤 사정으로 자리를 비웠기 때문에, 글깨나 좀 쓴다는 이유로 내가 대타로 나서게 된 터였다.

  글을 다 쓴 뒤 검토를 받으러 교무실로 선생님을 찾아갔더니, 이런저런 이야기 끝에, 대학 진학은 어떻게 준비하고 있느냐고 물으셨다. 별생각 없이 가벼운 기분으로 해양대를 생각하고 있다고 대답했더니, "너의 작은아버지 일을 알고 있느냐"고 물었다. 나는 숙부가 6·25 때 서울에서 돌아가셨다는 정도 알고 있었고(그래서 우리 집에서는 숙부의 생일에 '까마귀 모른 제사'를 올렸다), 그렇게 대답했더니, 선생님은 '연좌제'를 언급하면서 아버지한테 자세한 이야기를 들어보라고 하셨다.

  며칠 뒤에 아버지한테 여쭈었더니 그제야 아버지가 사실을 알려주셨는데, 숙부는 영등포에서 공장에 다니다 6·25 난리 중에 납북되었다는 것이다. 아마 기술자여서 뽑혀갔거나, 그 성질머리 때문에 대들다가 붙잡혀갔을지도 모르겠다는 얘기도 하셨다. 서울이 수복된 뒤 인원을 점검하는 과정에 숙부가 납북된 사실이 목격자들에 의해 확인되었고, 그래서 우리 집안은 납북자 가족이 된 꼴이었다. 문제는, 숙부가 납북되었기 때문에 그 조카인 내가 연좌제에 저촉되어 해양대에 입학할 수 없는 처지가 된 것이다. 해양대는 국립인데다 졸업하면 해군 장교로 임관되기 때문에, 연좌제에 저촉된 사람은 육사나 해사에 들어갈 수 없는 것처럼 해양대에도 입학할 수 없었다.

꿈꾸었던 진로 하나가 이렇게 막히자, 진학에 대한 설계도 자연히 어그러지고 말았다. 크게 상심한 것은 아니지만, 어쨌든 내 인생길에 이런 걸림돌도 있구나 하는 좌절감, 세상에 대한 회의감 같은 것을 난생처음 실감한 셈이다. 한동안 입시 공부에 열의를 잃고 한 여고생과 사귀기도 했다. 주말에 고산동산(당시만 해도 제주 시내의 남쪽 변두리였다) 어름에서 만나 방선문까지 다녀오기도 하고, 향교 뒤편 솔숲에서 만나 용연 벼랑길을 걷기도 했다. 읽은 소설 이야기를 늘어놓기도 하고, 그런 맛에 소설을 더 열심히 읽기도 했다.

고등학교 때 내가 책읽기의 목표로 삼은 것은 정음사에서 출간된 '세계문학전집'이었다. 100권짜리 전집이니까, 일주일에 한 권씩 읽으면 졸업할 때까지 중요한 작품은 대부분 독파할 수 있으리라 싶었다. 그러나 3학년이 되자 입시 공부에 신경 쓰지 않을 수 없었고, 소설책과는 멀어질 수밖에 없었다.

그렇기는 해도, 대학 입시에 매진해야 할 고3이 내게는 왠지 어정쩡한 시절이었다. 도서관에 가서도 공부에 집중하지 못하고, 삼수하던 문무병 선배가 불러내면 뒷마당에 나가서 바둑을 두곤 했으니 말이다. 이 무렵 내가 약간이나마 숨통을 틀 수 있었던 것은 아버지가 새집 지은 기념으로 사들인 '별표 전축'과, 육지의 문우들과 펜팔을 주고받은 일이었다. 전축을 틀어놓고 배호의 노래를 거의 다 익혔다. 노래도 좋았지만, 학교에서 시를 배울 때는 몰랐던 가사의 울림이 마음에 와닿아, 노트 하나에 시를 써보기도 했다.

동국대 백일장에 장원을 한 뒤, 10월 중순에 마광수 씨(당시 대광고 3학년. 훗날 시인·교수)가 학교로 편지를 보내왔다. 당시 대학 백일장은 여러 대학에서 시행되고 있었고, 그 백일장에서 입상한 학생들끼리 모임 비슷한 것을 만들어 편지로나마 문학 이야기를 나누자는 취지였다. 그 취지에 응해서 집주소와 간략한 자기소개를 보냈더니, 전국 곳곳의 문학 지망생 명단이 유인물로 보내져 왔다. 내가 편지를 보낼 사이도 없이 여러 곳에서 먼저 연락이 왔는데, 내가 제주에 살고 있기 때문에 '해외'에 대한 호기심이 작용했을 것이고, 개중에는 이름 때문에 나를 여학생으로 잘못 안 경우도 있었다. 겨울방학이 지난 뒤 3학년들은 대학에 진학했고, 2학년들은 3학년으로 진급하면서 편지 왕래도 시들해졌다. 고교를 마칠 때까지 편지를 주고받은 친구는 강릉의 최 아무개, 전주의 이 아무개, 대전의 한 아무개였다. (숙명여대에 들어간 한 아무개는 나를 재수하던 학원으로 찾아와 밥을 사주기도 했다.)

처지가 이런데도, 무슨 용심인지, 입학원서를 쓸 때는 상대 무역학과를 지망했다. 그때만 해도 국가적 목표였던 무역입국에 대

고3 때 '향원' 제주일고 멤버들(김길웅 선생님과)

한 편승 심리가 있었고, 그런 심리의 바닥에는 해양대를 갈 수 없는 데 따른 반발심 같은 삐딱한 심사가 스며들었음도 사실이다. 또한, 낙방하면 재수할 작정으로, 내 수준을 한번 테스트해보자는 심산도 있었다. 당연히, 보기 좋게 떨어졌다. 아니, 시험이 끝나자마자 떨어질 것을 예상했을 뿐만 아니라, 아예 재수할 작정이었기 때문에, 후기대학 시험을 볼 생각도 하지 않고 집으로 돌아왔다.

제주로 오는 길에 목포 이모님 댁에 들렀는데, 이모부는 밖으로 불러내더니 회사 동료들에게 서울대 시험 본 조카라고 자랑하면서 저녁을 사주셨다. 낙방할 걸 뻔히 알면서도 괜히 우쭐하던 기분이라니! 돌아보면 참 철도 없는 푼수가 따로 없었다.

나의 고등학교 시절은 이렇게 허망하게 끝났지만, 2학년 때 은사 두 분—국어의 김길웅 선생님과 영어의 오두진 선생님을 만난 것은 행운이었다. 내가 훗날 소설가로, 번역가로 살아갈 수 있었던 것은 이분들의 가르침이 바탕을 마련해준 덕분이다. 김길웅 선생님은 문학에 대한 안목을 열어주셨을 뿐만 아니라, '향원'의 지도교사로 참여해주시기도 했다. 또 1969년에는 서울대에서 주최한 영어경시대회에 참가할 예정으로 오두진 선생님의 방과 후 지도까지 받으며 열심히 공부했는데, 삼선개헌반대 시위로 서울대가 휴교하는 바람에 대회가 취소되고 말았다.

기타나 배울걸

재수를 하기 위해 상경한 뒤, 서울시민회관(세종문화회관 전신) 뒷골목에 있는 대성학원에 다녔다. 초기엔 신촌 어름의 대흥동에 있는 '웅지도서관'에 입주해서 지냈다. 칸막이 독서실과 합숙소를 갖춘 곳이었는데, 지방 출신 고시생과 재수생들이 주로 이용하는 시설이었다. 제주 출신도 네댓 명 함께 지낼 수 있어서 좋았지만, 두어 달 지나자 끼리끼리 어울려 다니다 보니 공부와 멀어지고 있었다. 이래서는 안 되겠다 싶어 마음을 다잡고, 학원과 가까운 종로구 소격동으로 이사를 갔다. 마당이 넓고 깊은 집이어서 조용한 것이 마음에 들었는데, 막상 살다 보니 그게 아니었다. 바로 옆 건물이 무슨 교회 부설 전도관이어서, 일주일에 서너 빈 새벽과 저녁마다 박수 치며 찬송가 부르는 소리가 요란했다. 여름이 다가오고 있어서 날은 점점 더워지는데, 창문을 열어둘 수도 없었다. 더구나 하루는 밥상에 올라온 반찬을 보니 고구마 줄기였다. 그때만 해도 제주에서는 고구마 줄기를 뜯어서 돼지 먹이로 던져주는 게 보통

이어서, 그걸 무침으로 만들어 먹는 줄 미처 몰랐다. 몰랐으니, 더욱 놀라고 화날 수밖에. 세상에 돼지 먹이를 반찬이라고 내놓다니! 두 달 만에 소격동 하숙집에서 나와 내자동으로 옮겨갔다. 리어카를 빌려서 책과 이불을 싣고 광화문 앞을 지났던 기억이 아직도 생생하다.

이번에 옮겨간 집은 노부부가 하숙을 치는 곳이었는데, 그집 아들(20대 후반)이 때때로 찾아와 주사를 부리곤 했다. 가을로 접어들었으니 공부에 더욱 노력과 정신을 쏟아야 할 시기였다. 하루는 그 아들이 찾아와 행패를 부리자 하숙생 중 하나가 뭐라고 했고, 그게 시비가 되어 싸움으로 번졌다. 아무래도 그 집에 더는 머물 수가 없어서 하숙을 다시 옮겨야 했다. 노고산 기슭의 아담한 집이었는데, 과부인 아주머니 혼자 문간방 두 개에 하숙을 치면서 오누이를 키우고 있었다.

별로 공부를 열심히 하지 못했다. 돌아보면, 밤마다 일기를 쓴 게 문제였지 않나 싶기도 하다. 일기를 쓰다 보면 왠지 내 처지가 처량하게만 느껴지고, 심기일전의 투지보다는 감상적인 비애감에 빠져들어 의기소침해지기 일쑤였다. 또한 그 무렵, 서울에 와 있는 고교 동창들이 모일 때 합석하기도 했고, 그러면서 술도 배웠다(담배는 아직—).

그래도 학원 성적이 양호한 편이어서(매달 보는 모의고사에서 성적이 뛰어나면 장학생으로 선발되어 학원비를 감면받았는데, 나도 세 번이나 장학생으로 뽑혔다) 입시에 자신하고 있었다. 서울대 영문학과를 지망했으나(영어를 잘하면 해외에 나가는 데도 유리할 것이라는 전망과 문학을 제대로 공부해보자는 소망이 겹친 결과였다), 결과는 낙방. 후기대를 지원했다가, 시험도 보지 않고 그냥 낙향해 버렸다.

아버지가 일구기 시작한 감귤 과수원에 가서, 어쩌면 내가 이 일을 물려받게 될지도 모른다는 생각에 열심히 일했다. 농약을 칠 때 아버지를 도와 호스를 날랐고, 과수원 한 모퉁이에 마련한 참깨밭에서는 어머니와 함께 검질(잡초)을 매기도 했다. 한번은 이런 일도 있었다. 커다란 물항아리를 무근성 집에서 노형 밭까지 가져가야 하는데, 버스에는 실을 수 없고 트럭을 빌리자니 돈이 많이 들었다. 그래서 리어카에 싣고, 내가 앞에서 끌고 어머니가 뒤에서 밀며 날랐다. 어머니도 대견하게 여기셨는지, 나중에 며느리한테도 아들 자랑 삼아 그때 일을 꺼내곤 하셨다.

이렇게 지내다 보니, 입시 공부에 다시 매달릴 생각은 별로 없었다. 헤밍웨이가 대학물은 오히려 문학에 걸림돌이 된다면서 아예 대학에 가지 않았다는 이야기를 어디선가 읽고는 속으로 쾌재를 불렀다. 나 자신을 달래기 위한 방편이기도 했지만, 삼수를 권하는 아버지나 어머니한테 핑곗거리가 되기도 했다.

지금 와서 생각이지만, 그때 기타나 배워둘걸 하는 후회가 있다. 그랬다면 음유시인처럼 노래를 짓고 부르며 나름대로 자족한 인생을 살지 않았을까 싶기도 하다. 그랬다면, 굳이 삼수까지 하며 대학에 가려고 발버둥치지도 않았을 텐데.

그해 4월에 제7대 대통령선거가 있었다. 나는 투표권이 없었지만(그때는 선거권이 20세 이상), 아무리 룸펜 처지일망정 국가 중대사에 관심이 없을 수 없었다. 더구나 이번 선거는 내가 고3 때인 1969년 10월에 강행 처리된 '3선 개헌'의 연장이었기 때문에, 그때의 불편한 기억과 함께 더욱이 관심이 갈 수밖에 없었다. 또, 아버지가 당시 야당 정치인이던 신두완 선생과 친교가 있었기 때문에(2000년 전후까지도 정초가 되면 선생이 우렁찬 목소리로 "형님, 계시꽈?" 하면서 우리 집에 찾아와 세배를 나누었다). 나는 아버지와 종종 밥상머리에서 정치 이야기를 나누곤 했다.

4월 중순에 야당 후보인 김대중 선생이 제주에 유세를 온다는 소문을 들었다. 그날을 기다렸다 동문로터리에 나갔더니 구름 같은 인파가 모였는데, 후보 대신 부인인 이희호 여사가 대신 연단에 올라 인사 연설을 했다. 그때 김대중 선생이 목포 출신 국회의원이라는 사실을 알았는데, 우연찮게도 얼마 뒤에 목포 이모님한테서 전화가 왔다. 괜찮으면 한번 다녀가라는 이야기였다.

6월 하순이 되자, 서울에서 대학 다니는(특히 재수를 같이한) 친구들이 여름방학을 맞아 귀향해서는 나를 찾아오기도 하고 불러내기도 했다. 반갑기도 하고 속상하기도 했다. 때로는 술에 취한 채 자정이 지나 귀가하기도 했다.

하루는 어머니가 부르시더니, 목포에 가서 지내다 오라고 하셨다. 사촌동생이 중3이니까, 가서 공부도 가르치면서 여름방학을 보낸 다음, 서울로 가든지 제주로 오든지 하라는 것이었다. 다음 날 나는 목포행 '가야호'를 탔다. 부두 끝에서 하염없이 손을 흔들던 어머니의 모습이 지금도 눈에 선하다.

목포에서는 사흘에 한 번씩 유달산에 올랐다. 이모네 집이 있는 대성동에서 유달산까지는, 골목길과 언덕길, 바윗길을 오르내리며 두 시간쯤 걸렸다. 꼭대기에 오르면 바다와 섬들이 멀리, 가까이 보였다. 내려가는 길에 숲 그늘이나 정자에 앉아, 목포에 올 때 혹시나 해서 가져온 입시용 교재를 읽기도 하고, 노트에 뭔가 끼적거리기도 했다. 반나절 보내다 집에 돌아오면, 마당 평상에서 동생이 기다리고 있었다.

또 기억나는 것은, 동생과 함께 영산강 한 줄기에 가서 은어 낚시를 한 적이 있다. 뜰채로 곤쟁이를 잡아서 그걸 미끼로 은어를 낚았는데, 오후 내내 몇 마리 잡지 못했다. 산 채로 집에 가져와 조리해 먹으려고 양동이까지 챙겨 들고 갔는데… 잡은 몇 마리는 그냥 냇물에 돌려보낸 뒤, 고무신 신고, 낚싯대 어깨에 걸치고, 논두렁길을 따라서 돌아오던 모습이, 그 한적한 농촌 풍경과 함께 아직도 기억에 남아 있다.

그렇게 두 달쯤 지난 8월 하순에 이모님이 봉투 하나를 건네면서, 어머니하고 약정해둔 일이니 이제 그만 서울로 가라고 하셨다. 작년에 살았던 노고산동 하숙집에 전화를 해봤더니, 아직 개학 전이라 문간방 하나가 비어 있다고 했다. 아침 열차를 타고 서울로 가서 하숙집에 짐을 풀고, 이모님이 주신 돈으로 다시 대성학원에 등록했다.

9월과 10월, 두 달은 공짜 밥을 먹었는데, 주인집의 중3 아들에게 주말마다 영어와 수학을 한 시간씩 가르쳐준 대가였다(하숙비의 절반만 방값으로 냈다). 내가 작년에 서울대에 떨어진 걸 알고 있어서, 주인아주머니가 그렇게 제안한 것이었다. 그러나 11월의 예비고사를 목전에 두고는 공부에 집중할 필요가 있었고, 그보다 더 중요한 본고사를 준비해야 하기 때문에 공짜 밥은 두 달로 끝냈다.

11월 중순부터는 고교 후배이자 '항원' 후배인 김대용과 한방에서 같이 지냈다. 지금도 기억이 생생한데, 12월 24일 밤에는 왠지 잠이 오지 않아, 각자 고향에서(김대용의 고향은 한림) 어릴 적에 먹었던 음식 이야기를 번갈아 회상하며 향수를 달랜 뒤, 잠깐 눈붙였다 깨어난 아침에 라디오에서 서울 도심의 대연각호텔에 화재가 났다는 소식을 들었다.

본고사를 앞두고, 처음엔 작년에 낙방한 영문학과에 재도전해 볼까 하는 생각도 했지만, 아무래도 불안한 마음을 떨칠 수 없었다. 그래서 안전을 기하기 위해 커트라인이 한 급 아래인 불문학과를 지원하기로 마음먹었다. 더불어, 외국문학을 할 작정이라면 새로운 언어에 도전하는 것도 뜻깊은 일이 아니겠나 싶었다. 고등학교 때는 제2외국어로 독일어를 배웠으니 프랑스어까지 익히면 3개 외국어를 하게 되는 것이고, 또 문학이라면 불문학이 중요하지 않겠나 하는 생각도 했다.

1972년 1월 중순에 본고사를 치렀고, 마침내 서울대 문리대 불문학과에 합격했다. 수학이 약해서 매번 탈이었는데(고등학교 때 이과반을 택한 것도 실은 이런 약점을 보완하려는 속셈이었다), 이번엔 운이 따라주었다. 본고사 며칠 전에 학원에서 수학 선생님이 알려준 정보가 있었다. 이번 서울대 수학 시험에는 통계 증명 문제가 나올 테니 복습해두라는 얘기였다. 서울대 본고사는 이틀 동안 치러졌고, 수학은 둘째 날이었다. 첫째 날 시험을 보고 온 뒤 하숙집에서 다음날 준비를 하면서, 그동안 공부했던 참고서(일본에서 사촌형이 보내준 '일본대학입시문제집')를 대충 훑어보다가 우연찮게도 통계증명 문제가 눈에 뜨이기에, 그동안 몇 번 풀어봐서 알고는 있지만 그래도 천천히 읽어보았다. 그랬는데 다음날 수학 시험에 그 문제가 나온 것이다. 어제의 기억을 되살리며 그 문제를 한달음에 풀고 나자 다른 문제들도 손댈 수 있었고, 전체적으로 반타작은 한 것 같았다. 수학에서 이 정도면 이번에는 합격할 수 있겠다는 자신감이 들었다.

합격자 발표일 전전 날 누나가 무슨 핑계로 서울에 왔다. 그래서 발표하는 날은 누나 친구도 함께 와서 같이 가게 되었다. 신촌에서 버스를 타고 광화문에서 내렸다. 발표장(동숭동 캠퍼스)까지 직접 가는 버스가 없었기 때문에 갈아타기 위해서이기도 했지만, 마음을 다잡기 위해서였다.

지금의 교보빌딩 앞에 있는 정류장에 가려면 광화문 지하도를 지나야 했는데, 지하로 내려갔더니 모퉁이 상점 앞 신문가판대 위에 '서울대 합격자 발표'라고 적힌 팻말이 보였다. 서울대에서 발행하는《대학신문》의 특별 호외였다. 신문을 한 부 사들고 펼치려는 순간, 누나가 낚아챘다. 사실 누나가 서울에 온 것은, 내가 또 낙방하면 무슨 짓을 저지를지 몰라, 나를 감시하러 온 것이었다(나중에 들어서 알았지만, 나도 짐작하고 있었다).

나는 누나에게 차분하게 말했다. 내가 직접 보고 싶다고. 괜찮으니 걱정 말라고. 그래서 신문을 돌려받고 천천히 페이지를 펼쳤다. 양면으로 펼쳐진 지면의 맨 왼쪽 칸, 맨 위에 '문리과대학'이 있었고, 그 밑에 국어국문학과부터 명단이 시작되어 있었다. 자꾸만 달려나가려는 시선을 애써 붙잡으며 천천히, 중어중문학과·영어영문학과·독어독문학과를 거쳐 불어불문학과에 이르렀다. 이제는 더 이상 붙잡을 수 없는 시선이 한눈에 내 이름을 포착했다. 그랬다. 수험번호와 이름 석 자가 중간쯤에 자리 잡고 있었다. 그 순간 신문을 공중에 내던지고 두 팔을 치켜들었다. 만세! 눈앞이 핑 돌고 눈물이 났다. 그다음 몇 순간 깜깜했다가 정신을 차리니, 누나가 나를 껴안고 있었다.

그래도 발표 현장에 가서 직접 확인하고 싶었다. 미심쩍어서가 아니라, 그 기쁨을 온몸으로 받아들이고 싶었던 것이다. 택시를 잡아타고 서울대에 갔더니, 문리대 운동장에는 벌써 많은 사람이 몰려와 있었다. 관중석과 이어지는 벽면에 기다란 방(榜)이 가로로 내걸려 있었다. 까치발을 세우고 목을 길게 빼면서 내 이름을 다시 보았다. 오전 10시쯤이었다. 캠퍼스 밖으로 나와서 택시를 타고 중앙우체국으로 갔다. 시외전화를 신청하고 차례를 기다린 뒤 부스에 들어가 수화기를 들자 제주 집과 전화가 연결되었다. 부모님도 전화를 기다리고 있었던 터라, 전화벨 소리만 듣고도 벌써 목이 멘 듯했다. 밖으로 나오자, 진눈깨비가 흩날려 잔뜩 흐렸던 하늘이 그새 맑게 개어 있었다.

대학 시절

1972년 3월 2일 입학식을 마친 뒤, 다음날부터 신입생들은 본가가 아니라 셋집을 다니게 되었다. 설명을 보태자면 이렇다. 원래 서울대는 해방 전의 독자적인 전문학교들을 한데 묶은 연합대학이기 때문에 단과대학들이 각기 따로 떨어져 있었다(문리대와 법대는 종로구 동숭동, 상대는 성북구 종암동, 사범대는 동대문구 용두동, 공대는 도봉구 공릉동…). 그래서 서울대에서는 신입생들에게 교양과목을 가르치기 위한 시설을 공대 캠퍼스 구내에 별도로 마련하여, 1년 동안 이곳에 다니면서 배우도록 하고 있었다(대학 1학년이 고교 4학년 같았다).

그러니 하숙집도 등교하는 데 편리한 곳에 잡을 수밖에 없었는데, 동대문구 홍릉 근처의 부흥주택 동네가 하숙촌으로 유명했다. 인근에 서울 상대와 사대, 고려대·경희대·한국외대 등이 있어서 그랬을 테지만, 공대나 사대에 다니는 제주 출신들도 이 동네에 하숙하는 경우가 많았다. 나도 그런 친구의 소개로 하숙집을 정했고, 1975년에 서울대가 전체적으로 관악산으로 이전하면서 그쪽으로 거처를 옮길 때까지 계속 이 동네에 살았다.

그래도 공릉동 캠퍼스까지 가는 길은 멀었다. 하숙집에서 청량리 로터리까지 10분쯤 걸어서 간 뒤 시내버스를 타고 중랑교와 태릉을 거치며 30분 넘게 가야 했다.

삼수까지 하고 대학에 들어간 탓인가, 이젠 공부하는 게 지겨웠다. 문리대는 학문하기 위해서 다니는 대학인데, 그런 학교에 들어가놓고 공부가 싫어졌다는 것은 나의 대학 생활이나 목표가 처음부터 어긋났다는 뜻이다. 더구나 나 같은 삼수생 출신에 제주 촌놈인 경우, 해마다 서울대에 기백 명씩 입학하는 서울과 지방의 세칭 일류고 출신들이 끼리끼리 몰려다니는 분위기 속에서는 늘 위화감에 휩싸인 채 외톨이가 될 수밖에 없었다.

내가 기댈 수 있는 것이라곤 결국 책을 붙잡는 것뿐이었다. 캠퍼스에는 서적 외판원들이 들락거리며 학생들, 특히 지식욕으로 헛바람 든 신입생들을 상대로 전집류 따위를 팔고 있었다. 어느 봄날의 따뜻한 벤치에서 나도 먹이가 되어 을유문화사의 '세계사상교양전집'을 월부로 구입했다. (솔직히 말해서, 1학년 때 데이트 한번 해보지 못한 것은 할부금을 갚느라 용돈이 없어서였다.) 문학책은 그래도 읽은 편이니, 이제는 대학생답게 사상적으로 교양과 지식의 폭을 넓히고 싶었던 것이다. 그러나 전체 24권 중에 대충이라도 읽은 것은 절반 정도, 그것도 과시욕에 들뜬 눈으로 읽었으니 내 정신에 제대로 양분을 주었을 리 만무하다.

그러나 내 앞에는 내가 꿈꾸었던 세상과는 전혀 다른 현실이 기다리고 있었다. 가을이 되자 '10월 유신'이 날벼락처럼 떨어진 것이다. 1969년에 3선 개헌을 강행했던 박정희가 지난해 대통령선거에서 어렵사리 당선되더니, 결국은 1972년 10월 17일 밤에 친위 쿠데타를 일으켜 영구 집권을 획책한 것이다. 그는 1979년 10월 26일 죽을 때까지 '긴급조치'를 남발하여 나라를, 사회를, 대학을 옥죄었다. 그래서 1970년대를 흔히 '긴조(긴급조치) 시대'라고 부르지만, 1972년에 대학에 들어간 우리 동기들은 '유신 학번'이라고 자조했다.

그 자조의 이면에는, 한쪽에는 분노가 있었고 다른 한쪽에는 절망이 있었다. 이런 현실을 재빨리 직시한 친구들은, 유신 타도에 '목숨 걸고' 나서거나 아니면 캠퍼스 잔디밭에서 통기타를 쳤다. 나는 어느 쪽에도 끼지 못했다. 통기타를 칠 줄 몰랐기 때문이고, 목숨을 걸 만한 깃발을 찾지 못했기 때문이다. 아니, 나는 세상 물정에 어두운 촌놈이어서 정치 문제에는 별로 관심도 없었고 이해도 모자랐다. 걸핏하면 휴교령으로 학교가 문을 닫는 바람에 보따리를 싸들고 고향으로 내려가는 일이 귀찮기만 했다. 서울에서 목포까지 열 시간 걸리는 야간열차, 그리고 다시 제주까지 열 시간 걸리는 고된 뱃길이었으므로.

강의를 제대로 받은 적도 없고 공부하느라 밤샘하며 머리를 싸맨 기억도 없다. 겉도는 자신을 추스르기 위해 내가 할 수 있는 일은 글 쓰는 것뿐이었다. 고교 시절 문예서클을 만들어 동인지도 펴냈고 백일장에 나가서 상도 타보았으니, 글쓰기만은 그래도 낯설거나 버거운 분야가 아니었다. 그것은 또한 초장부터 뒤틀려버린 대학 생활을 견디는 방편이자, 문리대라는 수재들의 정글 속에서 내 길을 모색하기 위한 안간힘이기도 했다.

글도 처음엔 일기만 썼다. 아니, 일기를 쓰듯 글만 썼다. 그게 시가 되기도 하고 소설이 되기도 했다. 특히 1학년과 2학년 때는 10월에 떨어진 휴교령이 겨울방학으로 이어졌기 때문에 고향에 내려와 지내는 기간이 길었다. 그 기간에 쓴 소설과 시로 1973년과 1974년에 연이어 '대학문학상'[1]을 받기도 했다. 나는 약간 우쭐했고, 술꾼이 되었고, 데이트도 했다. 인생은 아직도 막막했지만, 우등생으로 살아가지는 못하리라는 생각이 조금씩 들기 시작했고, 그런 느낌이 왠지 반갑고 즐겁고 신났다.

1975년에 서울대가 관악산 캠퍼스로 이전하자 나도 상도동을 거쳐 봉천동으로 거처를 옮겼다. 5월에 '오둘둘'[2]이 일어났고, 친구들이 붙잡혀갔다. 나는 다행인지 불행인지 무사했다. 문학회 멤버로서 한 발 걸치고는 있었지만, 고교 선후배로 연결된 주동 라인에서는 비켜나 있었기 때문이다. 7월에는 후배 여학생과 연애를 시작했고, 가을부터는 캠퍼스 커플이 되었다(그러니 이 글을 쓰고 있는 지금은, 우와! 반세기가 지났다).

고단한 시절

1976년 2월에 불문학과를 졸업했지만, 그냥 그대로 사회에 나갈 용기가 없었다. 공부를 핑계로 국문학과에 학사편입하고는 군입대를 이유로 휴학했다. 5월에 논산훈련소에 들어가 25연대 3

---

1) 서울대학교 학보사인 대학신문사에서 주관하는 문학상. 서울대 재학생을 대상으로 매년 신학기에 현상 공모하며, 1958년에 제정되어 오늘에 이르고 있다.
2) 1975년 4월 11일 서울 농대생 김상진이 유신체제와 긴급조치에 항거하여 할복자살을 감행한 뒤, 5월 22일 서울대 관악 캠퍼스에서 '김상진 열사 추도식'을 거행한 뒤 대규모 시위가 벌어졌고 많은 학생이 구속되었다.

중대 1소대의 선임분대장('향도'라고 불렸다)에 지명되었다. 제주 병력이 대다수인 동기들보다 나이가 많았기 때문이다. 훈련소 영내에는 만발한 아카시아꽃 향기가 진동하고 있었다. 6주간의 훈련을 마친 뒤, 원주에 있는 제3보충대를 거쳐 38사단(지금은 없어졌다) 포병대에 자대배치를 받고, 서울대를 나왔다는 이유로 선발되어 제3과(작전과)에 배속되었다. 그 직후에 이른바 '판문점 도끼 만행 사건'이 일어나는 바람에 전군에 비상령이 떨어졌다. 모든 장교가 영내 대기 상태였고, 사병은 외출이나 휴가가 일절 금지되었다.

이런 상황에서 아내가 면회를 왔다. 나를 직접 선발했던 3과장(P소령)이 본부중대장에게 부탁해서 나에게 외출증을 끊어주게 했다. 나는 아내를 만난 뒤 술을 마시고 부대로 돌아가지 않았다(다른 사정도 있었지만, 그건 생략하겠다). 그뿐만 아니라, 사복을 사서 입고 며칠 호텔(작년 가을에 가보았는데, 지금도 낡은 건물로 남아 있었다)에 틀어박혀 지냈다. 결국 나는 며칠 뒤에 체포되어 군무이탈죄로 군사재판을 받았다. 긴박한 비상시국에 이등병이 저지른 죄가 가볍지 않아, 내 탈영 사실이 《육군회보》에도 실려 경종의 사례로 전파되었다.

이쯤 되면 공기 재판에서 본때로 엄벌을 받고 '남한산성'(육군교도소의 별칭)으로 끌려가게 마련인데, 사단장과 검찰관의 배려 덕분에 비공개 재판에서 징역 1년에 집행유예 2년을 선고받고 30일가량의 영창 생활에서 풀려났다. 자대로 복귀해야 할 판인데, 이때 또 고마운 분이 나타났다. 헌병대장(S소령)이 말하기를, 자대에 돌아가면 지내기가 쉽지 않을 테니(작전과장과 중대장이 보직해임되었다. 이분들께 나는 늘 죄송한 마음을 갖고 있다), 헌병대에 남아서 행정병으로 일하라는 것이다. 그래서 나는 헌병대장 당번병이 되었고, S소령이 진급해서 전출한 뒤에는 서무병·보급병으로 일했다.

1976년 12월에 아내는 제주에서 아들을 낳았다. 그때 나는 곁에 있어 주지 못했다. 혼인신고를 하지 않았기 때문에 아내의 출산을 이유로 휴가를 신청할 수가 없었다. 이런 사실을 알고 있었지만, 어떻게 좀 해달라고 상관에게 부탁하고 싶지도 않았다. 정기 휴가는 탈영한 죄로 영창살이한 기간만큼 늦어졌기 때문에, 첫 휴가를 가서 아들을 처음 만난 것은 백일사진을 우편으로 받고 나서도 한참 뒤였다.

1979년 초에 군에서 제대하고 국문학과에 복학했다. 관악구청 부근의 아파트에 뒤늦은 신혼집을 차린 상태였다. 여름부터 수상한 기운이 일기 시작하더니, 가을로 접어들면서 바람은 열풍으로 바뀌었고, 마침내 독재자 박정희가 부하의 총탄을 맞고 죽었다. 그다음 날 아침에 무슨 일이 있어서 광화문 쪽으로 가다가 버스 안에서 박정희의 죽음을 알리는 라디오 방송을 들었다. 친구 황재우(시인 황지우)에게 전화했더니, 어서 빨리 오란다. 청파동 아파트로 달려가서, 아직은 불확실한 사태를 불안과 의심으로 걱정하며, 그래도 이 기쁜 날을 그냥 보낼 수는 없지 않으냐며, 친구 몇 명 불러서 대낮부터 술을 마셨다.

그 며칠 뒤에는 내가 번역한 『아돌프의 사랑』이 출간되어 나왔다. 프랑스 근대 심리소설의 선구적 대표작으로 평가받는 작품인데, 긴급조치로 퇴학당한 뒤 출판사를 차린 친구의 간청에 못 이겨, 용돈이나 벌어볼 속셈으로(또한, 4년 동안 정든 불문학과 헤어지는 게 아쉬워서) 지난 여름에 번역했던 것이다. 그러니 이 책은 번역으로 먹고산 내 인생의 처녀작인 셈이다.

1981년에 대학원(국문학과)에 입학했다. 입시 공부를 좀 했더니 장학생으로 뽑혔다. 그러나 1년쯤 지나자 공부할 기분이 가라앉아버렸다. 대학원에 다닌다는 것은 교수가 되고 싶다는 뜻인데, 나 자신을 찬찬히 들여다보니 나는 교수에 어울리는 깜냥이 아니었다. 교수는 연구와 강의에 헌신해야 하는데, 나는 일단 학문에 뜻이 없었고 말주변도 변변치 않았다. 아내도 나와 함께 대학원에 진학하느라 직장을 그만둔 상태였다. 제주에서 어머니가 키우던 아들도 서울로 데려와야 했다. 밥벌이가 절박했다.

그렇다고 대기업 같은 데 취직해서 출세할 마음은 없었다. 내 가슴속에는 작가의 꿈이 살아 있었고, 직장에 들어가면 발목을 잡히게 될지 모른다는 불안도 없지 않았다. 그래서 택한 방법이 출판사에 촉탁으로 다니는 일이었다. 말하자면 임시직 신세였다. 삼성출판사에서 '세계문학전집'(전100권) 개정판 작업과 '제3세대 한국문학'(전24권) 편집에 참여했고, 동아출판사에서 '우리시대 우리작가'(전32권) 진행을 맡기도 했다.

그렇게 출판사를 전전하면서도 책과 글을 늘 가까이한다는 사실에 안심했고, 작가들과 친교도 맺을 수 있어서 좋았다. 이렇게 하루하루 살아가는 틈틈이 번역 청탁을 받기도 하고, 일거리를 아내한테 넘기기도 했다. 어디에도 매이거나 눌러앉지 못한 생활을 아슬아슬하게 견디면서 글동네 언저리를 맴돌았지만, 등단은 쉽지 않았다. 전망은 막막했고 형편은 팍팍해졌다. 이런 현실에 심란해진 기분을 어쩔 수 없어, 서울 생활을 접고 인천으로 이사했다. 인천은 아무 연고도 없지만, 대학에 다닐 때 답답하거나 바다가 그리워지면 전철을 타고 찾아가곤 했던 곳이었다.

양손에 떡 하나씩 들고

1987년 여름의 민주항쟁은 노태우의 '6·29 선언'으로 귀결되었다. 마침내 군사정권이 막을 내리고 이제는 우리 앞에 좀 더 나은 세상이 펼쳐지리라는 기대감 속에서, 그동안 금서로 묶여 있던 책들도 올가미에서 풀려나게 되리라는 전망이 열렸다.

7월 어느 날, '소나무출판사'(대표 유재현)에서 연락이 왔다. 이 출판사에서는 제주 출신 시인이자 사회활동가인 김명식 선배의 편집으로 『제주민중항쟁』(제주 '4·3' 자료집) 발간을 준비하고 있었는데, 그 작업의 일환으로 재일동포 작가인 김석범 선생의 『화산도』('4·3'을 다룬 대하소설)를 번역하는 문제를 협의하기 위해 연락한 것이었다. 김명식 선배가 소나무에 굳이 나를 추천한 것은, 『화산도』 번역에는 일본어를 우리말로 옮기는 것 외에 제주 사투리를 적절히 표현할 필요도 있어서, 제주 사람이 번역을 맡는 게 좋겠다고 판단했기 때문이다.

이런 제의를 받고 아내와 의논했다. 읽기는 아내가 잘하고 쓰기는 내가 잘하는 편이니, 양쪽 재능을 합치면 좋겠다는 생각을 했다. 말하자면 협업(요즘 말로 '콜라보')을 통해 더 나은 효율과 성과를 꾀하기로 한 것이다. 그래서 원문에 충실한 초고는 아내가 만들고, 그걸 좀 더 우리말답게 다듬는 일은 내가 맡기로 했다.

원서는 3권이지만(1996년에 '제2부'가 4권으로 더 나왔다), 200자 원고지로 계산하면 1만 매 가까운 분량이었다. 이듬해 '4·3'(40주년)에 맞춰 출간할 계획을 세우고 작업에 들어갔다. 제1권을 절반쯤 번역했을 즈음 '실천문학사'의 송기원 형이 연락을 해왔다. 당시 실천문학사는 전두환 정권 초기에 결성된 '자유실천문인협의회'(줄여서 '자실')에서 펴내던 무크지 《실천문학》의 발행사였고, 송기원 형은 주간을 맡고 있었다.

형을 만났더니, "너, 『화산도』 번역하고 있다며?" 하고는 사정을 설명했다. '자실' 이사장이기도 한 소설가 이호철 선생이 일본에 가서 김석범 선생을 만나 『화산도』의 한글판 출간을 위임받았다면서, 그러니 그 번역 작업을 실천문학사와 진행하면 어떠냐는 것이다. 다행히 소나무는 흔쾌히 양해해주었다. (이에 대한 감사의 뜻으로, 김석범 선생의 중단편집 『까마귀의 죽음』을 나중에 번역해 주었다.) 이호철 선생도 번역에 일조하기로 김석범 선생과 약속했다면서 제3권을 맡았다.

출간일에 맞추려면 일정이 빠듯했다. 그래도 열심히 작업한 덕에 10월 말에는 제1권 번역을 마칠 수 있었다. 휴식도 취할 겸 하루는 강화도 내가저수지에 밤낚시를 갔다. 물가 좌대에 웅크린 채 검은 수면에 야광찌가 까딱까딱 흔들리는 모습을 바라보면서 이런저런 생각을 곱씹다가, 불현듯 신춘문예가 떠올랐다. 요즘이, 문청이라면 무관심할 수 없는 바로 그 시즌이었다. 나도 몇 번 응모했다가 낙선한 적이 있는 터라, 지난 몇 년 그쪽으로는 눈길도 주지 않으려 애써왔지만, 지난 몇 달 번역일망정 글쓰기에 매달렸더니 마음속 한구석에 파묻었던 그 욕망이 꿈틀거린 것이다. 머리를 굴리면서 속셈을 해보았다. 교정지는 12월 중순부터 나온다고 했으니, 시간을 잘 활용하면 11월 한 달 동안 단편 한두 편 쓸 수 있지 않을까 싶었다.

집에 돌아와서, 그동안 써둔 작품을 몇 편 꺼내 보았다. 1980년대 초반에 신춘문예에 응모했다가 최종심에서 떨어진 것들(아까운 마음에 버리지 못하고 서랍에 넣어두었다)도 있었고, 습작 삼아 끼적여둔 초고도 있었다. 낙선작 중에서 하나 건져, 뼈대만 남기고 완전히 새롭게 썼다. 초고 작품은 '4·3'을 다룬 것이어서, 『화산도』를 번역하면서 알게 된 사실과 체득한 느낌을 참고하여 다시 썼다(초고를 쓸 때만 해도 발표는 꿈도 꿀 수 없는 시절이어서, 언젠가 때가 오겠지 하는 심정으로 써두었던 것인데, 『화산도』를 출간할 수 있다면 이 작품도 응모가 가능하지 않을까 하는 기대감이 있었다). 마감 날짜가 임박했기 때문에 우편으로 부치지 못하고 직접 신문사로 가서 접수시켰다. 단편 「이상의 날개」는 한국일보에, 중편 「땅울림」은 동아일보에. 한국일보는 몇 해 전 소설가 윤후명 형이 문학상을 받을 때 가본 적이 있었고, 동아일보는 한때 아내가 다닌 신문사였다.

　며칠 뒤부터 『화산도』 교정지가 나오기 시작했다. 오후에 서대문 로터리 부근의 실천문학사로 가서 교정을 보고, 저녁엔 송기원 형 등과 술을 마셨다. 남은 교정지는 집으로 가져와 일했고, 새 교정지가 나오면 작업한 교정지를 들고 출판사에 가서 전해주고, 교정 보고 술 마시고 집에 왔다. 그렇게 바쁘게 지내면서도, 신춘문예 당선자 발표가 하루하루 다가오고 있음을 목에 침 넘기며 의식하고 있었다.

　한국일보 문화부의 김훈 기자로부터 당선 통지를 받은 것은 12월 26일. 다음날 오후, 진눈깨비가 내리던 날이었는데, 한국일보사 건물(광화문 근처에 있었다) 12층 라운지의 창가 자리에서 김훈을 만나 한 시간 남짓 인터뷰를 했다. 그때의 신문 스크랩을 찾아보니 '역사의 하중' '섬놈 기질' 같은 단어가 눈에 들어온다.

　인터뷰를 마치고 밖으로 나오자, 어느 쪽으로 가면 좋을지 알 수 없는 것처럼 내 기분도 종잡을 수 없었다. 기쁜 것은 맞는데, 그렇다고 환호를 내지르고 싶은 기분도 아니었고, 청춘을 바친 결말이 이건가 하는 회한의 기분도 들었다. 친구를 불러내어 술 한 잔 나누고 싶은 생각도 없어서, 그냥 터벅터벅 종각역으로 걸어갔다. 전철을 탔고, 인천 동암역에서 내렸고, 역전 포장마차에 들어가 혼자 마셨고, 약간 취한 채 집으로 가는 길, 잔설이 어지럽게 질퍽거리는 골목 어귀의 어둠 속에 주저앉아서 꺼억꺼억 토하듯 울었던 기억이 난다.

1988년, 실망과 희망이 교차하는 가운데, 그나마 군사정권이 끝났다는 안도감을 품고 새해를 맞이할 수 있었다. 그 출발선에 섰을 때, 나는 요행히도 소설과 번역이라는 떡을 양손에 하나씩 쥐고 있었다. 그해 벽두에 그야말로 '폼나게' 소설가로 데뷔했고, 4월에는 『화산도』가 출간됨으로써 이쪽 동네에도 발을 하나 걸치게 된 것이다.

둘 다 놓칠 수 없는 떡이었다. 문학의 길을 꿈꾸며 어렵사리 등단한 나로서는 소설가라는 신분이 더없이 소중했고, 생활의 방편이자 애써 익힌 외국어의 활용이라는 측면에서 번역 또한 소중했으니까. 그래서 나는, 번역은 조강지처 같고 소설은 애인 같다는 흰소리를 하면서 양다리를 걸치고 다녔다.

꽤 열심히 살았다. 먹고살아야 하기 때문에 돈벌이가 쉬운 번역에 주로 매달렸지만, 간간이 작품도 발표하여 평가도 받았고 문학상 후보에도 올랐다. 계간지 《현대소설》의 편집위원(김원우·이원섭·장경렬·정호웅 등과 함께)으로 활동하면서 문단 선후배와 어울리며 술도 많이 마셨다.

하지만 그렇게 10년쯤 지나고 나자 힘에 부칠 수밖에 없었다. 물론 능력의 한계 때문이다. 체험이 넓거나 다양한 것도 아니고, 사색이 깊거나 남다른 것도 아니고, 상상이 높거나 기발한 것도 아니면서, 글이나 좀 쓴다고 문학에, 소설에 매달리니 제대로 된 작품 하나 일궈내기 어려웠다. 이제는 어느 한쪽을 선택해서 집중할 것이냐의 문제가 아니라, 솔직히 말해서 창작의 어려움 때문에 소설을 그만두고 싶다는 생각을 하고 있었다. 그런 나에게 용기와

명분을 준 것이 『로마인 이야기』(시오노 나나미의 역사평설)와 『프랑스 중위의 여자』(존 파울즈의 장편소설)였다.

1995년 봄, 하루는 '한길사'의 김언호 사장의 부름을 받고 출판사에 갔는데, 이제는 고인이 된 정도영·오정환 두 선생도 함께였다. 모인 자리에서 김언호 사장은 시오노 나나미의 책들을 꺼내 보이면서, 번역해서 낼 만한 책인지 검토해 달라고 요청했다. 당시 시오노 나나미는 우리나라에 생소한 이름이었고, '일본의 여류 아마추어 저술가'에 대한 출판계 일각의 회의적인 견해도 없지 않았던 모양이다. 하지만 며칠 뒤에 다시 모인 검토자들은 그의 책들이 아주 재미있으며, 출간해볼 만하다고 입을 모았다. 이런 평가에 책임을 지듯 책을 하나씩 맡아 번역하게 되었는데, 두 선생은 마키아벨리와 베네치아를 맡았고, 나는 로마인을 맡았다. 나에게 로마가 주어진 것은 두 분보다 나이가 어렸기 때문이다. (저자가 15년 동안 집필해 나갈 계획이라고 대장정의 포부를 밝혔으니, 그 긴 세월을 따라가려면 그만큼 젊어야 했으니까.)

1995년 가을에 제1~3권을 내고, 이듬해인 1996년에 '카이사르'편 두 권을 내면서 우리나라 독서계에 역사책, 나아가 교양도서 읽기의 선풍을 일으키게 되었는데, 덕분에 나도 지겹거나 지지지 않고 10년을 더 작업할 수 있었고, 소설 창작보다는 번역이 내 적성이나 능력에 더 걸맞은 작업이라는 걸 깨달았다.

『프랑스 중위의 여자』는 내가 세 번이나 번역과 개역을 거듭한 책이다. 처음 번역한 것은 1982년인데(이 소설이 영화로 만들어졌다는 소식에 어느 출판사의 의뢰를 받아 작업했다), 그때만 해도 영어 실력이 짧았고 번역이 무엇인지도 모른 채 작업한 터라 께름칙하고 안타까운 마음이 있었다. 그래서 언젠가 기회가 오면 다시 제대로 번역하고 싶다는 생각을 마음 한쪽에 심어두고 있었는데, 국내 출판권을 확보한 출판사에서 번역 원고를 재사용하고 싶다는 뜻을 전해왔다. 뒤늦게 안 사실인데, 존 파울즈는 그사이에 노벨문학상 후보에도 몇 차례나 오를 만큼 뛰어난 작가로 우뚝 섰고, 『프랑스 중위의 여자』는 포스트모던 소설의 대표적인 작품으로 평가받고 있었다. 지난번에 번역한 책을 훑어보니, 약간 손보는 정도로 고쳐서 냈다가는 번역가로 이름을 얻기 시작한 나의 신망마저 와르르 무너질 판이었다. 출판사와 상의한 끝에 아예 새로 번역하는 쪽으로 가닥을 잡았고, 그렇게 해서 새 번역본이 나온 것이 1997년이었다.

제1회 한국번역대상(한역 부문)을 수상하고

이 시기는 『로마인 이야기』의 번역과 더불어 내 삶의 추가 소설보다 번역으로 기울던 무렵이었다. 이 책들을 번역하면서 나는, 한편으로는 글쓰기의 욕망과 창작의 갈증을 대리만족의 형태로나마 달랠 수 있었고, 다른 한편으로는 이만한 작품을 써낼 자신이나 능력이 없다면 아예 글쓰기를 작파하는 게 낫지 않겠냐는 결론에 이르렀다. 그저 그런 소설을 쓰느라 끙끙대느니, 차라리 좋은 책을 번역하는 것이 훨씬 뜻있는 작업이자 수지맞는 사업임을 깨달았던 것이다.

1999년 봄에 중편소설 하나 발표한 것을 끝으로 창작을 접은 뒤, 애인과 헤어지고 아내한테 돌아온 남정네처럼 번역에만 성심을 쏟으며 살아왔다.

귀향, 그 이후…

2007년 초에 『로마인 이야기』 마지막 권인 제15권의 번역을 끝내고, 책 끝에 덧붙인 역자 후기에서 "임페라토르 카이사르의 뒤를 따라 갈리아 전선을 누비고 다니다 전쟁이 끝난 뒤 어느 시골에 정착한 로마 병사의 기분" 운운하며 소회를 밝혔는데, 그러고 나자 정말로 고향에 돌아가 살고 싶어졌다. 귀향하고픈 마음이야 늘 가슴 한구석에 품어두고 있었지만(원래는 환갑이 지나서 귀향할 생각이었다), 그야말로 '번역의 대장정'을 끝내고 나니까 이제는 시골에 박혀 자족하며 살고 싶어진 것이다.

그래서 2008년 여름에는 애월읍 신엄리에 집을 짓기 시작했다.

이 집터는 2003년에 『살아 있는 역사』(힐러리 클린턴의 자서전)를 번역해서 받은 인세로 사둔 곳이었다. '예원건축'(대표 임성추)이 설계를 맡았고, 오랫동안 건축업에 종사해온 친구(서예가이기도 한 박홍일)가 시공을 맡았다. 대지 300평의 너른 터에, 아내가 그토록 소망한 잔디밭 정원도 꾸몄다. 이듬해인 2009년 봄에 인천항에서 '세월호'(그 슬픈 세월호!)에 이삿짐 트럭을 싣고 서해 밤바다를 달려 고향에 돌아왔다.

40년 타향살이를 접고 새로 시작한 귀향살이인만큼, 그 격조했던 세월의 다리를 건너는 게 쉬운 일은 아니었다. 그래도 한 해 두 해 지내다 보니, '살암시민 살아진다'는 제주도 속담처럼, 그 서먹하고 새삼스러운 환경과 생활방식에도 무난히 적응할 수 있었다.

시골에 살면서 즐겁게 길들인 소일거리가 한둘이 아니지만, 특히 유쾌하고 유용한 것은 산책이다. 오후 5시쯤 식사를 마치면(나는 1일 1식을 30년 전부터 해오고 있다) 한 시간 남짓 산책을 하는데, 시골길을 걷다 보면 이 길은 어디에선가 두 갈래로 나뉜다. 그러면 나는 잠시 걸음을 멈추고, 앞에 놓인 두 갈림길 중에 어느 쪽으로 갈까, 어느 길로 가면 좀 더 흥미롭고 신나는 일이 기다리고 있을까, 생각한다. 그러면 내면에서 들리는 어떤 소리가 있다. 오늘은 어느 쪽 길로 가라고 알려주는 본능의 울림 같은 것. 그 소리를 듣고 걸음을 내딛고 나면, 그 길이 아무리 험하고 터무니없게 느껴지더라도 이제는 멈추거나 돌이킬 수 없다.

그런 선택의 연속을 밟으며 걸어온 길 끝에 지금 내가 서 있는 것이다. 돌아보면 그 길은 네 번의 큰 고비를 만났다. 달리 표현하면 내 인생은 4막극으로 진행되어 왔다고 할 수 있다. 태어나서 고등학교를 마칠 때까지를 제1막이라고 한다면, 서울에 가서 대학 다니고 군대 갔다온 뒤 방황하던 시절이 제2막, 어렵사리 등단하고도 소설보다는 번역에 매달리며 살았던 시절이 제3막이 될 터이니, 귀향한 뒤의 삶으로 이루어진 제4막은 죽음으로 마무리될 때까지 이어질 것이다. 그것은 또 다른 애환의 스토리가 될 테니, 나중에 기회가 생기면 그때 다시 풀어낼 수 있으리라.

■ 나의 문학적 연보

- 1951년 12월 29일(호적에는 1952년 1월 2일), 제주시내 무근성에서 태어남(2남4녀 중 둘째).
- 1958년 3월, 제주북초등학교 입학(1964년 2월 졸업).
- 1960년 여름방학 때 노형동 외가에 가서 외할아버지한테 '천자문'을 붓글씨로 배우기 시작.
- 1962년 어린이날 백일장에서 부상으로 받은 공책에 일기를 쓰기 시작.
- 1964년 3월, 제주세일중학교 입학(1967년 2월 졸업).
- 1967년 3월, 제주제일고등학교 입학(1970년 2월 졸업). 학생문예서클 '향원'에 참여.
- 1968년 9월, 동국대학교가 주최한 전국 고교생 백일장에서 산문부 장원.

- 1970~1971년 대학 입시에 연거푸 낙방.
- 1972년 3월, 대학 입학(서울대 문리대 불문학과). 10월 유신이 일어나고, 학교는 휴교령으로 문을 닫음. 제주에 내려와 겨울방학 동안 읽고 쓰고 마시기.
- 1973년 3월, '대학문학상'(소설 부문)에 당선작 없는 가작으로 뽑힘. 10월, 유신반대 시위가 일어나고, 다시 휴교령. 제주에 내려와 다시 읽고 쓰고 마시며 겨울방학을 보냄.
- 1974년 3월, '대학문학상'(시 부문)에 당선. 4월, 민청학련사건이 일어나고, 다시 휴교령.
- 1975년 학교가 관악산 캠퍼스로 이전. 지금의 아내(조혜경)를 만나 캠퍼스 커플이 됨.
- 1976년 2월, 대학 졸업. 국문학과에 학사편입 후 휴학. 5월, 육군 입대. 12월 13일, 아들(한울) 태어남.
- 1979년 2월, 군에서 제대. 국문학과에 복학. 10월, 박정희 사망.
- 1980년 1월 30일, 뒤늦은 결혼식.
- 1981년 2월, 대학원 국문학과에 입학. 1년 버티다 중퇴. 그 후 출판사를 몇 군데 들락거렸고, 틈틈이 번역 청탁도 받으면서 근근이 살아냄.
- 1987년 6월항쟁. 8월, 『화산도』 번역 착수. 11월, 신춘문예용 소설을 써서 한국일보와 동아일보에 응모.
- 1988년 1월 1일, 《한국일보》에 신춘문예 소설 당선작(「이상의 날개」) 발표. 4월, 『화산도』(전5권) 출간(실천문학사). 5월, 《실천문학》에 중편 「땅울림」 발표.

- 1989년 11월, 작품집 『이상의 날개』 출간(실천문학사). 계간지 《현대소설》 편집위원 참여.
- 1991년 3~12월, 《현대소설》에 장편 『섬에는 옹달샘』 연재 후 출간(현대소설사).
- 1995년 9월, 『로마인 이야기』 1~3권 번역 출간(한길사). 이후 해마다 1권씩 출간하여 2007년에 전15권 완간.
- 1997년 2월, 제1회 한국번역대상(한역 부문) 수상. 12월, 김대중 대통령 당선.
- 1999년 《동서문학》(봄호)에 중편 「바람곶」을 발표한 뒤 이제는 소설과 헤어지고 번역에만 충실하기로 결심. 영어·프랑스어·일어를 넘나들며 현재까지 400여 권을 우리말로 옮김.
- 2003년 제주시 애월읍 신엄리에 토지 매입.
- 2006년 4월 15일, 아버지 별세.
- 2008년 5월, 역자 후기 모음집 『번역가의 서재』 출간(한길사). 8월, 신엄리 땅에 집을 짓기 시작(이듬해 3월 준공).
- 2009년 4월, 인천항에서 이삿짐 트럭과 함께 배를 타고 제주항에 도착.
- 2010년 9월 4일, 아들 결혼(며느리: 정미애).
- 2011년 9월 17일, 손자(하진) 태어남.
- 2012년 5월, 귀향살이 이야기를 엮은 『이 또한 즐겁지 아니한가』 출간(웅진지식하우스).
- 2015년 12월, 작품집 『하루나기』 출간(열림원).
- 2016년 5월 22일, 손녀(하린) 태어남.

• 2021년 1월 5일, 어머니 별세.
• 2023년 10월 9일(한글날), 한글 발전 유공자로 선정되어 대통령 표창 받음.

■ 주요 번역서 목록

• 아돌프의 사랑 (뱅자맹 콩스탕, 동평사, 1979. 11)
• 프랑스 중위의 여자 (존 파울즈, 현대문예사, 1982. 4)
• 톨스토이냐 도스토옙스키냐 (조지 스타이너, 심지, 1983. 8)
• 火山島 — 전5권 (金石範, 실천문학사, 1988. 4)
• 氷壁 (이노우에 야스시, 현대소설사, 1991. 4)
• 털 없는 원숭이 (데스먼드 모리스, 정신세계사, 1991. 6)
• 神의 뜰에서 놀며 (피터 매티센, 정신세계사, 1993. 1)
• 인간 동물원 (데스먼드 모리스, 한길사, 1994. 12)
• 로마인 이야기 — 전15권 (시오노 나나미, 한길사, 1995~2007)
• 문명 속의 불만 — 프로이트 전집 15 (열린책들, 1997. 2)
• 프랑스 중위의 여자 (존 파울즈, 프레스21, 1997. 5) — 새 번역판
• 고야 — 4부작 (홋타 요시에, 한길사, 1998. 1)
• 피와 뼈 — 3부작 (梁石一, 자유포럼, 1998. 6)
• 몽테뉴 — 3부작 (홋타 요시에, 한길사, 1999. 5)
• 문명의 창세기 (데이비드 롤, 해냄, 1999. 12)
• 시간 박물관 (움베르토 에코 外, 푸른숲, 2000. 6)

- 빵 굽는 타자기 (폴 오스터, 열린책들, 2000. 8)
- 실크로드 이야기 (수잔 휫필드, 이산, 2001. 7)
- 에드워드 사이드 자서전 (에드워드 사이드, 살림, 2001. 8)
- 그리고 죽음 (짐 크레이스, 열린책들, 2002. 9)
- 쥘 베른 걸작선―전20권 (열림원, 2002~2015): 지구 속 여행·해저 2만 리·15소년 표류기·80일간의 세계일주·지구에서 달까지·달나라 탐험·카르파티아의 성·인도 왕비의 유산·신비의 섬·황제의 밀사·그랜트 선장의 아이들·기구를 타고 5주간·영원한 아담(단편집)
- 시간의 풍상 (데이비드 롤, 해냄, 2003. 4)
- 살아 있는 역사 (힐러리 로댐 클린턴, 웅진, 2003. 7)
- 프랑스 중위의 여자 (존 파울즈, 열린책들, 2004. 5)―개역판
- 핑거포스트 1663 (이언 피어스, 서해문집, 2004. 11)
- 추운 나라에서 돌아온 스파이 (존 르카레, 열린책들, 2005. 7)
- 초원의 집―전9권 (로라 잉걸스 와일더, 비룡소, 2005. 9)
- 프로메테우스: 마르크스 전기 소설―전7권 (갈리나 세레브랴코바, 들녘, 2005. 12)
- 나의 편력―카사노바 자서전 (자코모 카사노바, 한길사, 2006. 10)
- 사십 일 (짐 크레이스, 열린책들, 2006. 11)
- 나중에 온 이 사람에게도 (존 러스킨, 느린걸음, 2007. 10)
- 이상한 나라의 앨리스 (루이스 캐럴, 웅진, 2007. 12)
- 거울 나라의 앨리스 (루이스 캐럴, 웅진, 2008. 1)
- 상실의 상속 (카렌 데사이, 이레, 2008. 10)

- 로마 멸망 이후의 지중해 세계 (시오노 나나미, 한길사, 2009. 6)
- 모비 딕 (허먼 멜빌, 작가정신, 2010. 1)
- 어느 영국인 아편쟁이의 고백 (토머스 드 퀸시, 시공사, 2010. 8)
- 타임머신·투명인간 (H.G. 웰스, 열린책들, 2011. 3)
- 유럽의 형성 (크리스토퍼 도슨, 한길사, 2011. 5)
- 삼총사 (알렉상드르 뒤마, 시공사, 2011. 9)
- 위로받지 못한 사람들 (가즈오 이시구로, 민음사, 2011. 12)
- 자유로부터의 도피 (에리히 프롬, 휴머니스트, 2012. 7)
- 라마야나·마하바라타 (R.K. 나라얀, 아시아, 2012/ 2014)
- 셜록 홈즈 시리즈─전7권 (아서 코난 도일, 비룡소, 2013. 3~12): 주홍색 연구·홈즈의 모험·공포의 계곡·홈즈의 사건·바스커빌의 개·홈즈의 귀환·네 명의 서명
- 위대한 개츠비 (F. 스콧 피츠제럴드, 열림원, 2013. 4)
- 미친 사랑 (다니자키 준이치로, 시공사, 2013. 5)
- 벤허 (루 월리스, 시공사, 2015. 12)
- 수의사 제임스 헤리엇의 이야기─전7권 (아시아출판사, 2016~2019)
- 월든 (헨리 데이비드 소로, 열림원, 2017. 7)
- 로빈슨 크루소 (대니얼 디포, 비룡소, 2019. 10)
- 여름밤 열 시 반 (마르그리트 뒤라스, 문학과지성사, 2020. 7)
- 어린 왕자 (생텍쥐페리, 열림원, 2020. 12)─오아물 루 삽화
- 에드거 앨런 포 단편선 (열린책들, 2021. 6)
- 아돌프의 사랑 (뱅자맹 콩스탕, 문학과지성사, 2022. 11)─개역판

- 쥘 베른 모험소설 시리즈—전5권 (열림원, 2023. 4)—청소년용 개정판
- 모비 딕 (허먼 멜빌, 작가정신, 2024. 4)—전면 개역판
- 세계시론산책 (아리스토텔레스 外, 황금알, 2025. 8)

춤을 살다

김희숙

춤의 길에 들어서다
안무자의 길을 걷다
제주도립예술단 시절
암 투병기
공연 이야기
나의 춤
『춤을 살다』 출간과 공연

■ 나의 연보

춤의 길에 들어서다

돌아보면, 지나온 저 길에 아득한 세월이 놓여 있다. 갖가지 희로애락으로 점철된 과거의 풍경들 속에서 그때의 장면은 놀랍게도 기억에 선명하다. 아버지의 손에 이끌려 무용학원 문턱을 넘은 것이 네 살 때였고, 그 이듬해인 1959년 가을에는 무용 발표회 무대에 올라 춤을 추었으니, 그야말로 한평생을 춤꾼으로 살아온 셈이다.

나는 1955년 2월 23일, 제주 시내 칠성통에서 태어났다. 2남3녀 중 둘째였다. 아버지(김윤옥)는 조천읍 함덕리 출신이고, 어머니(고춘림)는 화북 출신이다. 아버지는 당시《제주신보》기자였다. 어머니는 어릴 때 부모님(그러니까 나의 외조부모)과 일본으로 건너가 중학교까지 마치고 해방 뒤에 귀환했다. 우체국에 근무하다가, 취재를 하러 간 아버지와 만나 연애 끝에 결혼했다고 한다.

내가 다섯 살 무렵 동문시장 안쪽의 남수각 동네로 이사를 갔는데, 크게 잘 살지는 않았지만 당시 형편에서 보면 꽤 유복한 편이었다. 더구나 아버지는 예술가 기질을 타고난 분이어서 다루지 못하는 악기가 없었고, 집에는 기타와 풍금까지 있었다. 내가 무용에 빠져든 것도 그런 기질을 물려받았기 때문일 것이다.

1961년에 초등학교에 입학했다. 원래는 북교에 입학했는데, 학군 조정 때문에 2학기 때 동교로 전학했다. 여기서 문정희 선생님을 만난 게 나의 춤 인생에 커다란 전기가 되었다. 선생님은 제주측후소장의 따님이어서, 측후소 관사 거실에서 여러 장르의 춤을 가르쳤는데, 발레와 꼭두각시 춤, 인도 춤 등 어릴 적에는 접해보지 못했던 새로운 춤을 배우며 즐겁고 신도 났다.

동초등학교 6학년 때는 서울에서 열린 '산토끼무용제'에 참가해서 우수상을 받았다. 당시는 무용 상이 흔하지 않은 때였다. 조회 시간에 혼자 운동장 교단 앞으로 나아가 교장 선생님이 목에

'산토끼무용제'에서 우수상 받음

걸어주는 메달을 받을 때는 우쭐한 기분이 들기보다 솔직히 진땀이 났다.

1967년에 제주여자중학교에 들어갔다. 문정희 선생님이 제주여중 출신이어서, 그분의 권유에 힘입어 무용 특기 장학생으로 입학하게 된 것이다. 당시는 전형을 치르던 때여서, '산토끼무용제'에서 받은 상장을 제출하고 실기 테스트를 거쳤다.

그때 제주여중고 무용부를 맡았던 분이 송근우 선생님이었다. 선생님을 만나면서 나의 춤 인생이 새롭게 본격적으로 시작된 셈이다. 일본에서 현대무용을 배운 선생님은 제주 무용계에는 보물 같은 존재였다. 상하의를 하루도 흐트러짐 없이 차려입었던 모습은 춤추는 사람의 반듯한 몸가짐으로 내 마음에 인상 깊게 남아 있다.

체육 시간이 되면 무용부 학생들은 운동장 대신 연습실로 향했는데, 이런 특전(?)은 송근우 선생님이 체육 선생님과 상의한 결과였겠지만, 체육 시간에 운동을 하다가 몸을 다치기라도 하면 안 되니까 이를 염려해서 배려해준 것이었다.

해마다 가을이 되면 학교에서는 '동백제'가 열렸다. 이경수 교장 선생님의 열정과 지원 덕분에 문학·미술·무용 등 예술부 학생들이 폭넓게 두각을 나타냈다. 그때는 공연할 만한 큰 장소가 없었는데, 그 무렵 제주시민회관이 건립되면서 공연 같은 행사는 오직 이곳에서만 진행했다.

중학교 1학년 때 동백제에서 꽃 파는 소녀인 '꾸냥'을 독무로 추었다. 꽃바구니를 들고, 빨간 양단에 반짝이가 많이 수놓아진 중국 전통 의상을 입었다. 춤의 순서도 잊지 않고 있어서, 지금이라도 음악을 구할 수 있다면 다시 한번 추고 싶다.

당시는 인도 춤을 비롯한 남방 춤이 유행할 때였다. 손가락으로 왼쪽 오른쪽을 오가며 어깨춤과 더불어 머리장식과 분장이 남달라야 했다. 초등학교 시절에 문정희 선생님한테 인도 춤을 배웠었는데, 중학교에 오자 새로운 스페인 춤을 가르치니 신기했다.

제주여중고 무용부 학생들을 중심으로 구성된 '제주민속예술단'은 1964년부터 전국민속예술경연대회에 제주도를 대표해서 참가해오고 있었는데, 내가 중학교에 입학한 1967년에는 새로 만든 대본으로 참가하게 되었고, 그러니 그 준비가 더욱 힘들 수밖에 없었다.

1967년의 제8회 전국민속예술경연대회에는 〈영감놀이〉로 참가했다. 제주에 구전되는 무속 설화를 대본과 안무로 나타낸 작품이다.

음력 2월이면 영등달이라 하여 영등신이 제주섬에 들어오고, 그 신은 보름 동안 제주섬을 한 바퀴 돌아보고 나간다. 그때 송별하는 의식이 건입포구의 본향당인 칠머리당에서 베풀어지는 영등굿이다. 풍어와 풍년을 기원하는 이 당굿(영등굿) 가운데 한 대목이 영감놀이인데, 이 놀이굿의 대본은 민속학자인 현용준 교수님이 썼고, 안무는 송근우 선생님이 맡아서 다듬었다.

거기에 큰심방인 안사인 선생님이 굿춤을 지도해주었다. 그분은 입담 소리에 극적인 요소를 더하여 본풀이 세계를 넘나들었다. 혼자서 춤과 소리를 제공해준 셈이다. 우리는 안사인 선생님의 소리에 맞추어 춤을 추었다. 안사인 선생님은 그 후 칠머리당굿이 중요무형문화재로 지정되면서 제주도의 제1대 인간문화재가 되었는데, 당연한 귀결이었다.

줄거리는 이렇다. 한 처녀의 몸속에 영감신(도깨비)이 드는 바람에 처녀는 넋이 나가버린다. 침쟁이를 데려와 침을 놓아도 차도가 없자, 백방으로 수소문한 끝에 심방을 불러서 굿을 한 덕에 처녀는 병이 낫게 된다.

〈영감놀이〉의 출연진으로는 심방 역할에 고진숙 선배, 침쟁이 역할에 고두심 선배, 처녀 역할에 양성옥 선배가 나섰다. 나는 중학교에 갓 입학한 막내로서 꽹과리를 치는 2번 악사를 맡았는데, 길트기로 먼저 꽹과리를 여럿이 어울려 한 판 치고 난 뒤 한쪽에 앉아서 진행 과정을 지켜보았던 기억이 난다.

나는 꽹과리를 배울 때도 재미가 있어서 열과 성을 다했다. 동그라미를 그리듯 돌리면서 치기도 하고, 나만의 개성 있는 두드림으로 어깨와 손동작을 흥에 맞추며 멋을 내기도 했다. 꽹과리를 치면 신이 났다. 경쾌한 쇳소리가 온몸을 전율케 했다. 어깨춤이 저절로 나왔다. 중학교 1학년 때부터 참가하기 시작한 전국경연대회에는 해마다 참가했고, 고등학교 2학년 때(1971년)는 〈말뛰기놀이〉 중의 해녀춤으로 개인상을 받기도 했다. 이 개인상을 받은 감격이 그 후 나를 무용가로 만들고 오늘의 나를 있게 했는지도 모른다.

전국민속예술경연대회 참가 전 제주에서 시연

제주민속예술단은 1971년 5월 제2회 아세아국제예술대회에 참가하여 〈잠녀놀이〉와 〈영등굿놀이〉로 종합우수상인 최우수상을 받았고, 1972년 제3회 대회에서는 삼다·삼무·삼보를 형상화한 〈한라의 여성〉으로 최우수상을 받아 제주 민속춤의 우수성을 널리 알렸다. 이렇듯 1965년부터 1975년까지 10년간은 제주여중고 무용부가 주축이 된 제주민속예술단 활동의 전성기였다.

즐거운 기억만 있는 게 아니다. 아픈 기억도 있다. 1967년에 〈영감놀이〉가 전국민속예술경연대회에서 대통령상을 받아 전국적으로 이슈가 되자, 제주민속예술단은 이듬해 일본 공연을 계획하여 그 준비에 들어갔다. 그런데 4·3사건 때 제주를 탈출한 일가친척이 조총련계에 속해 있다는 이유로 신원 조회에 걸려 출국할 수 없는 단원이 하나둘 늘어나는 바람에 결국은 계획이 무산되고 말았다. 밤낮으로 공연 준비에 매달려온 단원들에게는 커다란 시련과 실망을 안겨주었고, 나로서는 제주 현대사에 이런 비극이 있었다는 사실을 새삼 깨닫는 계기가 되었다.

제주종합운동장이 지금의 광양초등학교 근처에 있던 시절이다. 그때 행사차 제주에 내려온 박정희 대통령과 육영수 여사가 본부석에 자리를 잡고 있었다. 우리 무용단은 〈영감놀이〉를 공연하게 되었다. 전국경연대회에서 대상을 받은 작품이기 때문에 대통령이 참관한 자리에서 시범 공연하도록 지정되어 있었다. 이윽고 순서가 되어, 나는 꽹과리를 치면서 경쾌한 발동작과 함께 앞으로 나갔다. 2번 악사인 나는 1번 악사인 양신생 선배의 뒤를 이어 꽹과리를 치며 운동장을 한 바퀴 돌아야 했다. 본부석 앞을 지나는데, 문득 올려다본 영부인의 자태가 너무나 멋있었다. 광채가 났다. 나는 한 번 더 보려고 멈칫거리다가 단원들을 따라가지 못하고 놓쳐버렸다.

그런 와중에도 나는 고개를 뒤로 돌려 또 보았다. 눈부시게 빛나는 영부인의 모습에 시선이 꽂혀, 걸음이 천천히 느려지면서 선두와 반 바퀴 정도 차이가 나게 뒤떨어졌다. 한마디로 얼이 빠져버린 것이다. 영부인 얼굴을 보느라 공연의 맥을 끊어놓고 말았다. 앞에서는 송근우 선생님의 얼굴이 붉으락푸르락하였다. 행사가 끝난 뒤에 호되게 야단맞았다.

세월이 흐른 뒤, 거실에서 텔레비전을 보다가 육영수 여사가 흉탄을 맞고 사망했다는 소식을 들었다. 아이러니하게도 그때 공연했던 운동장은 그 후 택지로 개발되었고, 아버지는 한 필지 분양을 받아서 집을 지었다. 그런 집에 살 때 그런 소식을 들었으니 더더욱 슬펐다. 지난날의 기억을 떠올리며 엄청나게 울었다. 눈물이 말라 더는 안 나올 정도로 오랫동안 울었다.

고등학교를 졸업한 뒤 대학에 진학하기 위해 상경했지만, 현대무용을 하고 싶어 H대학을 고집하다가 몇 번 고배만 마셨다. 학창 시절의 수상 실적이 있었기 때문에 입학이 가능할 줄 알았는데, 키가 작다는 점이 결국은 나의 발목을 잡고 말았다.

몇 년 그렇게 좌절과 방황을 거듭하다가, 한국 교육무용계의 대부인 파조 이호순 선생님의 무용단에 들어가 활동하면서 선생님의 권유로 유니언대학에 진학했다. 캠퍼스도 없고 일반 커리큘럼도 없었지만, 내가 원하는 무용만큼은 제대로 가르치는 일종의 전문 교육기관이었다. 이곳에서 확실한 춤꾼이 되기 위한 본격적인 수련을 쌓았다. 학기마다 등록금도 꼬박꼬박 냈고, 1980년에는 어엿한 졸업장(학위증)도 받았다. 덕분에 대학원에도 진학할 수 있었다.

대학원은 40대 중반인 2001년에 중앙대학교 예술대학원에서 무용학 석사학위를 받았다. 1998년 초에 아버지가 입학원서를 직접 가져오셨다. 오랫동안 제주 언론계에 몸담아온 아버지는 1977년에 《제남신문》의 대표가 되었는데, 1980년 전두환 정권의 언론통폐합 조치로 신문이 폐간되자 한때 실의의 세월을 보내기도 했지만, 1990년대에는 '화광출판사'의 초빙을 받아 편집국장으로 재직하고 계셨다. 아버지가 중앙대 입학원서를 가져온 것은 가까운 노량진에 살고 있었기 때문이다. 그 무렵 나는 '제주도립예술단' 상임 안무장을 맡고 있어서 바쁜 스케줄 때문에 시간을 내기가 쉽지 않은 처지였다. 그러나 아버지는 더 늦기 전에 학위를 따놓으라고 적극 권유하셨다. 내가 단순한 춤꾼이 아닌, '지·덕·체'를 두루 갖춘 예술인으로 남기를 바랐던 것이다.

대학원에 들어간 뒤에는 여러 선생님 문하에서 춤을 배우기 위해 꽤나 고생했다. 비행기로 오르내린 서울행이 수백 번도 넘었으리라. 더구나 나이 들고 머리가 굳은 상태에서 예술환경론 같은 이론적 공부를 하면서 어려움을 겪었지만, 새로운 경지를 접하는 신기한 즐거움도 적지 않았다. 안무자로서 후배들에게 보다 떳떳한 모습을 보이고 싶다는 책임감이 나를 견디게 했는지도 모른다. 공연 일정이 자주 겹치는 바람에 학점을 따는 일도 쉽지 않아, 몇 년이 흐르고 나서야 학위를 받을 수 있었다.

춤을 추는 일은 얼마든지 자신 있지만 리포트를 작성하는 일은 정말 힘들었다. 학위증을 바라볼 때마다 지난 시절 힘들고 처절하게 매달려온 내 삶을 되돌아보게 된다.

석사 논문은 「제주 칠머리당굿 12제차(祭次)에 나타난 굿춤 연구」를 주제로 삼았다. 칠머리당굿을 주제로 택한 이유는 이 당굿에 제주인의 삶과 의식 세계의 한 토대가 자리를 잡고 있기 때문이다. 더구나 칠머리당굿은 중요문화재로 지정되어 전승되고 있는 바, 제주 민속춤의 근원이 되고 있다고 볼 수 있다. 그래서 제주굿의 다양한 동작들이 어떻게 춤으로 정립되는지, 그 의미를 탐구하고 싶었던 것이다.

칠머리당굿에 대한 학술적 접근은, 문학이나 음악 분야에서는 성과가 상당하지만 무용의 측면에서 고찰한 경우는 상대적으로 빈약한 편이다. 더구나 나는 안무자로서 당굿의 무대화에 대해서도 관심이 많았다. 말하자면 칠머리당이라는 열린 공간에서 장시간에 걸쳐 굿판을 벌이는 것과, 그 당굿을 공간과 시간이 한정된 무대에 올려 춤으로 공연하는 것은 전혀 다른 차원의 작업이기 때문이다.

학위를 받으려면 졸업 작품 발표가 필수였다. 주제를 정한 뒤에는 무대를 구하는 일도 중요했다. 협소한 곳에서는 빛도 나지 않으니 고민이 많았다. 작품 발표회는 '김희숙 제주굿춤'이라는 이름의 공연으로, 박희태 지도교수님을 모시고 2000년 11월 18일 홀리데이인호텔(지금의 제주썬호텔)에서 가졌다.

칠머리당굿은 원래 열두(12) 제차로 구성되어 있다. 이를 무대 공연에 적합한 춤으로 편성하려면 굿판에서 연희되는 춤사위를 단계별로 조정할 필요가 있었다.

그래서 초감제·향로춤·퇴송·무속의 군무 등 네 단계로 나누어 진행했는데, 내가 특히 주안점을 둔 것은 네 번째이자 마지막 단계인 '무속의 군무'로, 앞의 세 단계를 거치며 칠머리당굿이 행해지는 전체적인 과정을 한 무대에 펼쳐내는 것이다. 원래 보름 동안 행해졌던 칠머리당굿을 10분 정도의 춤으로 압축하여 무대화하는 데에는 군무야말로 적절한 형식이 아닐 수 없었다. 게다가 굿판에서 연희되는 춤사위는 단순할 수밖에 없는데, 이런 문제를 극복하고 하나의 무용 작품으로 무대화하려면 굿춤에 예술성을 확보하는 것도 중요한 과제였다. 그래서 당굿의 여러 제차에 등장하는 갖가지 역할과 소도구를 각각 독립시켜 개별적인 작품—신칼춤·신대춤·향로춤·가락춤·말명장구춤·ᄃ리춤·향발춤 등—으로 재구성하기도 했다.

이렇듯 칠머리당굿은 절차가 복잡하고 다양해서 혼자서는 할 수 없고, 굿춤의 구성상 출연자도 여러 명이 필요했다. 제자 네 명이 동참해주었고, '칠머리당굿 보존회'의 김윤수 회장님이 직접 출연하여 굿과 춤이 어우러진 마당을 멋지게 선보여 주었다. 김 선생님은 이제 고인이 되셨는데, 다시금 고마운 뜻을 전하고 싶다.

안무자의 길을 걷다

1973년에 고등학교를 졸업하자 부푼 꿈을 안고 상경했지만, 객지 생활이 녹록지 않았다. 대학 진학은 번번이 좌절되고, 앞에서도 말했듯이 파조무용단에 들어가 활동했지만 기대와는 달리 생활에 별로 보탬이 되지 않았다. 공연만큼은 자신이 있었지만 기회가 자주 주어지는 것도 아니어서 생활이 고달팠다. 그럼에도 무용에 대한 꿈과 열정은 식을 줄 몰라, 유니언대학에 적을 두고 춤을 배우는 한편, 여러 장르의 선생님들을 찾아다니며 실력 쌓기에 노력을 쏟았다. 그러나 결국은 생활의 어려움을 견디기 힘들어 1977년 봄에 제주로 내려오게 되었다.

어찌 보면 낙오자의 귀향인 꼴이었다. 그러나 아직은 20대 초반, 새파랗게 젊은 시절이었다. 주위에서 무용학원을 하면 어떠냐는 권유가 많았다. 나도 배운 게 춤뿐이니, 무용학원이라면 그럭저럭 해낼 수 있을 것 같았다. 춤에 대한 자부심이 어떤 오기 같은 것으로 나를 몰아댔는지도 모른다. 또한 내가 곁에 있기를 바랐던 부모님도 성원과 도움을 아끼지 않았다. 허가 과정도 쉽지 않은 때였지만, 과감히 도전장을 내밀었다. 학창 시절의 화려한(?) 경력과 자격 요건을 갖추어 서류를 제출했더니, 다행히 허가를 받을 수 있었다.

1977년 가을에 남문로터리 한쪽 건물에 학원을 열었다. '한국고전예술연구소'라는 거창한 이름이었는데, 육지에서 온 대금·아쟁·가야금 등의 국악인들과 합동으로 개원했기 때문이다. 그러나 이듬해에 국악인들이 어떤 사정으로 제주를 떠나는 바람에 학원을 나 혼자 떠맡게 되었고, 서문로터리 쪽으로 이전하면서 이름도 '김희숙무용학원'으로 바꾸고 장르도 전문화시켰다.

그때를 돌아보면 아련한 향수 같은 감정이 가슴 저 밑바닥에서 안개처럼 뭉클하게 피어오른다. 이렇게 잔잔하고 편안한 마음으로 돌아볼 수 있는 것도 세월의 힘일 것이다. 덜컥 떠맡은 학원을 세상물정도 어두운 내가, 그것도 스물 갓 넘은 여자, 거기에 젖먹이 딸아이까지 둔 엄마의 처지에서 꾸려간다는 게 결코 쉬운 일이 아니었다. 하룻강아지 범 무서운 줄 모른다더니, 어쩌면 내가 그런 꼴이 아니었을까.

지성이면 감천이라더니, 하늘이 알아준 덕일까, 학원은 생각보다 잘 되었다. 그때 나는 학원을 운영하는 한편, 이런저런 행사에 공연을 의뢰받아 출연하기도 했는데, 행사장에서 내가 춤추는 모습을 본 이들이 아이들을 데려오거나 소개해주기도 했다. 육지에서 춤을 배우러 오기도 했고, 작품(춤사위)을 받아가는 무용인도 생겨났다.

그 무렵 무용에 대한 관심이 부쩍 높아진 덕분에 여러 학교에 강사로 초빙되어 가르치기도 했고, 나한테 배운 학생들이 서울에서 열린 경연대회에 참가하여 상을 타기도 했다. 또, 매년 학원생들의 무용 발표회를 가졌는데, 학부형들의 뜨거운 관심 속에 성황리에 열리곤 했다.

1980년 4월, 송근우 선생님이 갑자기 돌아가셨다. 무용을 배운 은사님 이상의 존재로서, 내가 정신적으로 그토록 의지하던 분이었는데, 하늘이 무너진 것 같았다.

1970년대 들어 선생님은 전국경연대회에 참가하기 위해 결성한 제주민속예술단 출신 무용수와 무속인을 활용하여, 제주관광호텔이나 칼호텔에 공연장을 마련하고 관광객을 상대로 민속예술을 공연하여 호응을 받았다. 그래서 이런 공연을 좀 더 본격화하려면 상설 공연장이 필요하다는 것을 알고 이를 위해 동분서주하던 중에 불의의 사고로 타계하신 것이다.

1985년 봄, 북제주군청에 근무하던 김택근 선생이 학원으로 나를 찾아왔다. 김 선생은 연극계에서도 활동하고 있었는데, 송근우 선생님과의 관계도 각별해서 제주민속예술단의 연출을 돕기

송근우(옆)·안사인(뒤) 선생님과 함께

도 했고 무용계 발전을 위해 선생님과 의논을 나누기도 했다. 그런 분이 나에게 송근우 선생님의 맥을 이어주기를 당부하면서, 행정적인 지원을 해줄 테니 무용단을 창단해보라고 권유했다. 무용단을 만들려면 단원을 모집해야 하는데, 이게 쉽지 않은 일이었다. 그때는 무용학원도 별로 없었고, 공연에 나설 만큼 실력을 갖춘 무용인도 드물었다.

나는 김택근 선생에게 제주 무용계의 열악한 실정을 설명했다. 물론 김 선생도 다 알고 있었다. 문제는 무용 전공자를 얼마나 영입할 수 있느냐였다. 단기간의 훈련으로는 춤의 세계에 정신과 혼을 불어넣을 수 없기 때문이다.

1985년 9월에 '제주시립예술단'은 내가 운영하는 무용학원의 제자들을 중심으로 창단되었다. 그해 12월에 제주시민회관에서 창단 공연을 가졌는데, 세 차례의 공연에 1,200여 명의 관객이 몰려와 대성황을 이루었다.

이렇게 제도권 예술단체로서 첫 출범을 보게 되니 정말 감개가 무량했다. 무엇보다 연습실이 정해져 있다는 게 큰 혜택이었다. 김택근 선생은 제주시장을 설득하여 1986년에 한라체육관 실내수영장 3층에 제주시립예술단 전용 연습실을 마련해주었고, 제주시에서 주관하는 행사에 한몫 참여하도록 공연 의뢰도 해주었다.

정해진 봉급은 없었고, 행사가 있을 때마다 공연을 한 뒤에 출연료를 받았다. 일부는 단원들에게 나누어주고 나머지에서 또 쪼개어 소품 따위를 만들면서 활동했다. 화려해 보이는 춤 세계의 이면에는 이렇게 근검절약하지 않으면 안 되는 고단한 현실이 있었다.

학창 시절 대본을 써주기도 했던 정인수 선생님께 구원을 요청하게 되었다. 그 무렵 선생님은 세화고등학교에 재직하고 있었는데, 나는 선생님께 시립예술단의 현실과 관련한 사정을 설명하고, 세화고에 무용반을 만들어주면 내가 무용을 가르치는 한편 예술단 공연 때는 그 학생들을 활용하겠다고 제의했다. 또한, 졸업한 뒤에는 원하는 사람은 단원으로 받아들이겠다는 약속도 했다. 선생님은 흔쾌히 응해주었고, 춤에 재능 있는 학생들을 추천해주었다. 여기에 힘입어 나는 학생들에게 기본기를 가르치고, 경연대회에 출전할 작품 연습에도 노력을 쏟아 상도 여러 번 탔다. 이때 춤을 배운 제자들이 지금도 왕성한 활동을 하고 있고, 일부는 제주도립무용단의 중추가 되었다.

제주도립예술단 시절

'88 서울올림픽'을 한 해 앞둔 1987년이 되자 제주민속예술에 대한 관심이 부쩍 높아졌다. 올림픽 행사의 일환으로 성화봉송축제가 열리는데, 그리스 올림피아에서 채화된 성화가 우리나라에 상륙할 때 첫 번째 기착지로 제주도가 선정된 것이다.

이에 대비하여 제주도를 대표하는 예술단의 필요성이 제기되자, 제주시립예술단을 흡수 통합한 '재단법인' 형태로 '제주도민속예술단'이 그해 7월에 창립되었고, 8월에는 제주로얄호텔 대연회장에서 창단 축하 공연이 열려〈화관무〉〈영감놀이〉〈비바리춤〉등이 선을 보였다.

1988년 8월에 마침내 제주문예회관이 개관되었다. 이때를 기다리며 미뤄온 정식 창단 공연도 11월에 문예회관 대극장에서 일반에 공개적으로 열렸고, 〈탐라개벽〉 등 세 작품이 선을 보였다. 최신 설비가 갖추어진 우리 전용 무대에서 공연을 가졌으니, 얼마나 가슴이 뛰었는지 모른다. 게다가 문예회관 안에 연습실도 주어졌으니, 우리 집에서 연습을 하고 우리 마당에서 공연을 하는 듯 뿌듯한 기분이었다. 그러나 다른 한편으로는 상임 안무장으로서 단원들을 이끌어가기도 벅찬데 그들의 생활까지 책임져야 할 위치여서 늘 어깨가 무거웠다. 제주시립예술단에서 제주도민속예술단으로 한 단계 승급하여 창단되니 4개 시군(제주시·서귀포시·북제주군·남제주군)에서 예산이 나왔다. 단원들에게도 얼마간의 출연료가 나왔는데, 교통비 정도의 금액에다 그것도 비정기적으로 주어졌지만, 무용인은 공식적인 월급이 없어도 내가 좋아하는 일을 하는 것이니 괜찮다는 심정으로 받아들였다. 그래도 마음은 넉넉했다. 행정 부분은 계속 김택근 선생이 맡아서 도와주었다.

제주도민속예술단은 '제주도립민속예술단'으로 개편될 때까지 2년 8개월 동안, 많은 어려움 속에서도 정기 발표회 등 122회의 공연 실적을 올림으로써 제주의 향토 민속예술을 내외에 널리 알리는 데 크게 이바지했다는 평가를 받았다.

이렇듯 성과와 결실이 풍성했음에도 내부적으로는 진통이 있었다. 제주도민속예술단은 원래 재단법인으로 설립되었는데, 나중에 민간에 위탁 경영할 계획이었으나 희망자가 없다 보니 재정적 어려움과 인적 자원 빈곤 등 난관에 봉착하게 된 것이다.

이런 문제점들을 해결하고 예술단 활성화를 진작시킬 방안이 모색된 끝에, 1990년 3월에 이르러 제주도립민속예술단으로 개편되었다. 제주도문예진흥원장을 단장으로 하는 관립 예술단체로 거듭나게 된 것이다. 조직은 무용부·민요부·놀이부의 3개 부에 정원 40명의 단원으로 구성되었지만, 사실상 무용부의 역할이 대부분을 차지했다. 단원들도 이제는 어엿한 도립 예술단체에 소속되었다는 자긍심으로 더욱 활력을 가지게 되었다.

제주도립민속예술단(1997년 9월에 '제주도립예술단'으로 확대 개편되었다)은 그야말로 제주도의 향토 민속예술을 대표하는 단체로서, 그 설립 취지와 위상에 걸맞은 역할과 활동을 펼치는 데 노력했다. 제주도립예술단은 1990년 8월에 문예회관 대극장에서 창단 공연(작품: 무용극 〈생불화〉)을 가진 이래, 해마다 4~5월과

12월에 두 차례의 정기 공연을 무대에 올렸는데, 이런 공연 일정은 한 해도 빼먹은 적이 없었다. 그만큼 단원들과 스태프들이 예술을 사랑하는 마음 하나로 똘똘 뭉쳐 땀을 흘린 결과였다.

정기 공연 외에도, 제주도가 개최하는 국제 행사의 특별 공연과 도내외에서 열리는 각종 행사의 초청 공연에 나서기도 했는데, 이런 공연이 매년 평균 10여 회, 어떤 해에는 20회를 넘기도 했다. 제주 관광을 홍보하기 위한 해외 공연 활동도 수시로 펼쳐, 제주도가 국제적인 관광지로 자리매김하는 데 한몫 거들기도 했다.

속을 모르는 사람들은, 그 시절 해외에 나가기만 하면 관광이나 즐기는 것으로 오해하고 부러워하기도 했지만, 해외 공연은 그야말로 강행군과 좌불안석의 연속이었다. 가고 오는 하늘길의 피로도 극심한데다, 공연에 따른 준비와 진행, 뒤풀이까지 끝나고 나면 기진맥진 쓰러질 지경이었고, 그 과정 곳곳에는 언제 어떤 사고가 일어나고 실수가 벌어질지 모르는 위험이 함정처럼 도사리고 있어서 한순간도 방심할 수 없는 '고난의 행군'이 아닐 수 없었다.

여기서, 시쳇말로 '웃픈' 일화를 하나 소개하고 싶다.

1991년 4월에 노태우 대통령과 고르바초프 소련 대통령이 서귀포 신라호텔에서 정상회담을 가졌을 때의 일이다. 당시 한국과 소련은 적대관계에 있었다. 그런 상황에서 소련 대통령이 한국을 방문했으니 경비가 삼엄할 수밖에 없었다.

정상회담이 끝난 뒤 축하연을 위해 공연이 펼쳐질 예정이었다. 서울에서는 국립무용단과 리틀엔젤스 예술단이 전날 도착했다.

또한 회담 개최지를 대표하여 제주도립예술단이 공연팀으로 선정되었는데, 새벽 시간에 신라호텔에 도착하라는 지시를 받았다. 동이 트기 전이다. 단원들은, 저녁 공연으로 알고 있는데 왜 꼭두새벽에 나오라고 하느냐며 볼멘소리가 많았다. 주최측에서는 제주시에서 산 넘어 신라호텔까지 장거리 운전을 해야 하는 교통편은 아랑곳하지 않았다. 국빈을 모시는 데 따른 보안이 이유였다. 우리로서는 감내해야 할 부분이었다.

서울팀에서 한국을 대표하는 부채춤과 장구춤을 선보이는 것은 당연했다. 우리 제주팀에서는 무엇을 보여줄까 고민을 거듭했다. 무속의 군무를 보여주기로 결정을 보고는 한 달 전부터 연습에 박차를 가했다. 향발·신대·요령·신칼을 소도구로 하여 아홉 명이 굿춤을 추도록 준비했다. 한국을 홍보하는 것도 중요하지만, 제주를 최대한 알릴 수 있는 절호의 기회라고 판단한 것이다.

나는 단원들과 공연 당일 이른 새벽에 정해진 시간에 도착했다. 검색대를 지나려 하자 소도구 중에서 신칼을 통과시켜 주지 않는 것이었다. 신칼은 옛날부터 굿춤에 활용되어 온 소도구인데, 검색관은 무기로 간주하여 요지부동이었다.

무구도 없이 공연하라는 것은 굿춤을 추지 말라는 것이나 마찬가지라고 항변하면서, 여차하면 공연을 포기할 속셈까지 내비쳤다. 어디서 그런 배짱이 나왔는지 모르겠다. 다른 일이었다면 그냥 지시에 순순히 따랐을 것이다. 그러나 춤에 관한 일이라면 나도 모르게 고집스러워진다. 검색관은 신칼을 이리저리 살펴보고 의논을 주고받더니, 결국은 통과시켜주었다.

회담이 개최되기 열두 시간 전부터 공연팀은 따로 분리되었다. 화장실을 오갈 때도 일일이 검색대를 거쳐야 했다. 갇힌 공간에서 연습도 제대로 하지 못한 채 좁은 자리에 웅크려 있어야 했다.

나중에 알았지만 국립무용단에서는 이런 행사를 많이 치러봤기 때문에 오해받을 소도구는 아예 챙기지 않는다는 것이다. 경험이 없는 우리는 그런 줄도 모르고 '칼'을 들고 갔으니, 지금 생각해도 쓴웃음 나오는 해프닝이 아닐 수 없다.

그날 행사가 끝나고 뒤풀이 자리에서 송범 선생님(원로 무용가)은, 김희숙이 그렇게 대찬 줄 몰랐다면서 혀를 내둘렀다. 쓸데없는 고집을 부린 것은 아니었다. 단원을 사랑하고 춤을 연출한 자로서 져야 할 책임감의 발로가 아니었나 싶다.

공연을 위해서라면 앞뒤 잴 겨를이 없었다. 열여덟 시간을 대기하고 있다가 저녁 만찬장에 들어가 공연한 기억은 30년 넘는 세월이 지났지만 아직도 생생하게 뇌리에 남아 있다.

제주도립예술단은 위에서 본 것처럼 공연 활동에만 치중한 게 아니었다. 1992년 8월에 '향토문화학교'가 첫 문을 열었는데, 2002년 10월에 제주도문예진흥원에서 발행한 『제주도립예술단사(1990~2001)』에는 다음과 같이 기록되어 있다.

도민들에게 전통 예술에 대한 이해를 증진시키는 한편, 놀이 문화의 활성화를 통해 도민 정서 함양에 기여한다는 취지로 제주도립민속예술단 연습실에서 시작한 무료 강습에는 청소년·교사·

주부 등 130여 명이 참가하여 대성황을 이루었다.

이 문화학교는 그 후 해마다 여름방학을 이용하여 2~3주 동안 열렸는데, 무용·사물놀이·탈춤·민요·장구 등 이수자가 200명을 넘었고, 1996년에는 민속무용에만 300명 넘는 수강생(신청자는 800명 이상)이 몰리는 바람에 예술단 연습실 공간이 부족하여 시민회관으로 장소를 옮겨서 가르쳐야 했다. 강사로 나선 나나 시범을 보이는 단원들은 그야말로 즐거운 비명을 질렀다. 이렇게 일반 시민의 인기와 호응을 얻게 되자 1998년부터는 여름과 겨울방학을 이용하여 두 차례 실시하게 되었다.

1990년대는 서울올림픽 이후 활발해진 해외여행이 관광 산업으로 이어지던 시기였다. 여기에 부응하여 제주도에서도 관광 진흥을 위한 홍보 차원에서 민속예술단 역할이 중요해졌다. 제주 민속춤이 문화적 조명을 받게 된 것이다. 이에 따른 활동은 해외로까지 확산되어, 일본·인도네시아(발리)·중국 등지에서 1년에 서너 차례나 공연이 이루어졌다.

특히 기억나는 것은, 1991년 10월에 제주관광협회의 협조 요청으로 관광 홍보단에 합류하여 10일 동안 일본 4개 도시를 순회 공연했는데, 홍보단을 이끌고 간 송봉규 회장님(한림공원 창업자)은 송근우 선생님과 각별한 인연도 있어서 우리 예술단원들을 많이 보살펴주었다.

1992년 6월에는 인도네시아 발리에서 열리는 국제민속예술제에 초청을 받고 가서, 세계 곳곳에서 온 예술인과 관객들 앞에서 제주 민속춤을 선보였다. 이는 제주도와 발리주의 자매결연에 따른 협력 사업의 하나로, 우리 예술단과 발리 예술단이 격년으로 오가는 교류 공연의 시작이었다.

해외 공연을 하면 부채춤과 장구춤 정도만 한국춤으로 인식하던 시절이었다. 우리가 해녀춤과 물허벅춤과 굿춤을 엮어서 제주춤을 펼치면, 처음 보는 외국인들은 "한국의 어디 춤이냐?"며 호기심을 나타냈고, "대한민국 제주의 춤"이라고 설명하면 신비감으로 눈을 빛냈다.

더구나 다른 나라 민속춤은 대체로 그 형식과 진행이 단순하고 단조로운 편인데, 우리는 꽹과리에 북·장구·징·소고 따위를 갖추고 한바탕 길놀이를 하면서 흥을 돋우기 때문에 관객들은 절로 어깨춤을 들썩이며 함께 즐긴다.

이런 해외 공연 때는 민속과 무속에 대한 실감을 돋우기 위해 심방이 소지(燒紙)를 사르는 장면을 중심에 두었는데, 엄청난 환호와 박수갈채를 받았다. 지금은 화재의 위험 때문에 소지 장면을 없애는 바람에 실감이 덜하고 그 시절 그 맛을 나타내지 못하는 게 안타깝다.

지금 생각해보면, 소외되었던 제주 민속춤에 대한 인식을 일깨우고 발전의 기틀을 마련하는 데 작은 주춧돌이나마 놓았다는 자부심도 있다. 동시에, 조직이 개편될 때 새로운 흐름에 따라 창작물에만 관심을 두지 말고 제주의 전통과 설화에도 주안점을 맞췄으면 제주 민속춤도 여러 형태로 더욱 발전했을 터인데 하는 아쉬움도 없지 않다.

나는 2000년 5월에 10년여 세월의 상임 안무자 활동을 접고 제주도립예술단을 떠났다('도립예술단'은 2004년 3월 조직 개편에 따라 '도립무용단'으로 변경되었다).

암 투병기

2011년, 나에게 뜻하지 않은 질병이 찾아왔다. 감기를 1년 이상 앓았다. 이런저런 사정 때문에 마음고생이 극심하던 시기였다. 그래서 세상과도 담을 쌓고 은둔하듯 지내고 있었다. 그때 작은딸은 호주에서 유학 중이었고, 대학을 졸업한 뒤 청주에서 무용 강사를 하고 있던 큰딸이 2월에 제주에 내려와서 종합검진을 받아보자고 성화를 부렸다.

3월 말에 일본 오키나와의 아카지마섬에서 열릴 '종군위안부 추모 공연'을 앞두고 병원에 갔다. 대장에 용종이 있다는 진단이 나왔으나, 수술을 받게 되면 공연에 차질이 생기겠다는 생각만 하고 수술을 미뤘다. 그래서 일본 공연을 마치고 돌아온 뒤 5월에야 용종 제거 수술을 받았다. 동시에 조직 검사를 한 결과 대장암이라는 판정이 나왔다.

6월에 제주대학병원에서 복강경 수술을 받고 퇴원했다. 수술 후 검진이 예약되어 있어서 다시 병원에 갔더니 림프샘으로 전이되었다는 것이다. 그 말을 듣고는 아무 생각도 나지 않고 머릿속이 텅 비어버렸다. 누구와 만나기도 싫고 말하기도 싫었다. 다가

올 죽음을 운명으로 받아들이며 고달팠던 인생을 반추하는 게 고작 내가 할 수 있는 일이었다. 남은 일은 하늘이 알아서 처리해주리라 여겼다.

그때의 생활은 여러 가지로 힘들고 어려웠다. 병원에서 처방해주는 것 외에는 아무것도 하지 못했다. 항암에 좋다는 그 어떤 치료법도 나에게는 호사일 뿐이었다. 치료비도 의료보험에만 의존했다. 사회생활이 서툴고 세상물정에 어두운 탓에, 그나마 약소하게 이루어놓은 재산도 모두 잃어버린 상태였다.

가족이 없었다면 나는 아마 이 세상에 살아남아 있지 못했을 것이다. 서울에 사는 두 동생과 제주의 여동생이 나를 돌봐주었다. 특히 여동생 영숙이는 무슨 일이 있을 때마다 먼저 달려와 위로해주고, 언니 동생의 역할이 바뀐 것처럼 나를 돌봐주었다.

그해 가을에는 서울로 가서 삼성병원에서 소장과 대장 일부와 림프절을 잘라내는 대수술을 받았는데, 수술 후 사나흘 의식이 몽롱한 상태로 사경을 헤맬 적에 영숙이가 들릴 듯 말 듯 한 소리로 건넨 말을 나는 지금도 기억하고 있다.

"언니는 고생만 했잖아. 앞으로 좋은 날도 많이 남았는데, 얼른 일어나야지."

이런 격려에 힘입어 닷새 만에 간신히 발걸음을 뗄 수 있었다. 그래도 몸은 최악의 상태여서, 힘도 없고 호흡도 순조롭지 않아 영양 튜브를 코에 끼울 수가 없었다. 침을 삼키기가 어려워, 튜브로 들어가는 고농축 영양식조차 들어갈 수 없었다. 이런 지경까지 내몰렸던 내가 목숨을 건진 것은 순전히 가족들의 보살핌 덕분이었다. 그들의 간절한 소망과 성원이 없었다면 나는 그만 도중에 주저앉고 말았을 것이다.

제주에 내려온 뒤 얼마 지나지 않아서였다. 웬일인지 숨도 쉬지 못하게 아파서 응급실로 갔다. 진찰해보니 장이 터져 있었다. 서울로 급히 올라가 중환자실로 갔다. 콧줄을 달고 생식기에도 소변줄을 꽂고 지냈다. 몸에 호스가 주렁주렁 달린 채로 한 달을 금식 상태로 지냈다. 체중이 하루에 1킬로그램씩 빠졌다.

그때의 심정은 수술할 엄두보다 죽을 일만 남았다는 생각뿐이었다. 오만 가지 생각이 교차했다. 제주에서는 올라간 사람이 소식이 없자 죽었다는 소문까지 나돌았다.

내장 상태를 확인하기 위해 개복 수술을 해보자는 얘기가 나왔지만, 너무 힘든 상태로 체중까지 빠져가자 수술을 거부했다. 수술실에 들어가면 또 다시 일어날 수 있을지 자신이 없었다. 춤을 출 수 없을지도 모른다는 불길한 생각에 너무 가슴이 아팠다.

삼성병원에 입원한 지 한 달쯤 지났을 때였다. 몸에 이상을 느껴 화장실에 갔다가 바닥에 쓰러졌다. 누런 물이 호스를 통해 팩이 넘쳐나게 쏟아졌다. 복강 내에 고여 있던 분비물까지 한꺼번에 터진 것인데, 이게 오히려 다행인 셈이었다. 적정 체중이 되지 않아 수술을 감당하지 못할 것 같아서 경과를 보던 중이었다. 그러나 퇴원 후 삼사 개월이 되자 체중이 38킬로그램까지 떨어졌다. 최악의 상태였다.

그 후 항암 치료를 위해 서울과 제주를 오르내리며 2년을 보냈다. 가족 외에는 아무도 만나지 않았다. 그런데 치료 과정에 이상한 일이 벌어졌다. 백혈구 중에 호중구 수치가 별로 떨어지지 않은 것이다. 종양내과에서는 호중구 수치가 1,500 미만이면 항암 주사도 놓아주지 않는다. 면역력을 높여서 오라고 돌려보내기도 한다. 그런데 나는 체중이 빠지고 체력이 떨어져서 겁을 먹었는데, 평소 춤을 추면서 근육을 단련한 덕인지, 다행히도 면역력이 유지되고 있었던 것이다.

1년 6개월의 치료 기간이 끝나자 제자들이 소식을 듣고 몰려왔다. 이 자리에서 제자들은 내 건강을 안타까워하면서 공연을 제의했다. 내가 더는 춤을 출 수 없을지 모르니, 마지막 기회라 생각하고 나와 함께 춤추는 자리를 갖고 싶다는 것이었다. 그래서 〈동화(同化)〉 공연을 마련하게 되었는데, 제자들이 나를 위해 꾸려주는 위로 공연인 셈이었다. 고마워서 눈물이 났다.

나를 진정으로 위해주는 제자들, 나의 춤을 사랑하는 제자들, 내 삶이 다하는 날까지 부르면 달려올 수 있는 제자들, 내 곁을 지켜주는 그들이 있기에 나는 지금도 춤을 떠나지 않았다. 그래서 나는 그들을 기꺼이 내 춤의 동반자라고 부르고 싶다.

암으로부터 어느 정도 회복되자 춤과 무대는 절실함으로 다가왔다. 2012년 5월 성황리에 〈동화〉 공연을 마쳤다. 마지막 공연이 될지도 모른다는 생각에 '제주춤 일구기 작업'의 마지막 과제인 듯 혼신의 정성을 무대 위에 쏟았다. 이 공연 덕분에 다시는 못 출 것 같던 내 춤은 다시 활기를 찾았고 내 인생도 새로운 활력을 얻었다.

그 후에도 물론 정기 검진은 계속 받았다. 처음엔 3개월마다, 나중엔 6개월에 한 번씩 삼성병원에 가서 주치의를 만났다. 2018년 7월, 장맛비가 주룩주룩 내리던 날이었다. 주치의가 차트를 덮으며 말했다. "김희숙 씨, 이젠 안 만나도 되겠네요." 약간 어리둥절한 나에게 주치의는 싱긋 웃어 보였다. 그제야 나도 무슨 뜻이지 알아차리고, "고맙습니다." 인사를 했다. 완치 판정을 받은 것이다. 7년에 걸친 치료가 그렇게 끝났다. 산정특례 환자, 즉 중증환자의 굴레에서도 벗어났다.

병원에서 나오자, 들어갈 때만 해도 그렇게 쏟아지던 빗줄기였는데, 거짓말처럼 날이 개어 있었다. 가슴에 뜨거운 것이 치밀어 올라 목이 멨다. 어디 조용한 데 가서 엉엉 울고 싶었다. 그러나 그곳은 낯선 서울이었고, 나에겐 어서 돌아가야 할 곳이 있었다. 그곳엔 해야 할 일과 보고픈 얼굴들이 나를 기다리고 있었다.

공연 이야기

내가 무대에 올려 공연한 작품은 헤아릴 수 없이 많다. 안무자로서 역할을 수행한 작품이 대다수지만, 춤꾼의 본능을 이기지 못해 내가 직접 무대에서 춤사위를 펼친 경우도 적지 않다. 어떤 공연이든, 관객과 더불어 한데 어울린 춤이야말로 가장 신나고 뜻있는 마당이었다.

나의 춤꾼 인생을 돌아보면 성취감에 가슴 벅찼던 경우도 있고 아쉬움으로 가슴 졸였던 경우도 적지 않다. 그중 몇 가지 공연을 돌이켜보고 그때의 풍경을 떠올리면서 감회에 젖어보고 싶다.

〈생불화〉

무용극 〈생불화(生佛花)〉는 제주도립민속예술단의 창단 공연으로 무대에 올려졌다. 그러니 나로서는 도립예술단 상임 안무자로서 처음 안무를 맡아 연출한 작품인 것이다. 지난 5년 동안 제주시립예술단과 제주민속예술단에서 안무를 맡아 나름 경험을 쌓았다고는 하나, 도립예술단의 창단 공연인 만큼 예술계와 도민들의 기대가 많았고, 그런 만큼 그 준비에 부담이 컸던 것도 사실이다. 그래서 도립예술단에서도 6개월 동안 공연 준비에 매달린 끝에, 1990년 8월 30일 오후 6시에 제주문예회관 대극장에서 막을 올렸다.

〈생불화〉는 제주도의 전통 당굿 가운데 삼승할망에게 자식을 점지해달라고 기원하는 '불도맞이'에서 구전되는 설화를 소재로 삼아 창작한 무용극인데, 이 공연은 성공적으로 끝났다. 800여 객석이 입추의 여지 없이 가득 찼다. 그러나 이 공연에서 내가 기여한 바는 물론 제한적이다. 내용을 구성하고 줄거리의 전개에 맞춰 음악을 작곡한 것은 조영배 교수(제주교대)였다. 게다가 나는 공연에 만전을 기하기 위해 조흥동 선생님(예술원 부회장 역임, 당시 한국무용협회 이사장)에게 안무 지도를 위촉하여 도움을 받기도 했다. 조흥동 선생님과는 그때의 인연을 오늘까지 이어오면서 가르침을 받고 있는데, 큰 축복이 아닐 수 없다.

〈생불화〉의 성공에 힘입어 제주도립예술단은 이듬해에 서울 국립극장에서 열린 '91 전국 시·도립무용단 무용제'에 처음 참가해서 갈채와 호평을 받기도 했다. 이 작품과 나의 인연은 묘하게 이어졌다. 도립예술단 10주년을 기념하여 제20회 정기 공연으로 마련한 작품도 다름 아닌 〈생불화〉였고, 이때의 안무 작업을 끝으로 나는 예술단을 떠났던 것이다.

〈발리 예술제〉

'발리 예술제'는 인도네시아 발리섬에서 펼쳐지는 국제민속예술축제다. 1978년에 처음 열린 뒤 해를 거듭할수록 그 규모와 명성이 커졌고, 이제는 세계 각국의 민속무용단체가 참여하여 저마다 기량을 뽐내는, 세계적인 축제가 되었다.

앞에서도 잠깐 언급했지만, 발리 예술제에 제주도립예술단이 참가하게 된 것은 제주도와 발리주의 자매결연에 따른 협력 사업의 일환이었다. 격년으로, 한번은 우리가 발리에 가고 한번은 발리 민속예술단이 제주도에 와서 공연을 펼친다. 이런 이유로 1992년 6월에 우리 예술단이 참가하게 된 것이다. 예술제는 발리 아트센터의 야외 공연장에서 열렸는데, 8천석 규모의 대형 무대였다.

우리가 공연한 날, 발리 주지사 내외를 비롯한 1만여 관중이 운집했고, 발리에 거주하는 한국교민 50여 명도 고국의 가락과 춤 사위를 보러 왔다. 발리 공연은 여섯 차례나 펼쳐졌다. 원래는 한 차례 공연할 예정이었는데, 연속 공연을 요청받은 것이다.

우리 예술단은 발리 주지사의 초대를 받고 공관으로 가서 식사

대접을 받기도 했다. 주지사 공관에도 공연장이 따로 마련되어 있었다. 여기서도 우리는 약식 공연을 가졌는데, 주지사는 우리와 함께 어울려 춤을 추었다.

전통문화에 대한 관심과 애정은 비단 주지사만의 것이 아니었다. 주민들 전체가 전통문화에 자부심을 가지고 그 수호와 계승에 노력을 쏟고 있었다. 예술제가 열리는 기간에는 발리섬 전체가 축제장으로 변모했다. 전통문화를 단순히 지키는 것이 아니라, 그것을 관광 상품으로 개발하고 전승하는 노력도 곳곳에 스며들어 있었다. 관광을 산업 기반으로 삼고 있는 제주도에서도 이런 안목과 노력이 필요하다는 생각을 곱씹곤 했다.

〈바람 부는 섬에 꽃향기 날리고〉

2000년 5월에 제주도립예술단 상임 안무장을 사임하고 집안에 틀어박혀 지내고 있었다. 지난 15년 동안 시립민속예술단과 그에 뒤이은 도립민속예술단과 도립예술단의 안무장이란 직책을 맡아, 30대에서 40대에 걸친 시절의 젊음과 열정을 쏟으며 밤낮없이 작업하느라 심신이 많이 지쳐 있었다.

그런 나에게 일본에서 고키 료슈(幸喜良秀, 1938년생) 선생이 연락해왔다. 고키 선생은 오키나와의 저명한 무대 연출가로, 1990년대에 오키나와현 관광문화국장을 지낼 때 당시 제주도 관광문화국장인 김한욱 씨(나중에 정무부지사 역임)와 친분이 있어서 상호교류를 상의하기 위해 제주도를 자주 방문했는데, 민속춤에도 관심이 많아서 도립예술단 공연이 있으면 꼭 찾아와 관람하곤 했다.

고키 료슈 선생님(왼쪽)과 함께

그분의 말씀인즉, 2002년 한·일 월드컵에 따른 '공동 예술제'의 프레(사전) 공연에 참여해달라는 것이었다. 원래 이 요청은 내가 도립예술단에 있을 때 들은 바 있었다. 2000년 4월에 도립예술단의 창단 10주년 기념 공연이자 제20회 정기 공연으로 〈생불화〉를 무대에 올렸을 때, 이 공연을 보러 왔던 고키 선생이 앞에서 말한 '공동 예술제' 공연을 오키나와의 가무극단 '추라(美)'와 제주도립예술단의 협연으로 진행하고 싶다고 제의했는데, 오키나와와 제주도가 지니는 역사적·문화적 유사성에 주목하여, 두 섬의 전통 민속춤을 공동 연출로 무대에 올리면 좋겠다고 생각한 것이다. 그래서 구두로 협의가 되었는데, 그 후 5월에 내가 도립예술단을 나오게 되자 고키 선생이 나에게 연락을 취해온 것이다. 요지는 이랬다. "내가 제주도립예술단과 협연을 하려고 했던 것은 당신이 안무를 맡고 있었기 때문이다. 그런데 당신이 예술단을 떠났으니, 당신이 개인 자격으로 참여해주면 좋겠다."

이렇게 꼭 나하고 공연을 하고 싶다고 간곡하게 청하니, 더는 춤을 추고 싶지 않아 주저앉았던 나도 기분을 새롭게 다잡고 일어날 수밖에 없었다.

그해 12월에 나 혼자 오키나와에 가서 고키 선생을 비롯한 그쪽 관계자들과 공동 공연에 따른 사항을 협의하고, 이듬해(2001년) 6월 하순에는 15명의 '김희숙무용단'을 이끌고 가서 한 달 반 동안 합숙하며(제반 비용과 출연료는 모두 일본 정부에서 나왔다) '추라'와 함께 합동 연습을 거친 다음 8월 10일(19시)과 11일(14, 19시)에 구지카와(具志川) 시민예술극장에서 공연하게 되었다. 그때 작품이 가무극 〈바람 부는 섬에 꽃향기 날리고(風吹く島に 花咲き薰る)〉인데, 고키 선생이 직접 작품을 쓰고 연출을 맡았으며, 안무는 '추라' 대표인 다마구스쿠 히데코(玉城秀子, 1941년생) 선생과 내가 공동으로 맡았다.

나는 안무를 맡은 외에도 병든 어머니 역을 맡아 출연하기도 했다. '추라' 단원들은 공주역을 맡아 오키나와 전통춤을 펼쳤고, 우리 단원들은 해녀춤과 물허벅춤을 선보이고, 열 개의 말명장고로 군무를 추기도 했다. 말명장고는 심방이 굿판에서 연유닦음(굿을 올리게 된 사유를 신에게 아뢰는 일)을 할 때 입담 소리에 장단을 맞추며 치는 무구인데, 그 특이한 모양을 보고 고키 선생이 하나 남겨두고 가기를 원해서 아낌없이 선물로 드렸다.

공연은 대성황을 이루었다. 공연이 시작되기도 전에 관객들이

극장 밖에 장사진을 치고 앉아 있었다. 〈바람 부는 섬에 꽃향기 날리고〉 공연은 2002년의 월드컵 축하 공연으로 이어져 서울과 일본을 오가며 열렸는데, 서울에서는 2002년 5월 25과 26일 문화일보 홀에서 3회, 일본에서는 6월 1일과 2일 도쿄예술극장 중앙홀에서 2회 공연을 가졌다.

〈동화〉

앞에서도 잠깐 언급했지만, 〈동화(同化)〉는 내가 암 투병을 무사히 마치고 나자 제자들이 나를 위해 마련해준 일종의 위로 공연이었다. 그러나 이 작업을 단순한 위로 공연 정도로 끝낼 수는 없는 일이어서, 여기에 뭔가 의미를 부여하고 좀 더 지속적인 작업이 되기를 원했다. 그리하여 '제주춤아카데미'(제자들 중심의 무용단체)에서는 '김희숙의 제주춤 일구기 작업'이라는 취지를 설정하고, 그 첫 번째 작업으로 진행하기로 했다. 나의 제주춤이라는 것이 필경은 송근우 선생님으로부터 물려받은 것인 만큼, 그 내용은 자연히 선생님을 기리는 한편, 선생님의 뜻을 이어가려는 의지를 담게 되었다.

공연은 2012년 5월 30일 저녁에 제주문예회관 대극장에서 막이 올랐는데, 기대 이상의 대성황이었다. 관객들이 위아래층 객석을 가득 채우고 넘쳐, 객석 뒤에 서거나 복도 계단에 주저앉기도 했다.

프로그램은 네 마당으로 구성되었는데, 첫 번째 마당('바람의 꿈')은 제주춤의 개척자인 송근우 선생님을 기리는 뜻에서, 제주춤의 시작과 흐름을 조홍동류 호적 시나위로 형상화했다. 그리고 나와 내 딸(고서영)이 무대에 함께 올라, 대를 이어 제주춤을 이어가는 모녀의 춤사위를 통해 '제주춤 일구기'의 출발을 알리려 했다.

두 번째 마당('섬의 향기')은 해녀춤과 물허벅춤을 무대에 올려, 송근우 선생님의 춤의 정신을 다시금 마음에 새기는 기회로 삼았으며, 세 번째 마당('살아오며 살아가며')에서는 제주 민요를 형상화하여 노래와 춤사위가 어우러진 무대를 연출했다. 마지막으로 네 번째 마당('신들의 고향')에서는 제주굿판에서 행해지는 춤사위를 무용으로 형상화하여 예술작품으로 무대에 올렸다.

이 공연에는 제주춤아카데미 단원들 외에도 제주국악단과 제주소리문화연구소가 참여하여 저마다 가진 기량을 발휘함으로써 무대를 더욱 빛내주었다.

이렇게 시작된 '제주춤 일구기 작업'은 이듬해인 2013년 12월 22일 한라아트홀에서 두 번째 발표회를 가졌는데, 발표회 제목을 〈영개울림〉으로 잡은 것은, 이 공연 또한 송근우 선생님의 영혼과의 대화를 모색하고 싶다는 뜻을 담았기 때문이다.

세 번째 발표회—제목은 〈탐라, 그 황홀한 바람〉—는 2015년 11월 22일 설문대여성문화센터에서 열렸다. 이 공연에는 '국악연희단 하나아트'(대표 고석철)가 찬조 출연하여 대금 연주와 타악 퍼포먼스로 신명 나는 무대를 펼쳐주었고, 〈생불화〉의 음악을 맡았던 조영배 교수가 이번에도 음악을 맡아주었다.

나의 춤

나의 춤, 그 뿌리는 두 원천에 닿아 있다.

초등학교 때 문정희 선생님을 만나 배우기 시작한 한국무용이 중고등학교 때 송근우 선생님을 만나면서 제주 민속춤으로 이어졌고, 그렇게 선생님께 배운 해녀춤과 물허벅춤이 내 춤의 한 날개가 되었다. 또, 그 무렵 전국민속예술경연대회에 참가하면서 그 과정에 큰심방 안사인 선생님을 통해 제주 무속을 접했고, 그 후 안무자로서 제주 굿판을 찾아다니며 김윤수 선생님에게 익힌 굿춤이 또 하나의 날개가 되었다.

부채춤이나 화관무를 흔히 한국의 전통무용으로 알고 있지만, 실은 1950년대에 김백봉 선생이 창작한 신무용이다. 마찬가지로, 제주 민속춤의 대표격인 해녀춤이나 물허벅춤도 1950~60년대에 송근우 선생님이 제주 전래의 생활도구를 활용하고 제주 여인들의 고단한 삶을 춤으로 형상화하여 예술로 승화시킨 창작품인 것이다. 지금은 아무나 소중기와 적삼을 걸치고 스티로폼 태왁을 걸머지어 흉내나 내면서 '이어도사나' 하지만, 해녀춤과 물허벅춤에는 제주인의 삶 속에서 춤사위를 개발하고 그 민속춤을 발전시키기 위해 열성을 쏟았던 선생님의 혼이 깃들어 있는 것이다.

해녀춤은 태왁(물질할 때 쓰는 뒤웅박) 하나에 의지해 비창(전복을 채취할 때 쓰는 쇠갈고리)을 들고 바닷속을 누비는 제주 해녀의 고된 노동을 형상화한 무용극으로, 물질을 끝내고 가족이 기다리는 집으로 돌아가는 해녀들의 강한 삶의 의지가 저녁놀과 함께 아름다운 춤사위로 표현된다.

물허벅춤은 물을 길어 나르는 비바리들이 일을 하다가 쉬면서 물허벅으로 장단을 치고 춤을 추며 삶의 애환을 풀어내는 생활 속의 풍속을 형상화한 것이다. 물허벅은 상수도 시설이 없던 시절 여인들이 우물이나 샘터에서 물을 길어 나르던 물동이의 일종으로, 바구니로 된 물구덕에 넣고 이것을 끈으로 등에 져서 날랐다. 제주에는 물허벅을 모르는 사람이 없겠다 싶지만, 그래도 여기서 굳이 설명을 보태는 것은, 제주에서도 젊은 세대나 외지에서 이주한 사람들에게는 생소한 말과 사물이 되었기 때문이다.

송근우 선생님의 제자들 가운데 제주에 남아서 춤과 관련한 활동을 하는 사람이 별로 없었다. 아니, 나 말고는 거의 없는 형편이었다. 선생님이 타계하신 뒤, 다행히 나는 제주시립예술단과 도립예술단으로 이어진 안무자 활동 속에서 선생님이 창안한 해녀춤과 물허벅춤을 좀 더 다듬어 무대에 올리는 작업을 수행하게 되었다.

해녀춤의 경우에는 태왁을 허리춤에 매달고 타악기처럼 활용함으로써 기존 패턴을 벗어난 새로운 춤사위를 시도할 수 있었고, 물허벅춤의 경우에는 물동이를 물구덕에서 꺼내게 하여 동작의 다양한 변용과 동선의 확대를 기할 수 있었다. 이렇게 선생님의 춤 유산을 한국무용에 접목시켜 무대 공연에 걸맞은 작품으로 형상화함으로써 '송근우 춤'의 맥을 이어갈 수 있었다.

굿춤은 제주당굿에서 유래했다. 제주당굿의 대표적인 것이 칠머리당굿(영등굿)인데, 내가 이 당굿과 인연을 맺은 것은 제주여중에 입학한 1967년에 제8회 전국민속예술경연대회에 참가하면서다. 그때 제주여중고 무용부를 중심으로 한 제주예술단은 〈영감놀이〉라는 작품으로 대통령상(대상)을 받았는데, 이 작품은 칠머리당굿에서 행해지는 여러 제차 중의 한 대목을 송근우 선생님이 민속춤으로 개발한 것이다. 이 작품으로 연습과 공연을 할 때는 칠머리당굿의 큰심방인 안사인 선생님이 노래와 몸짓으로 보여주는 본풀이 입담에 따라 춤동작을 펼쳐야 했다. 그 시절 안사인 선생님의 소리는 가락을 맞춰주는 반주음악인 셈이었다.

그 후 내가 서울 생활을 접고 제주에 돌아와 무용학원을 운영하고 있었는데, 1980년 4월에 송근우 선생님이 갑자기 돌아가시는 바람에 안사인 선생님이 나에게 연락해왔다. 전국민속예술경연대회를 준비하고 있던 제주예술단에서는 송근우 선생님 대신에 안무를 맡아줄 사람이 필요했던 것이다. 안무랄 것까진 없겠고, 조천읍의 아낙네들로 구성된 단원들에게 춤동작의 기본 정도 가르쳐주어야 했다. 경연대회가 끝난 뒤, 대회에 출품했던 칠머리당굿은 중요무형문화재(71호)로 지정되고 안사인 선생님은 초대 예능보유자로 지정되었다.

선생님의 흥얼거리는 본풀이 입담 소리는 때로는 호느적거리고 때로는 출렁거리는 춤사위와 한데 어우러져 어떤 영적 고양을 느끼게 했다. 그래서 좌중에 있던 청중·관객들은 자신도 모르는 사이에 일종의 몽환 상태에 빠져들기도 한다. 나도 종종 선생님의 굿판에 임석했다가 감정이 쏠리면서 아득한 혼란을 느끼곤 했는데, 그럴 때면 무섭다는 생각과 함께 빙의될 것을 경계하면서 나를 새삼 붙들기도 했다.

무용(춤)은 무속(굿)과의 결합을 통해 새로운 춤사위를 펼쳐낼 수 있었다. 그러나 굿판의 무당춤은 푸닥거리 수준에 머물러 있어서 아직은 춤이라는 형식으로 정리되어 있지 않았다. 그 정립 작업을 내가 해보고 싶었다. 굿판이라는 좁고 단순한 공간에 한정된 동작을 무대라는 좀 더 역동적인 공간에 올려, 정형과 부정형을 넘나드는 춤사위의 공연물로 재구성하고 싶어진 것이다.

이런 목적과 열의를 가지고 굿판을 찾아다니기 시작했고, 1990년에 안사인 선생님이 타계하신 뒤에는 칠머리당굿의 제2대 예능보유자인 김윤수 선생님으로부터 굿에 대한 가르침을 제대로 받았다. 그러자 무속 세계에 대한 나의 이해도 깊어지고 넓어졌다. 이를 바탕으로 굿춤을 체계화하려는 노력이 2000년에 대학원 석사학위 논문과 그 발표회 공연으로 결실을 보게 되었던 것이다.

내 춤은 나이를 먹어가면서 한결 오롯해졌다. 겉으로 드러나는 화려함보다 안으로 새기는 간절함이 깊어졌다는 뜻이다. 삶의 끝자락에서 죽음의 문턱을 넘나든 암 투병의 세월이 나를 그렇게 침잠하도록 만들었을 것이다. 또, 그 세월을 견디는 동안 세상의 일상과 거리를 두고 살면서 새삼스럽게 만난 제주의 자연에 심취하고 감동하게 된 것도 그런 연륜의 탓이거나 덕일 것이다.

제주도 곳곳을 돌아다니다 보니, 제주의 자연 자체가 춤의 무대처럼 느껴졌다. 오름 기슭, 바닷가 신당, 팽나무 쉼팡 같은 데서,

자연을 무대 삼아 춤을 추고 싶다는 의욕이 샘솟고, 춤을 추면 안에서 응어리졌던 울화도 쑥 가라앉았다.

한때는 춤을 그만두려고 했었다. 초야에 묻히듯 골방에 박혀 두문불출하며 지낸 적도 있었다. 그런 나를 다시 무대로 불러낸 것은 일본 오키나와의 공연 연출가인 고키 료슈 선생이었다. 이분의 초청으로 참여한 〈바람 부는 섬에 꽃향기 날리고〉 공연(앞에서 설명했다)에서 나는 어머니 역을 맡아 춤사위를 펼쳤는데, 자나 깨나 자식 걱정에 겨운 어머니를 표현하면서 나는 자연과의 교감, 영혼과의 교감을 실제처럼 절감했다.

이때 내가 신들린 듯 펼친 춤사위에 '넋풀이춤'이라는 이름을 붙이고 이 춤을 내 춤꾼 여정의 한 이정표로 삼아준 것은 내 제자이기도 한 놀이꾼 고영일이다. 그는 이 춤에 필요한 음악까지 편곡하면서 내가 이 춤을 계속 출 수 있게 해주었다. 그는, 내가 추는 이 춤을 자신이 직접 받고 싶었던 것일까, 나보다 먼저 세상을 떠났다. 그러나 그의 49잿날 나는 춤을 추지 못하고, 다른 제자가 그의 영전에서 이 춤을 추어 그의 넋을 달래주었다.

나는 넋풀이춤을 추면서 바람소리·목탁소리에도 울림의 메시지를 받는다. 정형화된 율동이나 춤사위가 아니라, 그때그때 춤추는 현장에서 느껴지는 기분과 감흥에 따라 임기응변의 몸짓 언어를 토해내는 것이다. 넋풀이춤을 추다 보면 그 춤 속에 서서히 빠져들어, 내가 춤추는 대상, 즉 내가 넋을 달래려는 대상과 혼연일체가 된 듯한 망아(忘我)의 경지에서 전율을 느끼기도 한다. 그것은 내가 굿판을 돌아다니며 심방들로부터 춤사위를 배울 때 언뜻 언뜻 접했던, 그러나 거기에 빠져들어 발목이 잡히면 무당이 될지도 모른다는 생각에 한사코 손사래를 치며 달아났던 빙의감, 그것과 많이 닮았다.

내가 추모제 같은 행사에 동참하게 된 것도 넋풀이춤을 통해 한 서린 영혼들의 아픔을 조금이나마 달래주고 싶어졌기 때문이다.

2007년 6월 25일에는 제주시 용담동 레포츠공원에서 열린 '제주북부 예비검속 희생자 원혼 합동위령제'에 참여하여, 양중해 시인의 「떠나가는 자의 소원」을 김섬 시인이 낭독하는 가운데 진혼무를 추었고, 그 후 몇 차례 더 참여한 바 있다.

2008년 8월 27일(음력 7월 7일) 서귀포시 대정읍 상모리의 섯알오름 학살터에서 열린 '섯알오름 예비검속 희생자 합동위령제'에서는 제주춤아카데미 단원들과 함께 진혼무를 추었고, 이듬해에는 나 혼자 가서 넋풀이춤을 추기도 했다.

2011년 3월 말에는 일본 오키나와에 가서 세 차례 진혼무를 추었다. 24일은 '제주4·3을 생각하는 오키나와 모임' 주최로 오키나와 현립박물관 대강당에서 김시종 선생(제주 출신 재일교포 시인)의 제주4·3을 주제로 한 강연과 공연이 있었는데, 이 행사에 제주4·3유족회와 함께 초청을 받고 가서 나의 넋풀이춤을 일본인들 앞에서 펼쳐 보였다. 그리고 25일에는 아카지마섬에서 열린 '아리랑평화음악제'에서 부채산조를 추었고, 26일에는 제주4·3과 오키나와 전투의 희생자들에 대한 합동 위령제(아카지마 주민들이 일본군에 의해 무더기로 총살되어 수장당한 학살터에서 열렸다)에서 제주굿춤을 곁들인 넋풀이춤을 추었다.

2013년 5월 19일, '노무현 대통령 서거 4주기 추모제'가 제주에서는 시청 어울림마당에서 열렸다. '천 개의 바람이 되어'를 주제로, 이번에는 정치 행사를 지양하고 도민 참여형 문화 행사로 꾸며졌는데, 수천 개의 노란 추모 풍선으로 둘러싸인 무대에서 나는 〈5월 어느 날〉이라는 이름의 진혼무를 추었다. 억울하게 가신 분의 넋도 그렇지만 그 자리에 참석한 추모객들의 가슴에도 한이 맺혀 있을 터였다. 그 응어리를 어떻게 풀어드릴까? 어떻게 하면 가신 분의 넋을 달래드릴 수 있을까?

나는 자연스레 지난해에 돌아가신 아버지를 떠올렸고, 아버지와 대통령님을 겹쳐 생각하며 춤을 추었다. 아버지의 49잿날 영전에서 추었던 넋풀이춤의 기억이 내 몸 곳곳에 스며들어 있었다. 하나의 동작이 또 다른 동작을 끌어내고, 하나의 스텝이 또 다른 스텝으로 이어졌다. 그렇게 동작 하나, 스텝 하나가 내 몸에서 춤사위를 저절로 불러냈다. 그렇게 나는 통절하고 애절하고 간절했다. 이날의 춤은 나의 춤꾼 인생에 아주 뜻깊은 흔적으로 남을 것이다.

『춤을 살다』의 출간과 공연

2016년 10월 어느 날 저녁에 제주시 연동 어느 뒷골목에 있는 식당에서 조촐한 회식이 있었다. 그날 오후에 '제주 월드 뮤직 오름 페스티벌' 공연이 제주수목원 야외 공연장에서 펼쳐졌고, 그 공연에 출연한 제주춤아카데미 단원들과 그 공연을 참관한 '예담길' 멤버들이 뒤풀이 삼아 모인 것이다.

이 자리에서 내가 "다섯 살 때 처음 무대에 올라 춤을 추어신디, 몇 해 뒤면 나의 춤꾼 인생도 회갑을 맞게 된다"고 지나가는 말처럼 흘렸는데, 그 말을 누군가가 흘려듣지 않고 받았다. "그렇다면 그냥 넘길 수는 없잖우꽈?"

이런저런 소리가 술잔에 담겨 넘나든 끝에, '솔향의 춤꾼 인생 60년을 기념하는 책'을 펴내자는 이야기가 나오더니, 황송하게도 그렇게 하자고 결론이 났다. 작가인 김석희 선생이 편집을 맡아주었고, 그 진행 과정에 '솔향의 제주춤 60년'을 기념하는 공연도 기획하게 되어, 이 작업은 제주영상문화원(원장 양원홍)이 맡았다.

솔직히 말해서 나는 이 계획이 말잔치로 끝날 줄 알았다. 책에는 내가 춤꾼으로 살아온 이야기를 담아야 하는데, 글재주도 없는 내가 직접 쓸 수는 없는 노릇이어서, 친구인 고미선(수필가)에게 구술해서 정리하는 방식으로 진행하기로 했다. 그러나 그게 생각처럼 쉬운 일이 아니었다. 가다 말다를 반복하다 보니 그만 때려치우고 싶을 때도 한두 번이 아니었다. 그럴 때마다, "이런 기회가 아무한테나 오는 게 아니다"라는 어느 선배의 격려가 큰 힘이 되었다.

이런저런 곡절을 겪었지만 2019년 여름에는 원고가 정리되었고, 출판사가 정해졌고, 편집과 교정 작업을 거치는 과정에 맞추어 공연 준비도 착착 진행되었다. 11월 말에는 마침내 책이 『춤을 살다』라는 제목으로 출간되었고, 12월 7일 오후에는 제주문예회관에서 출판기념회와 〈일이여, 놀이여, 춤이여〉라는 제목의 축하 공연이 열리게 되었다.

『춤을 살다』에는 김광렬·김수열 시인의 축시와 김병택·김동현·김택근·현행복 선생님들의 옥고가 실려 책을 더욱 알차게 해주었다. 또한 〈일이여, 놀이여, 춤이여〉에서는 제주춤아카데미의 제자들이 해녀춤과 물허벅춤 등의 제주춤을 추었고, 제주도립무용단과 하나아트 연희단이 공연에 동참해주었으며, 조흥동 선생님과 내 제자인 김미애(국립무용단 수석단원)·강진형(도립무용단 수석단원)이 특별 출연하여 무대를 더욱 빛내주었다.

이제 와서 돌아보면, 정말 일장춘몽 같은 인생이다. 고비마다 지나올 때는 그리도 아프고 슬프고 원망스러웠던 일들이 지금은 어렴풋한 기억 속에 아지랑이처럼 어른거릴 뿐이다. 그래도 한 우물을 파며 이제까지 살아왔다는 사실은 자부심보다는 안도감으로 나를 달래주는 듯하다. 그렇게 한 길을 걸을 수 있었던 것은 내가 수렁에 다가가거나 빠질 때마다 손길을 뻗어준 분들이 있었기에 가능했다. 나는 워낙에 살갑거나 너그럽지 못해서, 그때그때 고마움이나 죄송함을 표하지 못했다. 이 기회에 그런 마음을 전하고 싶다.

이제 내 곁에는 동지 같은 제자들, 친구 같은 딸들, 나의 소중한 보물인 손자들이 있다. 그리고 언제든지 춤출 수 있는 나만의 공간이 있다. 무엇을 더 바랄 것인가. 대장암을 앓았던 몸은 언제 다시 나를 죽음의 문턱으로 데려갈지 모른다. 그러나 마음은 더없이 고요하고 행복하다. 인생을 다시 산다면 같은 인생을 살고 싶으냐고 누군가가 묻는다면, 나는 그렇다고 대답할 것이다. 그렇게 살아온 인생이고, 그 생의 끝자락에서 그동안 지나온 자취를 이렇게 되짚어보는 일도 뜻밖에 즐겁기 그지없다.

■ 나의 연보

- 1955년 2월 23일, 제주 시내 칠성통에서 태어남(2남 3녀 중 둘째).
- 1959년 봄부터 무용가 김우숙 선생님에게 춤의 기본 동작을 배우기 시작. 가을에 열린 무용 발표회 때 처음으로 무대에 올라 춤사위를 펼침.
- 1961년 북초등학교에 입학했으나 학군 조정으로 2학기 때 동초등학교로 전학하여 문정희 선생님에게 춤을 배움.
- 1966년 서울에서 열린 '산토끼무용제'에 참가하여 우수상을 받음.
- 1967~1972년 제주여자중학교에 무용 특기 장학생으로 입학하여 고등학교까지 다님. 무용부에 들어가 송근우 선생님에게 춤을 본격적으로 배우는 한편, 제주여중고 무용부를 중심으로 조직된 '제주민속예술단' 활동에도 참여함. 제주민속예술단은 전국민속예술경연대회에 참가하여 수상을 거듭했는데, 제8회 대회(1967년)에서는 종합최우수상을 받았고, 1971년 제13회 대회에서는 개인상을 받음.

- 1973~1976년 대학 입시에 연이어 실패한 뒤 파조 무용단에 들어가 활동하면서, 유니언대학에 진학하여 무용을 체계적으로 배움.
- 1977년 봄에 제주로 낙향. 9월, 남문로터리에 '한국고전예술연구소' 개원. 이듬해 서문로터리 쪽으로 이전하면서 이름도 '김희숙무용학원'으로 바꿈.
- 1978년 6월 25일, 장녀(고서영) 태어남.
- 1980년 4월, 송근우 선생님 타계.
- 1981년 7월 31일, 차녀(홍오그덴) 태어남.
- 1985년 9월, 김택근 선생의 권유로 '제주시립예술단'을 창단하고 안무를 맡음. 12월, 제주시민회관에서 창단 공연.
- 1987년 7월, 제주시립예술단을 확대 개편한 '제주도민속예술단' 창립. 8월, 제주로얄호텔 대연회장에서 창단 축하 공연.
- 1988년 8월, 제주문예회관 개관. 11월, 문예회관 대극장에서 예술단의 정식 창단 공연.
- 1990년 3월, 제주도민속예술단이 제주도립민속예술단(나의 직함은 상임 안무자)으로 개편. 8월, 문예회관 대극장에서 창단 공연(작품: 〈생불화〉).
- 1991년 10월, 제주관광협회의 협조 요청에 따라 10일 동안 일본 4개 도시를 순회공연.
- 1992년 6월, 인도네시아 발리에서 열리는 국제민속예술제에 초청을 받고 참가.
- 1994년 12월 27일, 한국무용협회 제주도지부(지부장 김희숙)

주최로 문예회관 대극장에서 '故 송근우 선생 추모 무용제'가 열림.
- 1997년 9월, 제주도립예술단으로 확대 개편.
- 1998년 3월, 중앙대학교 예술대학원 입학. 2001년 2월, 무용학 석사학위를 받음. 학위논문은 「제주 칠머리당굿 12제차에 나타난 굿춤 연구」. 2000년 11월 28일, 홀리데이인호텔 대연회장에서 작품 발표회(《김희숙 제주굿춤》 공연).
- 2000년 5월, 제주도립예술단 상임 안무자를 사임하고 직장을 떠남.
- 2001년 8월, '김희숙무용단'을 이끌고 일본 오키나와로 가서 가무극단 '추라'와 합동 공연(작품: 가무극 〈바람 부는 섬에 꽃향기 날리고〉).
- 2002년 위의 공연이 한·일 월드컵 축하 공연으로 이어져 서울과 일본을 오가며 열림. 서울에서는 5월 25, 26일 문화일보 홀에서 3회, 일본에서는 6월 1, 2일 도쿄예술극장 중앙홀에서 2회 공연.
- 2007년 6월 25일, '제주북부 예비검속 희생자 원혼 합동위령제'에서 진혼무 공연.
- 2008년 8월 27일(음력 7월 7일), '섯알오름 예비검속 희생자 합동위령제'에서 제주춤아카데미 단원들과 함께 진혼무 공연.
- 2011년 3월, '제주4·3을 생각하는 오키나와 모임' 초청으로 일본 오키나와에 가서 진혼무 공연.
- 2012년 10월 14일, 아버지 별세. '제주춤 일구기'의 첫 번째 작

업으로 5월 30일 문예회관 대극장에서 〈동화〉 공연. 두 번째 작업으로 2013년 12월 22일 한라아트홀에서 〈영개울림〉 공연. 세 번째 작업으로 2015년 11월 22일 설문대여성문화센터에서 〈탐라, 그 황홀한 바람〉 공연.

- 2013년 5월 19일, 제주시청 어울림마당에서 열린 '노무현 대통령 서거 4주기 추모제'에서 진혼무(작품: 〈5월 어느 날〉) 공연. 9월 14일, 장녀 결혼(사위: 김병석)
- 2014년 4월 29일, 큰손자(김민유) 태어남.
- 2016년 1월 5일, 작은손자(김한유) 태어남.
- 2019년 11월, 『춤을 살다』(황금알) 출간. 12월 17일, 문예회관 대극장에서 〈일이여, 놀이여, 춤이여〉 공연.
- 2020년 7월 25일, 제주도립무용단 창단 30주년 기념 공연(역대 안무자들이 참여한 〈명불허전〉)에 출연하여 넋풀이춤을 펼침.

기와공장 집 아이들

양원홍

프롤로그 — 기와 위에 핀 기억
1. 진흙의 집
2. 기와 냄새 속에서 자란 아이들
3. 어머니의 겨울
4. 열한 명의 숟가락이 모이던 식탁
5. 먼지 쌓인 기타 하나
6. 장남과 누나, 불씨를 품다
7. 기와공장이 멈추던 날
8. 한 사람씩, 세상을 떠나다
9. 다시 모인 식탁, 부모가 된 형제들
10. 기와보다 단단한 이름들
에필로그 — 흙이 굳어야 기와가 된다

■ 나의 연보

프롤로그—기와 위에 핀 기억

우리 집은 기와를 굽는 집이었다. 흙을 이겨 모양을 만들고, 가마에 불을 지펴 지붕 위에 올릴 기와를 빚어내던 공장이었다. 제대로 된 기계 하나 없이 손과 어깨, 불과 연기만으로 움직이던 시절이었다. 넓은 마당과 두 개의 가마, 기역자 모양의 공장 건물을 갖춘 우리 집은 그야말로 '기와공장'이라 불릴 만했다. 그 시절에는 많은 사람이 기와지붕 아래 살았다. 누군가의 지붕 위에 우리 가족의 손길이 얹히던 시절, 기억 속 풍경은 언제나 황토빛이었다. 마당 한가운데에는 흙을 쌓아둔 언덕이 있었고, 그 옆에는 커다란 반죽통, 그리고 조금 더 안쪽에는 연기를 뿜어내는 가마가 자리 잡고 있었다.

해가 뜨기도 전에 아버지는 일을 시작하셨다. 인부들과 형들은 무거운 기와 틀을 날랐고, 나는 작은 손으로 흙을 만지며 하루를 열었다. 기와는 단순히 흙을 말려 굽는 것이 아니었다. 눈으로 흙의 성질을 가늠하고, 손끝으로 수분을 느끼며, 밤새 불길의 세기를 감으로 맞춰야 했다. 인부들의 손바닥은 굳은살로 갈라져 있었고, 형들의 어깨는 어린 나이에 감당하기엔 너무 무거워 보였다. 그 사이에서 나는 흙의 냄새와 불의 열기, 사람들의 땀 냄새 속에서 자라났다.

어머니는 연기 자욱한 공장 곁에서 가족의 끼니를 챙기셨다. 아궁이에 불을 지피고 솥단지에 보리밥을 걸면 김이 모락모락 오르며 흙냄새와 뒤섞였다. 그 냄새는 지금도 내 기억 속에서 가장 따뜻한 향으로 남아 있다. 나는 그 냄새만 맡아도 문득 그 시절이 그리워진다. 공장은 노동의 현장이면서 동시에 우리 형제들의 놀이터였다. 우리는 흙더미 위에서 병정놀이를 했고, 말없이 손을 맞잡아 기와를 나르며 서로의 등을 두드렸다. 그 속에서 형제애는 단단히 다져졌고, 말없이 마음을 전하는 법을 배웠다.

나는 늘 기와를 굽는 집에서 자라면서, 흙보다 더 귀한 존재가 되고 싶었다. 그래서일까. 내 삶은 늘 열기와 빛을 잃지 않으려는 노력의 연속이었다. 가마의 불처럼, 흙이 기와로 굳어지듯, 나 역시 그렇게 내 삶을 구워내고 싶었다. 그 시절의 냄새와 감촉, 형제들의 웃음소리, 어머니와 아버지의 손길. 그 모든 것이 지금의 나를 이루고 있다.

이 이야기는 그 기억들을 하나하나 꺼내어 내 삶의 기와를 다시 쌓아가는 작업이다. 아마도 나는 아직도 그 마당 어딘가에서 흙을 만지며, 세상 위로 오를 기와 하나를 더 빚고 있는지도 모른다. 나는 이 글을 쓰면서, 열한 장의 기와가 흙먼지 속에 겹겹이 얹히던 그 자리에 지금의 나를 다시 세워보고 싶었다. 그 기와 사이에 스며 있던 노랫소리, 책갈피에 숨어 반짝이던 별빛, 우리 집에 피어났던 열한 송이의 이야기를 한 장면씩 꺼내어 적어보고 싶었다.

이 글은 단순한 회상이 아니다. 나는 이 글을 통해 가난 속에서도 서로를 의지하며 버텨낸 가족의 이야기를 기록하고 싶다. 우리 집은 흙과 불로 지붕을 덮는 기와를 만들었지만, 사실은 그보다 더 단단한 것을 빚어냈다. 형제들 사이의 연대, 부모의 사랑, 어려움 속에서도 꺾이지 않는 삶의 의지. 그 모든 것이 기와보다 강한 토대가 되어 내 안에 남아 있다. 세월이 흐르고 세상은 달라졌지만, 그때의 기억은 여전히 내 삶의 뿌리다. 나는 그것을 잊지 않기 위해, 또 다음 세대에게 전해주기 위해 이 글을 쓴다.

누군가에게는 낯선 시절일지라도, 그 안에는 보편적인 삶의 가치가 숨어 있다. 가난 속에서도 꿈을 지키고, 흙먼지 속에서도 웃음을 잃지 않던 사람들의 이야기. 그것이 내가 이 글을 쓰는 목적이다. 따라서 이 글은 나의 개인적인 회고록을 넘어, 한 시대의 생활사이자 기록이며, 동시에 오늘의 내가 다시 내 삶을 단단히 붙잡기 위한 자기 고백이다. 나는 지금 이 글을 쓰며 내 기억 속 기와 한 장 한 장을 다시 얹는다. 그 위에 새로 피어나는 삶의 무늬를 바라보며.

1. 진흙의 집

1963년, 아버지가 집을 옮겼을 때 나는 겨우 네 살이었다. 기억이 처음으로 선명해지던 그즈음, 우리 집 마당에는 소나뭇단이 높게 쌓여 있었다. 밤새 활활 타오른 불길은 새벽이 되어서야 잦아들었고, 가마 입구에는 아직도 붉게 달아오른 불빛이 남아 있었다. 그것이 기와공장의 시작이었다.

경순 누나는 회상한다.

"그때 아버지가 한전을 그만두고, 사범학교 자리를 덜컥 사버렸지. 간판 이름도 그때 걸었어. 동광토와공업사라고."

본채는 남쪽을 향해 기와지붕을 얹고 있었고, 공장 건물은 기역자 형태로 본채를 감싸듯 늘어서 있었다. 지붕을 떠받치고 있는 굵은 나무 기둥들 사이로 햇살이 스며들면, 빛은 흙먼지를 어루만지듯 흩날렸다. 먼지들은 천천히 가라앉으며 마치 작업장의 호흡처럼 고요히 흔들렸다.

나는 그 공간을 자주 기웃거렸다. 기와를 찍어내는 손놀림, 물을 붓고 진흙을 치대는 무릎, 그리고 나무 기둥 사이로 바삐 오가던 인부들의 그림자가 어린 눈에는 신기하기만 했다. 공장 바닥은 늘 축축했고, 발을 디디면 끈적한 진흙이 발바닥에 달라붙었다. 공장 서쪽 끝에는 나무벽으로 칸막이 된 작은 방이 있어 인부들이 먹고 자며 생활을 이어갔다. 마당 구석에는 바깥채가 있었고, 두 개의 가마가 늘 불길을 토해냈다. 돌담 안쪽 통시에는 돼지 한 마리가 낮잠을 자듯 엉덩이를 보이고 있었고, 통시 옆으로는 마당을 향해 키를 낮춘 감나무 한 그루가 서 있었다. 그 모든 것이 그 시절 제주 사람들의 일상적 풍경이었다.

아버지는 목포상업전문학교를 졸업했다. 일제강점기 당시, 제주북국민학교 졸업생 가운데서도 한두 명만 들어갈 수 있는 호남 제일의 명문이었다. 아버지는 한전에 오래 몸담았다가 퇴직한 뒤, 모든 것을 걸고 이곳 동광양에 내려왔다. 마흔을 갓 넘긴 나이에

신혼 시절의 아버지(양운창)와 어머니(고한원)

새로운 삶을 시작한 것이다.

동광양은 진흙의 땅이었다. 비가 오면 신발은 순식간에 진창에 빠졌고, 아이들은 마당 물웅덩이에서 장화를 씻으며 다시 더럽히기를 반복했다. 집 한쪽에서는 흙을 파내 물통을 만들기도 했는데, 그 물은 희끄무레하게 흐렸고 장독대 옆에 놓인 통 속에서 한동안 거품을 머금은 채 가라앉아 있었다.

이 동광양의 흙은 단순한 흙이 아니었다. 화산섬 제주 특유의 풍화토가 오랜 세월 쌓이며 점토 성분이 풍부해, 기와와 벽돌 같은 소성 제품을 만들기에 적합했다. 오늘날 토질학적으로 말하자면 '황토'라 불리는 미세한 점토질 토양이 이 지역에는 넓게 분포하고 있었던 것이다. 점성이 좋아 치대면 잘 뭉치고, 건조 후에도 갈라짐이 덜하며, 가마에서 고온으로 구워내면 단단히 결착되어 건축 자재로 사용하기에 충분한 강도를 갖는다. 동광양은 바로 그런 흙을 품고 있어서 기와공장이 들어서기에 최적의 입지였다. 진흙은 그저 땅의 부산물이 아니었다. 사람의 집을 세우고, 마을의 지붕을 덮으며, 한 시대의 생활을 떠받치는 재료였다.

공장 안에서는 진흙을 치대는 둔탁한 소리가 늘 이어졌다. 손등에 흙이 말라붙은 인부들은 틀에 흙을 채워 눌렀고, 그것을 하나하나 꺼내어 마당으로 내다 말렸다. 건조가 끝난 기와는 다시 가마 속 불길에 맡겨졌다. 아버지는 구워낸 기와를 매번 손끝으로 두드려보았다. 통통하고 맑은 소리가 울리면 합격, 묵직하고 축축한 소리가 나면 불량품이었다. 실패한 기와는 깨뜨려 다시 흙으로 돌려보냈다. 그 모든 과정이 끊임없이 반복되었다.

우리 집은 당시 제주도청 근처, 넓은 운동장 끝자락에 있었다. 남쪽은 공동묘지였고, 동쪽은 황량한 들판이었다. 북쪽으로 조금만 내려가면 삼성혈이 있었고, 그곳에서부터 본격적인 제주시내가 시작되었다. 나는 유년 시절을 흙과 함께 보냈다. 진흙 속에서 기와가 빚어지고, 기와 위로 우리 집이 세워졌다. 그 시절 우리 집의 냄새는 불과 흙 그리고 땀이었다. 아버지의 담배 연기, 밤새 가마 연기를 머금은 작업복, 아궁이 앞에 앉아 불씨를 살리던 누나의 옷자락, 울타리 안에서 꿀꿀대던 돼지의 숨결까지. 모든 것이 뜨겁고 눅눅하고 살아 있었다.

세월이 흐르며 동광양의 들판 위에도 하나둘 집이 들어서기 시작했다. 그러나 그 모든 것의 기원은 아버지의 결단이었다. 옛 사범학교의 낡은 교정 한가운데에서, 기와 한 장 한 장마다 아버지의 삶이 구워지고 있었다. 기억은 이제 희미해졌지만, 손끝에 남은 감촉은 아직도 따뜻하다. 불을 지피던 새벽 공기의 온기처럼, 그 시절은 지금도 내 안에 남아 있다.

2. 기와 냄새 속에서 자란 아이

기와 한 장은 혼자서는 쓸모가 없다. 서로 포개지고 기대어야만 지붕이 된다. 우리 가족도 그랬다. 기왓장처럼 엉켜 살아가며 서로를 지탱하던 시절, 나는 형들의 웃음소리와 누나들의 속삭임, 어머니의 발뒤꿈치 소리로 세상을 배웠다. 집안 가득 스며든 기와 냄새와 가마의 불내음은 내 유년기의 공기였고, 그 냄새 속에서

어린 시절의 가족 사진

나는 처음으로 세상을 보고 배웠다.

초등학교 1학년 봄, 미술 시간이 떠오른다. 아이들은 책상 위에 크레파스를 가득 펼쳐놓고 각자의 꽃밭을 그리며 색을 쏟아냈다. 나는 조용히 연필 한 자루만 꺼냈다. 친구가 물었다. "너 크레파스 없어?" 나는 작게 웃으며 고개를 끄덕였다. 그 순간의 창피함이 손끝으로 올라와, 연필 선 하나를 그을 때마다 마음이 움츠러들었다. 그날 밤, 어머니 곁에 누워 바지 주머니를 더듬어 작은 동전 몇 개를 꺼내 쥐었다. 새벽 어스름, 몰래 집을 나서 백 원짜리 크레파스를 사 들고 돌아오는 길, 손바닥에는 식은땀이 맺혀 있었고 가슴은 북처럼 뛰고 있었다.

집에 돌아오자 형들이 물었다. "엄마한테 말 안 하고 샀냐?" 나는 고개를 끄덕였다. 누나가 덤덤하게 말했다. "잘 그려라." 그 짧은 말 한마디가 어쩐지 눈물을 터뜨릴 것처럼 마음을 흔들었다. 나는 다짐했다. 다시는 엄마 주머니에서 동전을 훔치지 않겠다고. 그러나 그날 손에 쥔 크레파스는 내게 색이라는 새로운 세계의 문을 열어주었다. 그 색으로 나는 불을 그리고, 바람을 그리고, 마음속 풍경을 그렸다. 불조심 포스터 대회에서 상을 받고, 사생대회에서 이름이 불렸을 때, 처음 깨달았다. '그리는 일'이 누군가에게 닿을 수 있다는 것을. 그것은 단순한 낙서가 아니었다. 내 안의 언어가 색과 형태로 바뀌어 세상 밖으로 흘러나오는 통로였다.

그 무렵 내가 다니던 광양국민학교에는 '진호도서관'이 있었다. 그것은 재일동포가 고향을 위해 지원해 세워진 도서관이었고, 그 이름 또한 그 은인의 이름을 따서 지어졌다. 작은 학교 안에서 도서관은 우리에게 창문 같은 곳이었다. 마당에서 뛰놀던 아이들도 한 번쯤은 그 문턱을 넘으며 새로운 세상을 들여다보곤 했다. 나 역시 그곳에 있는 책들을 닥치는 대로 빌려 읽었다. 기와 냄새와 흙먼지로 가득한 집에서 살던 내가, 활자로 엮인 또 다른 세상을 맛볼 수 있었던 공간이었다.

어느 날, 그 도서관에서 『플란다스의 개』를 빌려왔다. 눈 내리는 성당 앞에서 쓰러진 네로와 파트라슈의 이야기를 숨죽여 읽다 보니 가슴이 저려왔다. 공교롭게도 그날은 집에서 제사를 지내는 날이었다. 다락방에서 책장을 덮고 내려오니 마루에는 조상님께 올린 제삿상이 차려져 있었다. 따끈한 밥과 국물이 눈물로 얼룩진 마음과 겹쳐지며, 삶의 슬픔과 일상의 따뜻함이 한순간에 엉켜버렸다. 책 속에서 배운 눈물과 집안의 의례가 동시에 내 가슴에 남았다. 그때 처음 깨달았다. 세상은 이렇게 넓고, 사람의 마음은 이렇게 깊을 수 있다는 것을.

초등학교 4학년 무렵, 나는 음악대에 뽑혀 작은북을 맡았다. 처음에는 북채를 잡고 일정한 리듬을 맞추는 일만으로도 숨이 가빴지만, 시간이 지나면서 내 몸은 점점 북소리의 박자에 익숙해졌다. 음악대를 지도하던 분은 좌문천 선생님이었다. 늘 단정한 셔츠 차림으로 지휘봉을 들고 서 계셨던 선생님은, 악기를 다루는 법만 가르쳐주신 것이 아니라, 한 곡을 함께 연주하는 것이 어떤 의미인지, 음악 속에서 서로를 맞추는 것이 얼마나 소중한지 일깨워주셨다.

초등학교 시절의 형제들

작은북으로 시작했지만, 나는 곧 멜로디 파트로 옮겨가기도 했다. 그때 사용한 악기는 작고 간편한 멜로디언이었다. 작은 건반이 달려 있어 손가락으로 누르면서, 한 손으로는 호스를 잡아 입으로 바람을 불어넣어 소리를 내는 악기였다. 손끝과 입김이 만나 내는 소리는 북과는 전혀 다른 감흥을 주었다. 단순한 리듬이 아니라 선율을 만들어내는 경험은, 어린 나에게 음악이 주는 또 다른 기쁨을 알려주었다.

무엇보다 기억에 남는 것은 악대복이었다. 악대복은 나에게 단순한 교복이 아니었다. 그것은 칠성통에 있던 옷집에서 내 신체 치수를 재어 맞춘 맞춤정장과 같았다. 그곳은 당시 제주시 중심가였던 칠성로에 있던 양장점으로, 작고 조용한 가게였지만 일일이

치수를 재어 정성 어린 손길로 옷을 지었다. 가게의 이름은 기억나지 않지만, 나로서는 형들에게 물려받아 입던 낡은 옷이 아닌, 내 몸에 꼭 맞는 옷을 처음 입던 순간이었다. 평소 형들의 키와 체형이 맞지 않아 허리를 접어 입어야 했던 나는, 맞춤형 옷집에 가서 내 몸에 딱 맞는 옷을 입을 수 있다는 사실만으로도 특별했다.

악대복을 입은 날의 나는, 마치 작은 연주회장의 주인공처럼 느껴졌다. 새하얀 셔츠 위로 붉은 장식 띠가 가슴을 감싸고, 단정한 모자가 머리를 감싸던 그 모습. 거울 앞에서 내 모습을 보는 것만으로도 마음이 간지러운 행복감이 밀려왔다. 그 옷은 단순한 의상이 아니라, 내 유년이 품은 여러 무게들을 넘어서는 작은 자부심이었다. 그래서 나는 심지어 친척집 제삿날에도 그 복장을 입고 갔다. 제사상 앞에서도 주눅 들지 않고 당당할 수 있었던 것은, 그 옷이 나에게 속한 자리를 인정해준 느낌이 있었기 때문이었다.

또 그해 우리는 교육대학에서 주최하는 전도 악대반 경진대회에 참가했다. 여러 학교가 참가한 대회였지만, 우리는 간절히 연습한 만큼 모두의 리듬이 딱 맞아떨어졌고, 결국 우승을 차지했다. 우리가 연주한 곡 중 하나는 〈뻐꾸기 합창〉이었다. "뻐꾹, 뻐꾹." 새소리 같은 음이 반복되며 울려 퍼지는 멜로디는, 작은북과 멜로디언이 조심스레 어우러져 숲속의 메아리처럼 퍼졌다. 그 순간 애써 다잡았던 떨림이 북으로 전해졌고, 나는 음악이 주는 연결감과 온기를 처음 깊이 느꼈다.

그 경험은 단순한 음악 활동을 넘어 내게 더 큰 의미를 남겼다. 나는 한 방향으로 발맞추는 공동체 안에서 소속감을 느꼈고, 맞춤형 복장은 나를 주눅 들지 않고 세상 앞에 드러내는 수단이 되었다. 그것은 훗날 내가 이야기를 쓰고 그림을 그리고, 삶을 기록하며 스토리를 짜내는 사람이 되겠다는 첫 마음의 표식이기도 했다. 기왓장처럼 어깨를 맞대고 살아가며 모여든 작은 소리들, 그리고 나를 감싸던 맞춤옷의 단정한 어깨선은, 오늘의 내가 그 길을 걷고 있다는 증거였다. 지금도 가끔 그 악대복을 떠올리면, 내 안에서 은은히 맴도는 음악과 하나였던 기억이 되살아난다.

이렇게 유년 시절의 경험들은 단순한 추억으로 머무르지 않았다. 크레파스 한 자루가 내게 색의 세계를 열어주었듯, 도서관에서 빌린 책 한 권은 문장이 지닌 힘을 일깨워주었다. 음악대에서의 북소리와 멜로디언의 선율은 소리와 조화의 의미를 가르쳐주었고, 제삿날에도 벗지 못했던 악대복은 자존심과 소속감을 안겨주었다. 그것들은 따로 떨어진 조각처럼 보였지만, 시간이 흐르며 예술이라는 이름 아래 하나의 길로 이어졌다.

작가로서 지금의 내가 서 있는 자리는, 바로 그 기와 냄새와 책 냄새, 그리고 그 시절의 눈물과 불빛 위에 놓여 있다. 흙더미 위에서 장난삼아 그려낸 낙서, 다락방에서 숨죽이며 읽었던 동화책, 북을 두드리며 느꼈던 심장의 떨림이 모두 모여 오늘의 나를 빚어냈다. 그것들은 가마 불 속에서 구워낸 기와처럼 내 안에 단단히 새겨졌고, 나는 지금도 그 불길 속에서 스스로를 굽고 있다. 지금 내가 쓰는 문장들은, 어린 날 내 안에서 시작된 색과 소리와 활자의 조각들이 이어져 만들어낸 또 다른 기와들인 셈이다.

그리고 그 속에는 언제나 뻐꾸기의 울음이 숨어 있다. 단순하고 맑은 그 소리는 숲속 메아리처럼 내 마음 깊은 곳을 울렸고, 어린 나로 하여금 알 수 없는 그리움과 설렘을 불러일으켰다. 멀어졌다가 다시 들려오는 뻐꾸기 울음처럼, 내 예술에 대한 동경도 사라졌다가 또다시 되살아나며 끈질기게 내 안에 남았다. 지금도 문장을 쓸 때면, 어쩐지 그 뻐꾸기의 울음이 은은히 되살아오는 듯하다. 그것은 유년의 숲에서 들려온 작은 메아리이자, 결국 나를 글로 이끈 조용한 부름이었다.

3. 어머니의 겨울

기와공장을 실질적으로 움직인 사람은 아버지가 아니었다. 장부 정리와 숫자는 아버지의 몫이었지만, 그 뒤에서 살림과 자식들 학비, 생활비까지 모두 떠안은 사람은 어머니였다. 큰누님은 늘 말했다. 아버지는 장부 앞에 앉아 숫자를 적는 분이었고, 어머니는 그 숫자 뒤를 온몸으로 살아내는 분이었다고.

기와공장은 처음에는 잘 돌아갔다. 진흙을 굽고 나르는 일은 힘들고 너렵시반, 지붕 위에 오르는 기와는 곧바로 돈으로 이어졌다. 집안에 희망이 조금은 피어날 것 같던 시절이었다. 하지만 어느 날부터인가 동네 지붕 위에 새로운 자재가 얹히기 시작했다. 슬레이트였다. 기와보다 훨씬 가볍고, 값도 싸고, 보기에도 근대적인 느낌을 주었다. 건축업자들은 비용을 줄이기 위해 앞다투어 슬레이트를 권했고, 전통 기와의 자리는 점점 좁아졌다. 기와는 하나둘 사라졌고, 공장 안에는 팔리지 못한 기와와 먼지만 쌓여갔다.

열한 명의 대가족에게 생계의 위기는 곧 밥상의 위기였다. 아무도 말로 꺼내진 않았지만, 아이들은 숟가락을 들 때마다 어머니의 얼굴을 살폈다. 그날의 식사 양은 어머니의 표정에 달려 있었기 때문이다. 무표정한 듯 굳은 얼굴이면 밥그릇은 금세 비워졌고, 조금이라도 눈가에 미소가 보이면 그날은 모처럼 든든히 먹을 수 있었다.

어머니는 주저앉지 않았다. 가만히 굶는 법을 모르는 분이었다. 진도로 건너가 쌀을 들여와 되팔기도 했고, 제주 장터에서는 가래떡을 사다 팔았다. 가래떡이 집에 들어오는 날은 작은 명절 같았다. 아이들은 말랑한 떡을 손에 쥐고 허겁지겁 베어 물며 웃었고, 어머니는 그 모습을 보며 조용히 고개를 돌렸다. 눈가에 맺힌 물기를 누구도 묻지 않았다.

어느 날부터인가 어머니의 손에는 낯선 옷감이 들려 있었다. 일본에서 들어온 헌 옷, 밀수품이었다. 밤이면 방을 닫고 옷가지를 정리했고, 다음 날이면 사람들에게 팔았다. 그것은 누군가의 눈총을 피하기 위한 일이 아니라, 가난한 집을 일으켜 세우기 위한 생존의 방식이었다.

기와공장 집 앞은 작은 식당으로 바뀌기도 했다. 간판도 없는 허술한 가게였다. 문을 열면 소주, 라면, 우동 냄새가 흘러나왔다. 피곤한 사람들이 들어와 막걸리를 시키면, 어머니는 말없이 국수를 말고 김치 몇 점을 얹어 내놓았다. 손님들은 그릇을 들고 국물을 남김없이 비우며 한숨처럼 고개를 숙였다.

서광양에서는 빵집을 맡기도 했다. 한 여자가 빵을 굽고, 어머니는 가게를 책임졌다. 따뜻한 빵 냄새가 골목을 채우던 날도 있었지만 오래가지는 못했다. 돈 문제로 다툼이 생겼고, 결국 가게는 닫히고 말았다. 그날 어머니는 아무 말 없이 셔터를 내리고 천천히 돌아섰다. 아이들은 눈치껏 그 뒷모습을 지켜봤지만 아무도 묻지 않았다.

4. 열한 명의 숟가락이 모이던 식탁

태홍 형은 지금도 기억한다. 어머니가 함바집, 건설현장 식당에서도 밥을 팔았다고. 1969년 겨울, 형은 고등학교 1학년이었다. 새벽 다섯 시, 얼어붙은 길 위를 어머니와 함께 서문통으로 걸어갔다. 그의 손에는 국그릇이, 등에는 쌀자루와 채소가 얹혀 있었다. 현장 천막 속에서 어머니는 밥을 짓고 국을 끓였고, 식사가 끝나면 형은 그대로 교복 차림으로 학교로 갔다. 교복에는 늘 밥 짓는 냄새가 배어 있었지만, 그는 부끄럽지 않았다. 그 냄새는 곧 어머니의 손길이었고, 어머니의 삶의 무게였다.

옥순 누나는 그 시절 어머니를 떠올리며 종종 이렇게 말했다.

"부지런한 부자는 하늘도 막지 못한다."

부지런히 살면 안 될 일이 없다는 뜻이었다. 어머니는 그 말 그대로 사셨다. 가난을 완전히 벗어나지는 못했지만, 가난 속에서도 단 한 사람도 굶기지 않았다. 목소리는 작았지만, 그 안에 담긴 힘은 누구보다도 강했다.

말보다 행동으로, 어머니의 삶은 우리에게 오래도록 깊은 울림을 남겼다. 지금도 그 겨울 아침의 풍경은 눈에 선하다. 서문통, 얼음 낀 길 위로 바람을 가르며 걷던 어머니의 발걸음. 고단했지만 결코 멈추지 않았던 그 발자국을, 우리는 평생 따라가며 살고 있다.

말보다 행동으로 살아오신 어머니의 삶은 우리 모두에게 오래도록 깊은 울림을 남겼다. 지금도 그 겨울 아침의 풍경은 눈에 선하다. 서문통, 얼음 낀 길 위로 바람을 가르며 걷던 어머니의 발걸음. 고단했지만 결코 멈추지 않았던 그 발자국을, 우리는 평생 따라가며 살고 있다.

나에게 그 발자국은 단순한 가족의 기억이 아니다. 그것은 글을 쓰는 내가 어떤 문장을 쌓아야 하는지, 어떤 마음으로 이야기를 이어가야 하는지를 알려주는 이정표다. 어머니는 평생 부지런히 손을 놀리며 살림을 지켰지만, 사실은 우리 각자의 인생에 밑줄을 그어주신 분이었다. 나는 글을 쓰다가 종종 길을 잃을 때가 있지만, 그럴 때마다 겨울 새벽길을 걸어가던 어머니의 뒷모습을 떠올린다. 끝까지 걸어내는 것, 멈추지 않고 살아내는 것, 그것이 어머니가 가르쳐주신 삶의 문법이었다.

그 시절의 마루, 끼니마다 퍼지던 밥 냄새, 그리고 숟가락 부딪히는 소리 속에 섞여 있던 웃음소리는 지금도 내 가슴 어딘가를 데우는 향기처럼 남아 있다. 열한 개의 숟가락이 만들어내던 그

소리는 단순한 식사의 소리가 아니었다. 그것은 서로를 존중하며 함께 살아낸 형제들의 언어였고, 가난 속에서도 웃음을 잃지 않던 가족의 숨결이었다.

돌아보면, 흰쌀 한 알을 찾으며 반짝이던 눈빛, 보리밥 낭푼 속에서 벌이던 장난, 그리고 그 모든 것을 지켜보며 조용히 미소 짓던 어머니의 얼굴까지. 그 풍경은 우리 형제들이 함께 나눈 우애이자 사랑이었고, 누구도 침범할 수 없는 결속의 힘이었다.

우리의 식탁은 늘 부족했지만, 그 위에 놓인 밥과 웃음만은 결코 모자라지 않았다. 그날의 숟가락 소리와 웃음은 이제 시간이 흘러도 지워지지 않는 따뜻한 유산으로 남아 있다. 그것은 형제들과 함께한 삶의 증거이자, 나를 지금까지 붙들어주는 단단한 기억이다.

5. 먼지 쌓인 기타 하나

누님들의 방 한쪽 벽에는 낡은 통기타가 하나 기대어 있었다. 빛이 들지 않는 낮은 창가, 보송보송한 담요 위에 놓인 기타는 빛바랜 줄에 먼지를 뒤집어쓴 채 묵묵히 자리를 지키고 있었다. 그러나 가끔 옥순 누님의 손길이 닿으면 그 기타는 조용히 깨어나, 방 안 가득 작은 떨림을 품곤 했다.

옥순 누님이 기타를 잡게 된 계기는 특별했다. 누님이 친하게 지냈던 친구가 바로 훗날 가수가 된 은희였고, 그 은희 누나의 어머니는 우리 기와공장 담벼락 옆 바깥채에 살고 있었다. 오가며 이야기를 나누던 중, 은희가 기타를 치며 노래하는 모습을 본 옥순 누님은 곧장 매혹되었다.

"은희가 기타를 치는 걸 보고는 나도 한번 배워보고 싶더라고. 어느 날은 기타를 들고 〈꽃반지 끼고〉를 부르는데, 참 좋았어."

그 말처럼 기타는 곧 누님의 손에 익숙한 친구가 되었다.

누님의 손끝에서 흘러나온 첫 노래는 〈꽃반지 끼고〉였다.

"생각난다~ 그 오솔길 그대가 만들어준 꽃반지 끼고…."

서툴지만 진심이 담긴 멜로디는 방 안의 공기를 바꿔놓았다. 기타는 더 이상 낯선 물건이 아니라, 우리 집의 풍경 속에 자연스럽게 녹아든 존재가 되었다.

기타를 본격적으로 손에 익힌 것은 태홍 형이었다. 누님이 연주하는 모습을 지켜보던 그는 어느 날 조심스레 기타를 받아 들었다. 처음에는 줄을 튕기는 것만으로도 서툴렀지만, 시간이 지나며 코드를 잡고 짧은 연주를 해낼 정도로 능숙해졌다. 손끝이 까지고, 손바닥에 굳은살이 박일 정도였지만, 형은 개의치 않았다. 오히려 그 고단함마저도 음악의 일부처럼 안고 갔다.

이어서 재홍 형이 기타를 잡았고, 나 역시 형들을 어깨너머로 보며 하나하나 따라 하기 시작했다. 제대로 잡히지 않는 코드, 뭉툭한 손끝에서 흘러나오는 탁한 소리. 하지만 음 하나라도 제대로 맺히면, 마치 세상을 다 가진 듯 가슴이 벅찼다.

그 시절 우리가 부른 노래는 대부분 포크송이나 팝송이었다. 〈이루어질 수 없는 사랑〉〈해 뜨는 집〉〈모닥불〉 같은 곡들이 집안 구석구석을 울렸다. 누군가 반주를 하면 다른 형제들은 나란히 앉아 화음을 맞췄다. 방안은 어느새 작은 공연장이 되었고, 마당은 콘서트장이 되었다. 흙먼지와 땀 냄새가 섞인 공기 속에서도 기타 소리는 맑게 울렸고, 그 위로 형제들의 웃음이 겹겹이 쌓여 올랐다.

그때는 또래 아이들 가운데 기타를 칠 줄 아는 이들이 거의 없었다. 배울 곳도, 악보도 없었다. 우리는 귀로 듣고 손끝으로 익히며 스스로 노래를 배웠다. 그래서일까. 그 기타에는 단순한 음악 이상의 것이 담겨 있었다. 그것은 우리의 삶의 소리였고, 고단한 시절을 견뎌낸 감정의 울림이었다.

기와공장 마당에서 들려오던 형제들의 합창은 그 어떤 무대보다도 진실했다. 마당을 덮은 흙먼지 속에서도, 오래된 기와 위로 퍼지는 웃음소리 속에서도, 우리는 잠시나마 가난을 잊었다. 먹을 것은 부족했고, 신발엔 구멍이 났지만, 기타 소리 하나면 하루의 고단함은 노래로 바뀌었다.

그 기타 하나는 우리 집에 있던 유일한 악기였다. 그러나 그것은 악기를 넘어 형제들 사이의 교감이자, 함께 나눈 젊은 날의 언어였다. 노래는 멈췄지만, 그 기타의 울림은 여전히 내 마음속 어딘가에서 맑게 올린다. 그것은 형제들과 함께 웃고 노래하던 밤들, 서로의 숨결을 느끼며 만들어낸 우애와 사랑, 그리고 존중의 증거였다. 기타 하나에 담긴 그날의 추억은, 지금도 내 삶을 지탱해주는 가장 소중한 기억으로 남아 있다.

6. 장남과 누나, 불씨를 품다

집안의 장남은 관홍 형이었다. 대가족을 책임져야 한다는 무게가 어린 나이부터 형의 어깨를 눌렀다. 광주에서 상업고등학교를 다니다가 오현고로 편입했을 때, 친구들은 그의 학력을 부러워했다. 하지만 그 부러움 뒤에는 언제나 장남의 무거운 그림자가 드리워져 있었다.

경순 누나의 기억 속에서 아버지가 한전 서귀포소장으로 근무하시던 시절, 우리 집 관사에는 전기곤로가 있었다. 당시 제주에서는 흔치 않은 가전이었기에, 사람들은 우리 집을 '부잣집'이라 불렀다. 그 시절의 풍경은 관홍 형의 가슴에 오랫동안 남았다. 그는 언젠가 다시 그 시절처럼 살 수 있으리라는 희미한 희망을 안고 결국 서울로 떠났다.

대학에 진학하겠다는 명분이었지만, 경순 누나는 훗날 회고했다. 그건 단지 핑계였을 뿐이라고. 형은 현실을 마주하기보다는 꿈의 그림자를 좇는 사람이었다고. 그럼에도 불구하고 형은 글을 쓰며 문예지에 실리는 성과를 이루었다. 그것은 그의 유일한 자부심이자, 세상 앞에서 고개를 들 수 있게 해준 작은 불씨였다. 하지만 제주로 돌아온 뒤에도 뚜렷한 직업을 갖지 못한 형은 기자들과 어울려 술자리를 이어갔다. 술이 글을 앞서는 나날이었지만, 그럼에도 형은 스스로를 완전히 잃지 않으려 애썼다.

한편, 경순 누나는 신성여고를 졸업하고 아나운서를 꿈꿨다. 학교 방송반에서 마이크를 잡던 소녀였기에 그 꿈은 허황된 환상이 아니었다. 그러나 서울의 대학은 그녀에게 너무 먼 길이었다. 집안에 줄줄이 이어진 동생들을 생각하면 혼자 대학에 다니는 것은 사치였다. 결국 간호전문대에 입학했으나 몇 개월 만에 자퇴했고, 1970년 관홍 형의 도움으로 신문사에 기자로 발탁되었다.

제주도 최초의 여성 기자. 그 타이틀은 곧 경순 누나를 가족의 정신적 지주로 만들었다. 당시 언론인은 사람들로부터 존경받는 직업이었다. 작은 박봉에도 불구하고, 그녀는 마치 장남의 무게까지 짊어진 듯 묵묵히, 그러나 단호하게 집안을 이끌었다.

1969년 2월, 신성여고를 졸업한 옥순 누나는 부산대학교 의과대학 부속 간호학교에 지원했다. 그 시절 한국 사회는 산업화라는 이름으로 급하게 달려가고 있었다. 경제개발 5개년 계획이 추진되던 때였고, 사람들 마음속에는 가난을 뚫고 나아갈 수 있는 새로운 기회의 문이 열릴지도 모른다는 희망이 피어오르고 있었다.

그 희망 중 하나가 바로 '독일 간호사 파견'이었다. 한국 정부는 독일로부터 차관을 들여오며 젊고 성실한 노동력, 특히 간호 인력을 파견하기로 했다. 각지에 국비 간호학교가 세워졌고, 학비와 기숙사비가 전액 면제되는 제도가 마련되었다. 옥순 누나는 이 길을 주저하지 않았다. 집안 형편이 넉넉지 않은 상황에서, 논 한 푼 늘이지 않고도 진학할 수 있는 길은 드물었기 때문이다.

낯선 부산 땅에서의 기숙사 생활은 쉽지 않았다. 외로움은 밤마다 몰려왔고, 옥순 누나는 그럴 때마다 책상 앞에 앉아 어머니께 편지를 썼다. 기와공장 마당에서 뛰놀던 형제들의 모습, 종종걸음으로 바삐 움직이던 어머니의 하얀 저고리, 그리움과 사랑이 빼곡히 적힌 편지였다. 그 간절한 글들이 어머니의 마음을 움직였을까. 어느 날 어머니는 먼 부산까지 딸을 보러 올라오셨다. 기숙사 문 앞에서 마주한 순간, 옥순 누나는 말보다 눈물이 먼저 앞섰다. 두 사람은 오래도록 아무 말 없이 손만 꼭 맞잡고 있었다.

3년의 시간을 묵묵히 견딘 끝에, 옥순 누나는 간호사 면허증을 손에 쥐고 루프트한자 전세기를 타고 독일로 떠났다. 당시 한국 공무원의 초봉이 한 달에 1만5천 원 남짓하던 시절, 독일 간호사의 첫 급여는 36만 원에 달했다. 돈의 액수를 넘어, 그것은 삶이 통째로 바뀌는 크기였다. 옥순 누나는 훗날 조용히 말했다.

"돈이 많아서 좋았던 게 아니야. 누군가의 도움이 아니라, 내가 나 스스로 서 있다는 거, 그게 제일 컸지."

형과 누나. 불확실한 시대를 각자의 방식으로 견디며 자신만의 길을 걸어갔다. 누나는 하얀 간호복을 입고 낯선 독일 병원의 새벽을 버텼고, 형은 기와공장 굴뚝 아래서 술잔을 기울이며 여전히 불씨를 지켰다. 두 사람 모두 삶이라는 가마 앞에서 제 몫의 열을 감당했다.

그 불씨는 작고 흔들렸지만, 꺼지지 않았다. 그리고 지금, 나는 그들이 남긴 불씨를 따라 나만의 삶을 지어 올리고 있다. 그들의 방황과 결단, 고단함과 끈기는 내 안에 남아 여전히 길을 밝히는 등불이 되었다. 그것은 형제들이 남긴 책임감이자 사랑, 그리고 결코 잊을 수 없는 정신적 유산이다.

그 무렵 나는 막 중학교에 입학했다. 제일중학교의 교실은 낯설었고, 집안 형편은 여전히 팍팍했기에 스스로 모든 것을 감당해야 했다. 내가 할 수 있는 일은 오직 공부에 매달리는 것뿐이었다. 다행히 장학생으로 선발되어 등록금을 줄일 수 있었던 것은 부모님과 형제들에게 작은 위안이 되었고, 나에게는 더 열심히 살아야 한다는 다짐을 굳히게 했다. 그것 또한 내 몫의 불씨였다. 형과 누나가 남긴 불씨와 함께, 나는 내 자리에서 작고 단단한 불을 지펴가고 있었다.

7. 기와공장이 멈추던 날

언제부터였을까. 집안의 장롱문을 열 때마다 낯선 종이쪽지가 붙어 있는 것이 눈에 들어왔다. 하얀 종이에 붉은 도장이 찍혀 있었고, 거기엔 굵은 글씨로 '압류'라 적혀 있었다. 처음에는 그것이 단순한 관청의 안내문쯤 되는 줄 알았다. 그러나 시간이 지나면서 나는 그 붉은 도장이 곧 우리 집안에 드리운 그림자의 모양이라는 것을 깨닫게 되었다.

아버지의 무거운 기침 소리, 어머니의 깊은 한숨, 누님들의 소용히 눈치 보는 표정. 그것들이 모두 압류 딱지가 지닌 의미를 설명해주고 있었다. 어린 나에게는 설명이 따로 필요하지 않았다. 그저 집안 전체가 무언가 무겁고 벅찬 것을 이고 있다는 사실만으로도, 그것이 위기라는 걸 알 수 있었다.

그 무렵, 나는 초등학교 5~6학년쯤이었다. 기와공장의 마당은 여전히 넓었고, 굴뚝은 하늘을 향해 서 있었으며, 인부들의 손길은 계속해서 흙을 주물렀다. 그러나 그 움직임은 이미 예전 같지 않았다. 마당을 스쳐가는 바람 속에는 알 수 없는 서늘한 기운이 감돌았다. 그늘처럼 밀려오는 변화는 소리 없이, 그러나 집요하게 우리 삶을 조여왔다.

동네 지붕들이 하나둘 슬레이트로 바뀌던 시절이었다. 새로 개발된 그 자재는 가볍고 저렴했으며, 설치 또한 간편했다. 건축업자들은 비용을 줄일 수 있다는 이유만으로 앞다투어 슬레이트를 권했다. 사람들은 고민할 것도 없이 새로운 자재를 선택했다. 효율과 편리함이 미덕이던 시대였기에, 기와는 점점 구식이자 불필요한 물건으로 치부되었다.

아버지가 고집스레 지켜온 기와의 품질, 기와가 가진 역사적 무게와 미학 따위는 아무도 귀 기울이지 않았다. 세상은 빠른 길을 택했고, 우리는 느리게 남겨졌다. 굴뚝은 어느 날부터 연기를 내뿜지 않았고, 마당에는 팔리지 못한 기와들이 층층이 쌓여 둑처럼 높아졌다. 그 기와더미는 마치 우리 집안의 막막한 앞날을 형상화한 듯했다.

아버지는 누구에게 손을 벌릴 수 있는 사람이 아니었다. 친척에게 도움을 청하지 않았고, 친구에게 기대지도 않았다. 그저 공장 땅을 조금씩 잘라 팔며 매달 밀려오는 세금과 인건비를 메웠다. 하지만 그런 일회성 땜빵은 오래가지 못했다. 붙박이처럼 믿었던 기와 기술과 공장의 명성은 더 이상 우리를 지켜주지 못했다.

태홍 형은 훗날 그 시절을 이렇게 회상했다.

"아버지는 선비였어. 지식인으로서의 품격과 책임감을 지키려 했지만, 현실이라는 무거운 파도 앞에서는 자주 등을 돌리셨지. 자식들에게는 아무 말도 하지 않으셨지만, 그 눈빛으로 우리 삶을 응시하고 계셨던 거야. 우리가 어떤 길을 선택하는지, 묵묵히 지켜보고 계셨던 거야."

결국, 아버지는 조용히 폐업을 결정했다. 공장은 문을 닫았고, 뜨거운 가마는 더 이상 불길을 삼키지 않았다. 아버지와 어머니는 서귀포로 내려가 '남일브록크사'라는 새 간판을 걸고 다시 시작하셨다. 시멘트와 모래를 섞어 벽돌 모양의 블록을 찍어내는 새로운 사업이었다. 그러나 그것은 동시에 가족이 흩어지는 신호탄이기도 했다. 우리는 더 이상 같은 지붕 아래 살 수 없었다. 동광양 일대의 전셋집을 전전하며 흩어져 살아야 했다. 기와공장이 있던 집, 넓은 마당, 연기를 뿜던 굴뚝, 밤새 불을 지피던 가마. 그 모든 것이 사라지고 없었다.

어린 나로서는 단단하던 중심축이 무너져 내린 듯한 허전함을 느꼈다. 그러나 그 허전함은 곧 냉혹한 현실로 다가왔다. 각자가 삶의 방향타를 스스로 쥐어야 한다는 사실. 누구도 "이 길로 가라"고 말해주지 않았지만, 우리 형제들은 너무 일찍 자립이라는 단어를 배워야 했다.

태홍 형은 그 시절의 깨달음을 이렇게 정리했다.

"나는 그때 마음에 새겼어. 우리는 집에 기댈 게 아무것도 없어. 잡초처럼 살아야 해. 어떤 바람도 이겨내는 잡초 말이야."

아버지는 1918년에 태어나셨다. 평소 심장이 좋지 않았고, 폐질환으로 오래 고생하셨다. 그리고 마침내 1987년, 백혈병으로 생을 마감하셨다. 그러나 그분의 삶을 회상하는 태홍 형은 한결같이 이렇게 말했다. "선비적 삶을 추구한 분, 수재형의 선량한 분." 아버지는 자식들에게 삶의 길을 직접적으로 제시하지 않았다. 대신 묵묵히 바라보며, 우리가 스스로 선택한 길을 걸어가도록 두셨다. 말보다는 눈빛으로, 꾸짖음보다는 침묵으로, 삶의 무게를 가르쳐 주셨다.

아버지의 마지막 외출은 목포였다. 1987년, 홀로 청년 시절 5년을 보냈던 목포상업전문학교 교정을 천천히 거닐었다. 그 시절의 교실과 운동장을 바라보며 아버지는 아마도 자신의 삶을 되짚었을 것이다. 그 후 아버지는 집으로 돌아왔고, 그해 봄에 세상을 떠났다. 아버지 스스로도 그것이 마지막 길임을 알고 계셨던 듯하다.

아버지에게 가장 소중한 기억은 일제강점기 시절의 교육이었다. 제주북국민학교에서 한두 명만 진학할 수 있었던 목포상전은 호남 최고의 명문이었다. 아버지는 그 배움을 자부심으로 간직했고, 그 시절 2년 후배였던 김대중 대통령을 회상하기도 했다. 배움에 대한 존중은 우리 가족 전체의 정신으로 이어졌다. 세 분의 누님들이 모두 신성여고를 졸업했고, 이후 형제 대부분은 대학에 진학해 각자의 길을 열어갔다. 어려운 살림 속에서도 교육만큼은 포기하지 않게 했던 아버지의 뜻이 거기에 스며 있었다.

아버지는 늘 말없이 담배를 피우시거나 장부를 들여다보셨다. 하지만 그 침묵 속에는 정직함과 성실함, 그리고 스스로의 삶을 책임지는 태도가 깃들어 있었다. 기와가 불을 견뎌야 지붕이 되듯, 아버지는 삶의 불길 속에서 우리에게 단단한 정신을 남겨 주셨다.

기와공장이 멈추던 날은 단지 한 사업장의 폐업이 아니었다. 그것은 한 시대의 끝이자, 우리 가족이 하나의 길을 함께 걸어가던 마지막 시간이었으며, 동시에 각자의 삶이 본격적으로 시작된 날이었다. 어린 시절의 굴뚝, 빨간 압류 딱지, 아버지의 뒷모습, 어머니의 조용한 눈빛까지. 그 모든 것이 아직도 내 마음속에 먼지처럼 남아 있다. 기와공장이 멈추던 그날은, 우리가 처음으로 '자립'이라는 단어를 배운 날이었다. 그리고 그 배움의 뒤편에는 언제나 아버지의 침묵과, 불 속에서 살아낸 그의 삶이 있었다.

8. 한 사람씩, 세상을 향해 떠나다

태홍 형은 오현고등학교 1학년을 마친 뒤, 제주상고 야간반으로 편입했다. 낮에는 한전에 급사로 들어가 일했고, 밤이면 서문통 길을 걸어 학교에 가야 했다. 하루의 빛을 쏟아붓고, 남은 어둠 속에서 배우는 시절이었다.

형은 그 시절을 이렇게 회상하곤 했다.

"수업 도중 전깃불이 꺼졌는데, 아이들이 '한전 올라가라'며 나를 책상 위로 밀었지. 어쩔 수 없이 형광등을 갈았어."

낮에는 다양한 직장에서 일했고, 밤에 모여든 학생들로 교실은 웃음으로 가득했다. 그러나 그 웃음 너머에는 그의 묵묵한 고단함이 조용히 깃들어 있었다.

태홍 형에게 가장 절실했던 건 대학 진학이었다. 집에서 학비를 내주는 일은 상상할 수도 없었고, 가장 비용이 적게 드는 곳이 교육대학이었다. 수업료 전액 면제, 2년 후 졸업하면 교사로 채용, 게다가 방학 동안 모슬포에서 군사 훈련을 받으면 군 복무도 면제되었다.

교대 원서를 낼 무렵, 태홍 형은 동문시장 안에 있는 학원에서 한전 급사에 이어 학원 급사로 일하고 있었다. 아침에는 학교마다 돌며 전단지를 뿌렸고, 낮에는 교실 청소와 정리를 도맡았다. 그 바쁜 일과 속에서도 그는 책을 놓지 않았다.

합격자 발표 날이었다. 학원 일을 잠시 비우고 교대로 향하던 길, 시험을 함께 봤던 친구가 마주 걸어왔다.

"태홍아, 네 이름이 맨 위에 있었어. '수석합격 양태홍'이라고 적혀 있더라."

그 순간 태홍 형의 마음속에서는 오래 참고 눌러두었던 무언가가 울컥하고 차올랐을 것이다. 야간 실업계 고등학교를 졸업하고, 제주에서 가장 경쟁률 높은 교대에 수석합격이라니. 그건 기적이 아니라, 그의 치열한 하루들이 만들어낸 결과였다.

그날, 경순 누나가 기자로 일하던 한라일보에 그 이야기가 실렸다. 며칠간 집안은 기쁨에 들떴고, 그날 이후 형제들 마음속에는 한 가지 생각이 깊이 뿌리내렸다. 누구도 대신해 줄 수 없다는 것. 자기 인생은 스스로 개척해야 한다는 것.

태홍 형은 교대에 들어간 이후에도 '잡초처럼 살아야 한다'는 자신의 신념을 굽히지 않았다. 그 정신은 가정 안에서만 머문 것이 아니라 학교에서도 그대로 이어졌다. 친구들이 어려움 앞에서 머뭇거릴 때면 그는 늘 담담히 말했다.

"누구도 우리 삶을 대신 살아주지 않아. 스스로 뿌리 내려야 해. 잡초가 밟혀도 다시 일어서는 것처럼."

그 진심은 학우들에게 깊은 울림을 주었다. 학비 걱정과 집안 사정 때문에 흔들리는 친구들은 그의 말에서 묘한 용기를 얻곤 했다. 자연스레 사람들은 그를 중심으로 모였고, 결국 태홍 형은 학생회장으로 선출되었다. 선출 과정에서 그는 거창한 공약 대신 늘 해왔던 말을 반복했다.

"내가 앞장서겠지만, 결국 우리가 함께 서야 해. 잡초는 혼자 자라지만, 들판을 메우는 건 함께이니까."

그 모습은 동생인 나에게도 깊은 인상을 남겼다. 단지 합격과 성취가 아니라, 삶의 태도와 신념이 사람을 움직일 수 있다는 것을, 나는 태홍 형을 통해 처음 알았다. 잡초 정신은 그렇게 가정과 학교를 동시에 지탱하는 뿌리가 되어 있었다.

재훈 형은 나보다 두 살 위였다. 우리 농네에서 우람한 체격을 지닌 아이였고, 초등학교 때부터 주먹 하나로 친구들을 압도했다. 어른들조차 재훈이 건드리면 안 된다고 말할 정도였고, 아이들 사이에선 이미 군림하는 존재였다.

운동신경은 말할 것도 없었다. 학교 야구부에서 투수와 4번 타자를 겸했다. 언젠가 한 경기에선 형이 던지고 치고, 승부까지 결정지었다. 학교 운동장이 함성으로 들끓던 그날, 나는 뒤편에 서서 조용히 형의 뒷모습을 바라봤다. 그날 이후 형은 내게 단순한 형이 아니었다. 조금 과장하자면, 그는 작은 신이었다. 내 세계의 중심에 있었다. 그 덕분에 나는 학교에서 평탄했다. 누구도 나를 건드리지 않았다. "쟤 재홍이 동생이래." 그 한마디면 충분했다.

그러나 그 재홍 형도 결국 태홍 형의 발자취를 따라가고자 했다. 태홍 형의 수석합격이 자극이 되었는지, 그는 육군사관학교에 뜻을 두었다. 학비가 들지 않고, 오히려 돈을 받으며 다닐 수 있는 길. 성적은 탁월하지 않았지만, 형은 식탁 위에서 책을 펴고 새벽까지 불을 껐다 켰다. 야구 글러브 대신 샤프펜과 참고서를 붙잡은 손. 제일고등학교 3학년 가을, 그는 마침내 시험을 치렀다. 1차 합격 통지서가 왔을 때 가족은 기뻐했지만, 곧 무거운 침묵이 따랐다. 신원조회 때문이었다. 그 시절, '빨갱이'의 흔적이 조금이라도 있으면 탈락이었다. 모두가 숨을 죽였다. 그러나 며칠 뒤, 2차 합격 통지서가 도착했다. 온 가족은 한숨처럼 안도의 숨을 내쉬었다.

그해 겨울, 형은 머리를 짧게 자르고 생도복 치수를 재러 떠났다. 집을 나서는 어깨는 그렇게 단단해 보일 수 없었다. 방 한쪽에 놓인 야구 글러브만이 조용히 남아 있었다. 나는 그것을 들어 올리며, 남아 있는 흙냄새와 땀냄새 속에서 형의 과거를 떠올렸다.

진순은 아마도 우리 집의 역사에서 가장 고단한 시기를 온몸으로 버텨낸 사람이었다. 그 무렵 우리 셋, 나와 유순 그리고 진순은 서사라 슬레이트집 바깥채에서 함께 살았다. 제일고등학교에 다니던 나는 수업에 전념하고 있었고, 유순도 아직 중학교에 다니고 있었다. 하지만 집안의 실제적인 가장은 다름 아닌 진순이었다.

진순은 한 번도 불평이나 투정을 입에 담지 않았다. 누군가 억지로 짐을 얹어놓은 것도 아니었지만, 그는 그것을 마치 자기 몫인 양 당연하게 받아들였다. 남매들이 학업에 전념할 수 있도록 자신이 먼저 한발 물러서 삶의 무게를 떠안았다. 낮에는 은행에서 서류를 나르고, 밤이면 야간중학교와 상고를 오가며 공부를 이어갔다. 친구들이 한창 교실에서 웃고 떠드는 나이에 그는 이미 사회인이 되어 돈을 벌고 있었다.

중학교 3학년 무렵, 제주중학교 야간반으로 옮겨 다니던 시절이었다. 외삼촌의 도움으로 한일은행에 급사로 취직할 수 있었지만, 그 자리가 결코 마음을 가볍게 하지는 못했다. 은행 창구에서 서류를 옮기고 잔심부름을 하면서도, 또래 아이들이 교실에서 책을 펴는 모습을 떠올릴 때면 가슴 한켠이 저릿했을 것이다. 하지만 그는 그런 감정을 결코 겉으로 드러내지 않았다. 늘 묵묵히 하루를 마치고, 집으로 돌아오면 마치 아무 일도 없었다는 듯 동생들의 저녁상을 챙기고, 다음 날을 준비했다.

고등학교를 졸업한 뒤 진순은 결국 또 다른 선택을 해야 했다. 집안의 생활비와 학비는 여전히 모자랐고, 그 무게를 가볍게 하려면 자신이 먼저 나서야 했다. 진순은 서울로 올라가 지퍼공장에 취업했다. 그때부터 진순의 두 손은 하루종일 기계 위에서 쉼 없이 움직였다. 수없이 반복되는 공정 속에서 손끝으로 지퍼를 찍어내며, 그녀는 단 한 푼이라도 더 벌 수 있다는 기쁨을 붙들고 버텼다.

돌아보면 진순이야말로 우리 세 남매의 방패였다. 우리에게는 공부를 이어갈 수 있는 시간이 있었지만, 진순은 자신의 시간을 희생해 그 길을 열어주었다. 그녀는 삶을 원망하지 않았고, 동생들에게 힘든 기색조차 보이지 않았다. 언제나 담담했고, 묵묵히 제 역할을 감당했다. 그 모습은 어린 내게 오래도록 남았다.

진순은 나와 유순이에게 말없이 가르쳐주었다. "삶이란, 불평하기 전에 스스로 감당해야 하는 것"이라고. 그리고 지금에 와 생각해보면, 진순이 보여준 태도는 단순히 생활을 지탱한 것이 아니라, 우리 모두에게 책임과 인내의 진짜 의미를 일깨워준 가장 조용한 가르침이었다.

막내 유순은 기와공장에서 태어났다. 어린 시절 나는 손바닥만 한 흙덩이로 구슬을 빚어주었고, 유순은 그것을 꼭 쥐고 웃었다. 부모님이 서귀포로 사업장을 옮길 때, 가장 어린 유순도 함께 떠났다. 우리 형제들 중에서, 그 시절 어머니 아버지와 서귀포에서 살았던 유일한 아이가 바로 유순이었다.

유순은 서귀포에서 어머니와 함께 부두에 자주 갔다. 파도 소리가 늘 북소리처럼 들리던 그 부두 끝에서, 그녀는 어머니의 치맛자락을 꼭 붙잡고 있었다. 어머니는 손수 고등어, 갈치, 자리 같은 생선을 고르셨다. 장바구니에 가득 담긴 생선은 집으로 돌아와 절여지고, 햇볕에 말려졌다. 그리고 어느 날이면 어머니는 그것들을 정성스레 꾸려 제주시로 넘어와 우리에게 가져다주셨다. 단순한 음식이 아니라, 바닷내음과 손길이 함께 담긴 선물이었다. 그 생선 하나하나는 우리를 향한 어머니의 마음이었고, 막내 유순은 그 모든 과정을 곁에서 지켜본 것이다.

유순이 초등학교 6학년 무렵, 마침내 제주시로 돌아왔다. 우리는 다시 한 지붕 아래에서 살게 되었고, 유순은 남초등학교로 전학했다. 어린 막내가 집으로 돌아와 우리와 함께 방을 쓰게 되었을 때, 집안의 풍경은 다시 조금 따뜻해졌다. 밤마다 작은 방 안에서 동생의 숨결이 곁에 있다는 것은, 가난 속에서도 희미하게 깜빡이는 등불 같았다.

유순은 그 시절부터 조용한 결심을 품고 있었다. "나는 꼭 대학에 갈 거야. 장학금도 받을 거야." 그 결심은 바람처럼 스쳐간 말이 아니었다. 그는 묵묵히 준비했고, 결국 제주대학교 사범대학 가정과에 진학해 장학금을 받아냈다. 붉은 흙먼지를 삼키며 자란 아이가 그렇게 교단 위로 나아갈 준비를 마친 것이다. 그리고 마침내 교단에 섰다. 포천 내촌중학교, 도시에서 멀리 떨어진 산자락의 작은 학교였다. 아이들 눈동자 속에서 그는 오래전의 자신을 보았다며 자주 웃었다.

그렇게 유순은, 붉은 흙에서 태어나 바람이 부는 교단으로 걸어 들어갔다. 내가 만들어주던 구슬을 손에 쥐고, 어머니의 젓갈 냄새를 기억하며, 스스로에게 말을 걸듯 하루하루를 살아냈다. 삶은 유순에게 늘 조용했지만, 단 한 번도 느슨하지 않았다.

이제 형제들은 하나씩 세상을 향해 나아갔다. 누구는 교대 강의실에서, 누구는 사관학교 훈련장에서, 누구는 은행 창구와 서울 공장에서, 또 누구는 시골 학교 교단에서.

나는 그 길들을 지켜보며 배웠다. 누구도 대신 살아줄 수 없다는 것. 삶은 각자가 스스로 떠안아야 하는 것. 형제들이 걸어간 길 위에는 땀과 눈물, 자존심과 웃음이 함께 남아 있었다. 그것은 형제들이 남긴 가장 소중한 흔적이었다.

9. 다시 모인 식탁, 부모가 된 형제들

기와공장의 먼지와 재 속을 뛰놀던 아이들이 어느덧 모두 부모가 되었다. 그때는 장난과 고단한 노동으로 얼룩져 있던 얼굴들이 이제는 주름과 미소로 채워졌다. 형제들은 손주들의 재롱에 웃음을 터뜨리고, 자식들의 결혼식을 준비하며 눈시울을 붉혔다. 세월은 빠르지도, 느리지도 않게 흘러가며 우리 모두를 어른으로 만들었다.

내 위로는 이미 자식들을 장가·시집보내고 손주를 품에 안은 형제들이 있었다. 나 역시 그 흐름 속에서 한 가정을 꾸렸다. 태홍 형의 아내, 강봉옥 형수의 소개로 인연을 맺은 김영애와 결혼했고, 그 사이에서 이정과 호정이 태어났다. 그렇게 우리의 식탁은 다시 이어졌고, 그 식탁 위에는 새로운 세대의 목소리가 하나둘 보태졌다.

2024년 8월, 호정의 결혼식이 서울에서 열렸다. 신부 가족이 인천에 거주했기에, 양가가 모이기 편한 서울에서 예식을 올렸고, 제주에서는 친지들을 위한 피로연을 따로 마련했다. 두 도시를 오가며 치른 이 결혼은 마치 우리 가족의 삶의 궤적을 닮아 있었다. 인천, 광주, 서울, 그리고 고향 제주. 흩어져 있던 발자취가 다시 하나로 이어졌다.

결혼식장과 피로연에는 하나둘 가족들이 도착했다. 대구에서 변호사로 일하고 있는 딸 이정이 먼저 모습을 드러냈다. 미국에서 돌아온 옥순 누나와, 남북회담 사무국에서 고위 공무원으로 은퇴한 김광호 매형도 자리를 함께했다. 광주에서 올라온 유순과 전남대 학장으로 있는 강만종 매제의 얼굴도 반가웠다. 이미 세상을 떠난 재홍 형은 그 자리에 없었지만, 그의 빈자리를 대신해 김미주 형수가 함께했고, 제주를 굳건히 지키고 있는 희순 누나와 경순 누나도 자리를 빛냈다. 또한 진순 동생은 일찍 세상을 등졌지만, 그 남편 고경옥 매제가 가족을 대신해 자리에 앉아 있었다.

기와공장의 아이들이 저마다의 삶을 짓고 떠난 뒤, 그 짝들과 자식, 손주들까지 세월을 건너 다시 하나의 가족으로 모였다. 그 자리에는 살아 있는 이들의 웃음과 함께, 먼저 떠난 이들의 그리움도 조용히 겹쳐 앉아 있었다.

"호정아, 결혼 축하한다. 드라마 잘 보고 있어."

누군가의 한마디에 웃음이 터졌고, 서로의 어깨를 두드리며 안부가 오갔다. 신랑에게는 덕담이 이어졌다. 드라마 현장에서 조감독으로 일하는 호정의 얼굴에는 고단한 일정 속에서도 자신이 사랑하는 일을 붙드는 눈빛이 빛났다.

그날 모인 가족만 해도 서른 명이 훌쩍 넘었다. 교수, 교사, 한의사, 의사, 변호사, 가수, 작곡가, 애니메이션 감독, 작가, 간호조무사, 헤어스타일리스트, 학원 운영자, 영상 편집자, 펜싱 선수… 각자 다른 분야에서 제 몫을 다하며 살아가고 있었다. 크고 작은 회사에서, 프리랜서의 자리에서, 혹은 교단에서. 모두가 자기 몫의 열을 감당하며 살아가는 얼굴에는 더 이상 기와공장 마당을 뛰놀던 소년소녀의 흔적은 없었다. 대신 삶의 무게를 견뎌낸 어른의 표정이 남아 있었다.

제주에서 열린 피로연 마당은 향긋한 음식 냄새로 가득했다. 흑돼지와 자리돔회, 톳무침, 꿩메밀국수가 식탁을 채웠고, 아이들의 웃음소리와 술잔 부딪히는 소리가 어우러졌다. 그 풍경 속에서 나는 문득 오래전 기와공장 마루를 떠올렸다. 세 개의 밥상이 놓이고, 열한 개의 숟가락이 부딪히며 울리던 그 시절. 부족했지만 따뜻했던 웃음이 겹쳐 보였다.

그날 밤, 모두가 잠든 뒤 나는 혼자 마당에 앉아 하늘을 올려다보았다. 별빛이 쏟아지는 밤하늘 사이로 어머니와 아버지의 얼굴이 떠올랐다. 살아 계셨다면, 이 자리에서 손주들과 증손주들의 웃음을 보며 함께 미소를 지으셨을 것이다. 그러나 가장 아름다운 꽃을 피우기 직전, 두 분은 너무 일찍 우리 곁을 떠나셨다. 그리고 몇몇 형제 역시 일찍 세상을 떠나 우리 곁에 없다. 그 빈자리는 세월이 흘러도 쉽게 메워지지 않는다.

아버지는 무거운 흙짐을 지고도 단 한 번 불평하지 않고 기와를 구우셨다. 어머니는 새벽마다 도시락을 싸주시면서도 당신의 허기를 말하지 않았다. 그 무던한 삶이 결국 지금의 우리를 만들었다. 이제 우리 형제들은 부모가 되어, 다시 한 식탁 앞에 모였다. 손을 맞잡고 웃고, 때로는 눈물을 나누며 한 가족이라는 뿌리를 지켜가는 오늘.

그 자리는, 무엇보다 따뜻한 기적이었다.

10. 기와보다 단단한 이름들

우리는 기와공장에서 시작된 인생을 살았다. 무너진 담벼락 아래서 병정놀이를 하던 아이들이었고, 기와를 말리던 마당의 물웅덩이에 발을 담그며 자라난 형제들이었다. 흙먼지가 가득한 그 마당에서 뛰어놀던 작은 발자국들은 어느새 커져, 이제는 각자 한 가정의 부모가 되고, 또 다른 식탁의 주인이 되었다.

시간은 고요히 흘렀다. 우리를 서둘러 어른으로 만들지도 않았고, 한없이 붙잡아두지도 않았다. 그저 묵묵히, 흘러가는 물처럼 우리 곁을 지나며 얼굴에 주름을 새기고, 가슴에 이름보다 무거운 책임을 남겼다. 우리는 그 흐름 속에서 제 몫의 삶을 감당하며 서로 다른 길로 흩어졌지만, 기억의 토양만큼은 언제나 하나였다.

기와는 불을 지나야 비로소 지붕이 된다. 뜨겁게 달궈지고, 단단히 굳어져야만 제 모양을 갖는다. 우리 형제들도 그러했다. 누구에게도 쉽지 않은 삶이었다. 불처럼 타오르는 시련의 시간, 흙처럼 묵묵히 견뎌야 하는 인내의 시간. 그 시간을 지나며 우리는 기와처럼 단단해졌다.

이 책에 남긴 이야기들은 단순한 회상이 아니다. 그것은 기억이 스쳐간 자리에 남은 흙의 흔적이며, 그 흙에서 피어난 문화이고, 사랑의 근거지다. 형제들의 삶은 하나의 건축물처럼 차곡차곡 쌓여갔다. 벽돌을 올리듯 자식을 키우고, 서까래를 얹듯 인생의 무게를 견디며, 마침내 그 지붕 위에 '이름'이라는 기와를 올렸다.

이름은 흙으로 지어진다. 다져지고, 굳어지고, 불에 구워져야만 얻어지는 것. 부모님의 이름이 그러했고, 우리 형제들의 이름이 그러했으며, 이제 우리 아이들의 이름 또한 그렇게 되어가고 있다. 그 이름은 단지 직업으로 설명되지 않는다. 그것은 한 사람의 생을 온전히 통과해온 지문 같은 것이며, 시간의 켜마다 새겨진 흔적이다.

공무원, 기자, 교사, 교수, 군인, 프로듀서, 작가… 우리 가족에게 붙여진 이름들은 하나의 직업이 아니라 살아낸 시간의 총합이다. 그 안에는 사랑과 헌신, 실패와 눈물, 웃음과 희망의 결이 함께 배어 있다.

우리는 이제 알게 되었다. 기와는 단지 집을 덮는 것이 아니라 이름을 덮는 것이며, 그 이름은 다음 세대에게 단단한 뿌리이자 지붕이 된다는 것을. 어쩌면 이 이야기가 바로, 우리 가족이 함께 쌓아 올린 하나의 집일지도 모른다. 아니, 어딘가 다른 집에서도, 우리처럼 가족들이 마음을 모아 삶의 벽돌을 올리고 있겠지.

벽돌 한 장마다, 문장 하나마다 삶의 온기가 스며들기를 바란다. 그 온기가 언젠가 다음 세대를 살아갈 누군가에게 닿기를 소망한다. 기와는 언젠가 낡아도 그 위엔 늘 새로운 기와가 얹히듯, 이름은 언젠가 불릴 일이 줄어들어도 그 이름에서 시작된 또 다른 이름이 자라난다.

기와보다 더 단단한 것이 있다면, 그것은 우리가 서로를 부르는 이름이다.

바로 '우리'라는 이름.

우리는 그렇게 이어지고, 이 흙의 흔적은 결코 사라지지 않을 것이다.

에필로그—흙이 굳어야 기와가 된다

나는 지금, 새로운 일을 시작한다. 짧지 않은 시간 동안 여러 직업과 역할을 거치며 살아왔고, 그 이름표들은 한때 내 삶을 설명해주는 말들이었다. PD, 연구자, 시인, 회사 대표… 그러나 지금, 나는 그 모든 것을 잠시 내려놓고 오직 글쓰기라는 삶의 중심으로 들어가고자 한다.

오랫동안 나는 제주MBC에서 다큐멘터리 PD로 일했다. 현장을 누비며 수많은 사람들의 삶을 기록했고, 그들의 목소리를 통해 시대와 지역, 그리고 인간의 이야기를 엮어냈다. 때로는 방송대상의 영예를 안기도 했지만, 내 마음에 가장 깊이 남은 작품은 〈섬을 떠난 사람들〉이었다. 제주 4·3의 상처를 품고 살아온 사람들, 고

제주MBC의 PD 시절(2011년)

통을 안고 침묵하며 버텨온 그들의 삶을 따라가며 나는 다큐멘터리라는 형식이 진실과 용기의 언어가 될 수 있음을 실감했다. 그 경험은 기록자이자 해석자로서 내가 짊어져야 할 책임을 더욱 또렷하게 새겨주었다.

카메라를 통해 사람을 보고, 그 사람을 통해 시대를 기록하는 일. 그 모든 경험은 내가 쓰는 문장에도 고스란히 녹아들었다. 다큐멘터리가 사실의 밀도로 접근한다면, 문학은 감정의 진실로 다가간다. 나는 그 경계 위에서 이야기를 다듬고, 말을 깎고, 문장을 구웠다. 그것은 기와를 굽던 아버지의 모습과도 닮아 있었다.

2010년, 문예지《시문학》에서 '신인작가상'을 수상하며 시인으로 등단했을 때, 나는 비로소 글의 또 다른 얼굴을 마주했다. 처음에는 짧고 응축된 언어로 마음을 표현했지만, 점차 삶의 결을 따라 흐르는 서사에 마음이 빼앗겼다. 시보다 이야기가, 순간보다 과정이, 한 컷보다 긴 호흡이 내게는 더 절실하게 다가왔다.

내가 만난 사람들, 그들의 얼굴과 말투, 숨결 하나하나가 지금의 글을 길러낸 토양이 되었다. 제주의 신화, 바람이 깎은 섬의 역사, 바닷속 해녀들의 숨비소리가 내 이야기의 뿌리로 스며들었다. 그리고 문득, 가장 가까운 사람들―내 가족을 돌아보게 되었다. 늘 곁에 있었지만 제대로 들여다보지 못했던 어머니의 굳은 손, 아버지의 무뚝뚝한 어깨, 형제들의 웃음과 눈물. 그 모든 것이 내 글의 중심으로 다가왔다.

이 글을 쓰면서 나는 과거를 다시 걸었다. 흙더미 속에서 병정놀이를 하던 내 발자국, 양푼이에 담긴 보리밥을 서로 파먹으며 웃던 형제들의 얼굴, 새벽마다 밥을 지으며 한숨을 삼키던 어머니의 뒷모습. 그것은 단순한 추억이 아니라, 지금의 나를 만든 정신적 토대였다.

인생은 흙과 같다. 질퍽하고 쉽게 무너질 것 같던 흙덩이가 오랜 불길을 견디며 단단한 기와가 되듯, 내 삶도 그렇게 구워졌다. 흙이 굳어야 기와가 되고, 기와가 모여야 지붕이 된다. 지붕은 바람을 막아주고, 비를 가려주며, 그 아래에서 사람들은 삶을 이어간다.

이제는 나도, 내 이야기가 누군가에게 작은 그늘이자 단단한 지붕이 되기를 바란다. 기와가 지붕이 되듯, 내가 남기는 글 또한 누군가의 기억 위에 얹히는 기와 한 장이 되기를 바란다. 언젠가 낡고 빛바래더라도, 그 위엔 또 다른 기와가 얹힐 것이고, 그 아래에서 또 다른 세대가 살아갈 것이다.

나는 그 흐름 속에서, 흙먼지 같은 한 장의 기와로 남고 싶다. 누군가의 삶 위에 조용히 얹혀, 바람을 막아주고, 햇살을 받아내며, 이름 없는 지붕의 한 조각으로. 그것이 내가 글을 쓰는 이유이고, 내가 남기고 싶은 마지막 마음이다.

■ 나의 연보

기본 이력

- 1959년 1월 1일 제주도 서귀포 출생.
- 1971년 광양초등학교 졸업.
- 1974년 제주제일중학교 졸업.
- 1977년 제주제일고등학교 졸업.
- 1985년 제주대학교 사범대학 영어교육학과 졸업(학사).
- 1999년 제주대학교 대학원 사회학과 졸업(문학 석사).
- 2019년 제주대학교 대학원 언론홍보학과 졸업(언론학 박사).

방송·언론 활동

- 1994년 제주MBC 입사, 다큐멘터리 PD로 활동.
- 2000년 다큐멘터리 〈耽羅·몽골 百年秘史 — 바다를 건넌 帝國〉 연출.

- 제27회 한국방송대상 우수작품.
- 제6회 제주방송인대상 수상.
- 2004년 4·3 특별다큐 〈섬을 떠난 사람들〉 연출.
 - 제31회 한국방송대상 저널리즘부문 최우수작품상.
- 2006년 다큐멘터리 〈在日 濟州人〉 3부작 연출.
 - 제6회 방송문화진흥회 공익프로그램상 은상.
 - 한국방송프로듀서연합회 이달의 PD상.
- 2008년 4·3 60주년 라디오 특별드라마 10부작 〈한라산〉 연출.
 - 제35회 한국방송대상 작품상(기획).
 - 방송문화진흥위원회 공익프로그램상 금상(기획)
- 2009년 〈제주의 문화상징 100선〉 연출.
 - 제36회 한국방송대상 문화예술부문 작품상(기획).

문학 활동
- 2010년 월간 《시문학》 신인우수작품상 수상, 시인 등단.
- 2010년 이후 제주작가회의 회원 활동. 동인지 《시현장》 제5호(2011)·제6호(2012)·제7호(2013)에 참여하여, 다큐멘터리 경험을 토대로 지역문화와 기억, 제주 서사를 문학으로 확장하는 작업에 집중.

학술·단체 활동
 [논문]
- 2011년 「방송PD의 제작능력 습득 과정에 관한 연구」, 『방송과

커뮤니케이션』 제12권 3호.

「지역문화예술 TV프로그램 PD들의 인식에 관한 연구」, 『사회과학연구』 제29권 2호.

- 2019년 「한국다큐멘터리의 제작에 관한 연구」, 제주대학교 박사학위 논문.

[단체 활동]

- 2014년 언론중재위원 제주중재부.
- 2016년 제주특별자치도 인권보장 및 증진위원회 위원.
- 2018년 (사)제주언론학회 회장.
- 2010년 (사)제주4·3연구소 이사.

고희를 바라보는 뒤안길에서

김석범

1. 작은 거인, 아버지
2. 군산·목포·제주에서 보낸 어린 시절
3. 〈이수일과 심순애〉
   — 나를 예술계에 몸담게 한 신파극
4. 「떠나가는 배」 비(碑) 건립
5. 천만다행, 축제를 살린 오색천의 기적
6. 한라문화제와 강릉단오제의 축제 교류
7. 제주예총 사무실 이전의 우여곡절
8. 『제주문화예술 60년사』 발간

■ 나의 연보

1. 작은 거인, 아버지

2006년 12월 17일, 아버지의 장례를 삼일장으로 치렀다. 발인제를 끝내고 아버지의 시신을 제주시 명도암 선산의 조부모 옆자리에 모셨다.

12월의 제주 날씨는 엄동설한인 게 보통이지만, 발인 전날까지는 그리 매섭지 않았다. 그런데 막상 당일이 되자 새벽부터 매서운 강풍과 차가운 싸라기눈이 몰아치더니, 하늘에는 어두운 먹구름이 잔뜩 덮여 있었다. 얼마나 추웠던지, 하관할 묏자리를 준비하는데 상주와 산역꾼 몇 명과 '정시'(지관의 제주어)만 자리를 지킬 뿐, 모두가 작은 천막 안에 들어앉아 이런저런 얘기를 나누고 있었다.

발인 날에 매서운 날씨가 몰아치는 것은 고인이 아직도 이승에 미련이 많이 남아서 저승으로 떠나지 못했기 때문이라고 소곤거리곤 했다. 공교롭게도 그날은 지난 11월 말에 열린 방어축제에서 선상 낚시 체험에 나섰다가 실종된 서귀포시장과 사고 선박 선장의 합동 영결식이 열린 날이었다. 사고 후 20여 일 동안 실종자를 수색했으나 결국 시신을 찾지 못한 상태에서 영결식을 하게 된 것이다. 굳이 연결지을 일은 아니지만, 장례를 치르는 상주로서도 가슴 아픈 일이 아닐 수 없었다.

다행히 하관 시각이 되자 언제 그랬냐는 듯 새까맣던 먹구름이

걷히고 하늘엔 찬란한 빛줄기가 보이기 시작했다. 상주와 산역꾼들이 서둘러 봉분 다지기를 마치고 마지막 제까지 정성스럽게 마칠 수 있었다. 그런데 잠시 숨돌릴 시간도 없이 또다시 어두운 먹구름이 몰려오면서 하산을 재촉했다. 조문객들은 모두 서둘러 돌아가고 상주와 산역꾼들만 남아서 뒷정리를 하는데, 그 후로는 다시금 바람도 자고 햇살도 비추면서 무사히 장례를 마무리할 수 있었다. 이날 겪은 매서운 추위는 두고두고 이야깃거리로 남아 있다.

아버지는 1924년생으로 제주시 건입동 산지포구 동네에서 태어나셨다. 할아버지는 1902년생으로, 스물셋에 아버지를 낳았고 아래로 1남 2녀를 더 두고 서른에 돌아가셨다. 할아버지는 20대 젊은 나이에 중선배 선주로 제주에서 출항하여 서해 영광 칠산바다까지 가서 조기를 주로 잡았다. 중선배는 돛대를 둘이나 갖춘 어엿한 배로, 바람을 타고 먼바다까지 나간 뒤 닻을 내리고 어망을 펼쳐서 조류를 따라 움직이는 물고기를 잡는데, 주로 조기잡이를 했다. 그런데 몇 년 동안 어획량이 변변치 못해 가세가 많이 기울던 상황이었다. 서른 되던 해 음력 2월에 칠산바다에서 조기 떼를 만나 만선을 했음에도 한 번에 모든 빚을 청산할 요량으로 조금 더 욕심을 냈던 게 화근이 되어 결국 돌아오지 못했다.

할아버지와 동갑인 할머니는 나이 서른에 남편을 잃었다, 남은 재산은 함께 실종된 선원들 배상하느라 다 넘기고, 젊은 나이에 2남 2녀가 딸린 과부가 되었다. 몇 년간에 걸친 부채 청산과 배상으로 땅마지기 한 평도 남지 않은 현실은 지독하게 힘들었을 것이다. 아들 잃은 증조부는 매일같이 술을 드시고 관덕정 앞에 가서 아들 살려내라고 고래고래 고함을 지르곤 하셨다고 한다. 이런 상황에서 서른 살의 젊은 과부가 자식을 넷이나 거느리고 하루하루 살아가면서 견뎌낸 생활이 오죽하셨을까.

결국 할머니는 일본에 있는 친척의 소개로, 장남인 아버지만 남기고 세 자식과 함께 도쿄로 건너가서 생활전선에 뛰어드셨다. 당시엔 1923년부터 제주와 오사카를 잇는 연락선 '군대환(君代丸)'이 매달 세 차례 정기적으로 왕복하고 있었다. 졸지에 홀로 남게 된 아버지는 눈칫밥이라도 먹을 작정으로 밥상에 앉으면 손 씻고 오라고 해서 다녀오면 밥은 이미 다 먹어버려서 굶는 일이 허다했다고 했다. 이런 소식을 들은 할머니가 결국은 인편을 통해 아버지를 도쿄로 데려가셨다. 일본에서는 할머니가 공장에서 일한 덕분에 넉넉하진 않았지만 다섯 식구가 밥은 먹고 살았다. 아버지는 혼기에 이르자 20살 되던 해인 1943년에 제주로 귀향했다.

제주에 오신 후 주정공장에 다니면서 같은 해에 제주시 광양의

제주주정공장 재직 당시의 아버지(오른쪽 5번째)

남평문씨 집안의 딸과 결혼하셨다. 외조부는 광양에서 상당한 지주였고 어머니의 손위 오빠들은 제주농업학교를 졸업하고 일본 유학을 다녀온 집안이었다. 어머니가 무학인 걸 보면 당시 외조부가 딸에게는 공부를 가르치지 않았던 모양이다. 어머니는 같은 또래끼리 모여 동네 야학에 잠깐 다녔다고 하셨다. 공부는 할 수 없었지만, 풍족하게 살면서 시집을 오기 전까지 큰 어려움 없이 사셨다고 한다.

막상 시집을 왔으나, 아버지가 월급을 타면 전부 할머니에게 드리는 바람에 어머니는 쌀 한 되 살 돈도 없이 살았다고 했다. 그러니 시어머니는 고사하고 남편도 믿을 수가 없어, 시집온 지 얼마 뒤에 친정으로 돌아가버렸다. 주변 분들이 어머니를 달래서 다시 시집으로 돌아왔는데, 5년이나 지난 1948년에 큰딸을 낳았다.

해방 후 1948년에 발생한 4·3 때 아버지는 한국말에 서툰 탓에 모함을 당해 경찰서에 세 번이나 끌려가는 고초를 겪어야 했다. 제주시 산지포구의 금산수원지 인근이 대대로 살아온 터전이라 무장대와는 아무런 연결고리가 없음에도 친일파라는 둥 무장대와 연통하고 있다는 둥, 주정공장 동료들의 모함으로 경찰서에 끌려갔다고 한다. 생전에 아버지는 약주라도 한잔하면 가끔 이런 말씀을 하셨다. 경찰에 세 번이나 끌려온 아버지를 보고 조사관이, 제주에서 살면 주임 자리를 노리는 동료들의 모함으로 언제 죽을지 모르니 차라리 제주를 떠나는 게 좋을 것 같다고 하더라는 것이다.

1950년 전라북도 군산에 한국주정공업주식회사가 생기자 제주에서 주정공장에 다닌 주정 기술자 대여섯 명이 취직하면서 아버지도 군산으로 터전을 옮기게 되었다. 제주를 떠나면서도 다른 일행들은 여객선을 타고 갔는데, 아버지는 배삯이 없어서 절간고구마(빼대기)를 운송하러 온 화물선를 타고 가셨다. 아버지가 먼저 가서 군산에 자리를 잡은 뒤 어머니와 딸은 나중에 데리고 가게 되었다. 6월 20일경 어머니와 세 살 난 딸을 데리고 목포를 거쳐 군산으로 가는데, 군산에 가자마자 한국전쟁이 터지는 바람에 옥구면으로 피난을 갔다. 어머니는 전쟁이 터져도 잠시 피하면 되는 줄 알았다고, 피난을 가면서도 젖먹이를 등에 업고 양산을 쓰고 갔다고 말해서 한참 웃은 적이 있다.

몇 개월 피난살이를 한 뒤 아버지는 군산의 한국주정에서 열심히 일하여, 학력은 없으나 주정을 워낙 잘 만들었기 때문에 주정 전문가로 인정을 받으셨다. 한국주정은 지금과 비교하면 대기업과 같은 직장이었다. 월급도 상당히 좋았고 사택도 배정받아서 생활했다. 스무 살까지 일본에서 살았기 때문인지 일식, 중식 가릴 것 없이 좋아했다. 술도 꽤 많이 드셔서 요정 같은 곳에도 자주 가셨는데, 어머니가 가슴앓이도 많이 했다.

군산에서는 생활이 풍족한 편이었다. 덕분에 논도 사들여 병작으로 빌려주는 농사도 지었다. 할아버지가 돌아가신 뒤 부채를 정산하기 해서 팔았던 제주의 밭도 대부분 다시 사들였고, 제주에 계신 할머니가 농사를 지으면서 생활하셨다.

아버지는 1963년 초에 목포에 있는 보해양조의 생산과장으로 직장을 옮겨 정년퇴직 때까지 10년간 재직했다. 당시는 50세가 되면 정년퇴직하는 게 보통이었다. 짧은 기간이지만, 자식들이 모두 고등학교와 대학을 다닐 때라 부담이 됐지만 묵묵하게 버티셨기에 그나마 별 탈 없이 지낼 수 있었다.

보해양조에 다닐 때 직장 동료들과 집에서 회식하면, 90도가 넘는 주정에 윗집에서 길어온 샘물을 타서, 날짜 마지막 숫자로 20도부터 30도까지 도수를 맞춰 드시곤 했는데, 그럴 때 아버지가 쓰던 알코올 도수계를 나는 지금도 유품으로 가지고 있다. 주정을 생산하는 날이면 아버지는 품질을 검사하느라 주정을 희석하여 마시는 날도 많았고, 주정 전문가였기 때문에 술을 마시고 오는 날이 참 많았다. 어린 시절 아버지가 거나하게 취한 발소리가 들리면 나는 얼른 이불 속으로 들어가 자는 척하는 때가 많았다.

아버지는 50세인 1973년에 고향인 제주로 귀향하셨다. 군산과 목포에서 직장을 다니면서 사들인 땅을 기반으로 부동산 임대료 등으로 여생을 보내시다 83세에 할아버지 곁으로 가셨다.

2. 군산·목포·제주에서 보낸 어린 시절

1960년 5월 17일, 전라북도 군산시 중동에서 태어났다. 그러나 군산에서 지낸 생활은 기억이 전혀 없다.

네 살 때 목포로 이사를 와서 목포역 앞에 있는 보해양조의 맞은편 건물에 잠깐 살았다. 아마 보해양조의 주정 재료를 보관하는 창고였던 것 같은데, 상당히 넓은 공간으로 1층에 방이 있어서,

집을 구하기 전까지 몇 개월 이곳에서 살았다. 2층으로 된 건물이었는데, 2층에는 오래된 널판이 삭아서 중간 중간이 휑하니 뚫려 아래가 보였다.

하루는 2층에 올라가서 놀고 있는데, 삭은 널판 사이로 어머니가 빨래하는 모습이 보였다. 널판을 살살 밟으며 앞으로 나가다가 그만 빠져

첫돌 사진

서, 널판을 받치는 각목 사이에 양팔이 끼여버렸다. "엄마!" 아들 비명에 놀란 어머니가 급히 올라와 끌어 올려준 덕분에 다행히 크게 다친 곳은 없었다. 무릎과 양 겨드랑이 피부가 까진 정도였지만, 어머니가 꾸짖는 소리에 아프다는 말도 꺼내지 못했다. 뭐 하러 위험한 2층에 올라갔느냐, 떨어지면 어쩌려고 했느냐고 호되게 야단을 맞아야 했다. 어머니는 심장이 멎을 정도로 놀랐겠지만, 그래도 저녁에 아무 말씀도 안 하셨다. 아버지가 알았으면 한바탕 난리가 났을 텐데…. 마음을 졸였던 기억과 함께, 어머니가 고마웠던 기억이 난다.

얼마 후 우리 가족은 산정동 기와집으로 이사했고, 제주로 귀향할 때까지 10년을 살았다. 기찻길 옆 동네였는데, 우리 집은 기찻길에서 도로를 지나 얕은 동산을 따라 대여섯 집 건너에 있었다.

자그마한 ㄱ자형 기와집으로, 방 3칸과 양옆으로 부엌이 있고, 가운데는 마당과 장독대, 대문 옆에는 화장실이 있었다. 부엌과 대문 사이에 흑장미가 심겨 있어서, 늦은 봄이면 참으로 아름답게 꽃을 피우곤 했다.

우리 집 맞은편에는 '마루보시'라고 하는 골목집들이 줄지어 있었다. 나중에 알고 보니 '마루보시(丸星)'는 원래 일제강점기의 화물운송회사 이름으로, 그 회사의 화물 창고와 하역 인부 숙소를 일컫는 말이기도 했는데, 그 건물들이 해방 후 사택으로 개조된 뒤에도 여전히 그렇게 불리고 있었던 것이다. 집들은 양쪽으로 칸칸이 연결되어 있었는데, 한쪽 줄이 대략 10여 채가 붙어서 서로 마주 보고 있었다. 이곳에는 젊은 세대가 많이 살고 있어서 내 또래 친구가 많았다. 중학교 1학년 겨울에 제주로 이사를 하기 전까지 살았는데, 어릴 적 추억이 가장 많은 곳이다.

초등학교(당시는 국민학교)에 들어가기 전까지는 기억이 별로 없다. 다만 기억나는 것은, 아침에 일어나면 중국집 빈 그릇이 마당에 놓여 있곤 했는데, 형과 누나의 얘기로는 어젯밤에 아버지가 퇴근한 뒤에 중국집 요리를 불러 먹었다는 것이다. 나는 일찍 잠이 들어 깨워도 일어나지 않아서 막내만 놔두고 먹었다는 것이다. 억울해도 어쩔 수 없었다. 그래도 가끔 부엌에서 '지지직' 기름으로 볶는 요란한 소리가 들렸고, 아버지가 볶음밥을 만들어주곤 했다. 어릴 때 먹었던, 돼지기름으로 만든 볶음밥은 지금도 정말 맛있는 요리다.

여덟 살 때 목포교육대학 부속초등학교에 입학했다. 집에서 가까운 산정초등학교가 있었지만, 열두 살 위의 띠동갑인 큰 누나가 목포교육대학에 입학하면서 나도 부속초등학교에 입학했다. 교육대학과 초등학교 건물은 도로를 사이에 두고 있었다. 학교까지는 2킬로미터 정도 떨어져 있어서, 1학년과 2학년 때는 등교할 때 누나 손을 잡고 총총걸음으로 걸어가곤 했다. 누나와 함께 가

초등학교 1학년 때

지 않으면 30분 남짓 걸어서 다녔고, 마이크로버스를 이용하기도 했다. 당시 버스비는 5원 정도였던 것 같다. 등교할 때는 가죽가방을 메고 운동화를 신고 가지만 집에 돌아오면 고무신으로 갈아신고 놀았다. 여름철에 뛰어가다 보면 발에 땀이 차서 고무신이 벗겨져, 다시 돌아가서 고무신을 신고 달렸던 기억이 난다.

초등학교 시절의 놀이는 주로 딱지치기·비석치기·구슬치기·말타기·땅따먹기 등 어느 지역이나 대동소이했다. 그러나 목포에서는 기찻길이 바로 옆이라 못창을 만들어 개구리잡이를 하곤 했다. 대못을 기차선로에 두고 기차가 지나가면 뾰족해진 촉이 되는데, 대나무 끝에 촉을 묶어 검은 고무줄로 당기는 창을 만들어 사용했다. 대나무 못창의 수확이 항상 좋은 건 아니었다. 일자로 고르

게 쭉 뻗은 대나무가 아니면, 개구리를 조준하여 쏘더라도 흔들거리면서 맞추질 못했다. 고른 대나무 못창을 만들어도 수십 번 조준 연습을 해야 했다. 마지막으로 중요한 것은, 물속에서 머리만 내밀고 있는 개구리에게 최대한 가까이 접근해야 한다.

한 번 잡으러 가면 마릿수가 꽤 됐다. 동네에서 소문난 일명 '개구리 대장'을 따라나서면, 그날은 수확도 좋고 개구리 손질도 수월하게 할 수 있다. 살아 있는 개구리를 손으로 뒷다리만 잘라내는 것도 쉬운 일이 아니다. 나는 몇 번 시도해봤지만, 손에 닿는 느낌부터 징그러워서 도무지 엄두가 나질 않았다. 손질이 끝나면 주변의 잔가지들을 모아서 불을 피우고, 나무 꼬치에 꿰어서 돌리면서 익히는데, 이것도 솜씨가 필요했다. 어릴 때라 서로 떠들면서 웃다 보면 새까맣게 타버려서 맛을 못 보는 경우도 많았다. 그래도 제법 큰 개구리는 한 사람이 대여섯 마리면 괜찮은 수확이었다. 문제는 집에 돌아오고 난 뒤다. 어머니가 어떻게 알았는지, 불장난하다가 왔다고 다그치면서 빗자루를 먼저 들곤 했다. 나무로 불을 피우면 옷에서 냄새가 난다는 걸 초등학교 고학년이 돼서야 알았다.

당시의 짓궂은 장난으로는 남의 집 초인종 누르기였다. 당시에는 초인종 있는 집이 드물었다. 초인종 있는 집을 골라 여럿이 함께 가서 초인종을 누르고 잽싸게 달아나는 것이다. 한두 번은 성공하지만, 서너 번부터는 붙잡힐 각오를 해야 한다. 그런데도 가위바위보로 순번을 정한 뒤 초인종을 누르고 달아나기를 반복하는데, 세 번째부터는 걸리기 일쑤였다. 초인종을 누름과 동시에 달아나야 하는데, 주인이 문 뒤에 숨어 있다가 초인종을 누르는 순간에 곧바로 나오면 잡히고 마는 것이다.

잡히면 그때부터 문제가 복잡해진다. 우선은 집 안으로 끌려가서 이름이며 부모님 성함과 직장, 사는 곳을 묻는 대로 대답하고, 다니는 학교, 반, 번호, 담임선생 이름까지 실토해야 한다. 그러다가 대답이 늦으면 몇 대 맞기도 한다. 그런 다음 부모님을 만나러 가자고 하거나 학교로 선생님을 만나러 가자고 할 때는 손이 발이 되게 빌어야 한다. 그런 다음 눈물 콧물 흘리면서 잘못했다고 사정하면서 엉엉 울게 된다. 두 번 다시 안 하겠다고 싹싹 빌면서 어떻게든 풀려나면, 친구들이 먼발치에 숨어 있다가 나타나서 자초지종을 묻는다. 그러면 언제 빌고 사정했냐는 듯이 시치미를 떼면서 의기양양하게 똥폼을 잡는 것이다. 어린 나이에도 친구들한테 놀림감이 되고 싶지 않은 허세랄까?

초등학교 고학년이 되면 아이스께끼 장사를 하는 친구들이 종종 있었다. 나도 한번은 몇 푼 벌어보겠다고 따라나섰다. 아이스께끼를 팔 때는 현금도 받지만, 밀가루를 담던 부대를 갖고 다니면서 빈 병을 받기도 했다. 그런데 아이스께끼를 팔러 다니다가 넘어지는 바람에 밀가루 부대에 담긴 소주병들이 왕창 깨져버렸다. 그걸 변상하느라 거의 한 달 동안 고생하고선 두 번 다시 하겠다는 생각을 접었다. 얼마나 피를 말렸는지, 꼭 저녁 먹는 시간이면 불러내서 돈 갚으라고 독촉하는데 정말 기가 막힐 노릇이었다. 결국, 빚 청산은 했지만 어린 나이에 빚쟁이였으니, 지금 생각하면 추억이었기에 다행이다.

1973년, 중학교 1학년 겨울방학 때 고향으로 귀향하는 부모님과 제주로 왔다. 고향이라면 태어나 자라난 곳 또는 조상이 오래 누리며 살던 곳인데, 나는 후자에 속한다. 그해 겨울방학 중에는 동갑내기인 내종사촌과 '하루가 멀다' 할 정도로 싸돌아다녔다. 이듬해 2월에 개학했지만, 나는 전학생이기 때문에 등교하지 못했다. 3월 신학기가 돼야 행정처리가 되기 때문이었다. 그래서 2월 한 달은 학교도 못 가고 땡땡이로 보냈다. 형과 누나들도 따로 살고 있어서 나를 간섭하거나 지도하지도 못했기 때문에 공부와는 담을 쌓고 보냈다.

  결국, 사달이 났다. 전학 처리가 된 뒤 2학년 3월 초에 본 시험 성적이 엉망이었던 것이다. 영어는 2월에 배운 문법, 수학은 집합에 관한 문제가 대부분이었다. 암기과목은 벼락치기 성적으로 그나마 상위권에 들었지만, 영어과 수학 성적은 중간을 간신히 넘긴 정도였다. 선생님에게 불려가 1학년 성적과 비교하면서 호되게 꾸중을 들어야 했다. 그러나 고향이라지만 제주도 말을 잘 몰라서 친구들과 사귀는 것도 어려웠다. 성격이 내성적인 데다 다한증으로 땀을 흘리는 체질이라 의욕도 약한 편이었다. 영어와 수학에 대한 자신감이 떨어지면서 공부는 점차 뒷전으로 밀려나게 되었다. 암기과목 성적으로 간신히 상위권을 유지할 뿐이었다. 인문계 고등학교는 무난히 들어갔지만, 두 과목은 졸업할 때까지 여전히 어려운 관문이었다.

  중학교 2학년 가을, 학교 친구가 하루는 『선데이 서울』이라는 성인용 주간지를 팔면 용돈을 꽤 만질 수 있다고 했다. 동문로터리 일대 주점을 돌면서 팔면 불티나게 팔 수 있다는 것이다. 자기는 이틀간 300원 정도를 벌었다고 했다. 1975년 판매가격이 내 기억으로 60~70원 정도였다. 권당 10원 정도를 수수료로 받는데, 학생증을 맡기고 10권씩 받아다가 팔면 100원 정도 남으니까, 하루에 두 번 돌면 20권 정도는 무난히 팔 수 있다는 것이다. 나는 경험 삼아 같이 하되 각자 10권씩 받아서 팔기로 했다. 가장 잘 팔리는 곳은 아무래도 어른들이 있는 주점이니까, 그런 곳을 중심으로 돌아야 한다고 했다. 술에 취한 좌석은 거의 한 권씩 사주는데, 잔돈이 없는 척하면 학생이냐고 물으면서 잔돈을 안 받는다는 귀띔도 해줬다. 지금은 산지천으로 변했지만, 당시에는 복개천으로 되어 있었고, 그 주변에는 술집이 많았다. 그런데 저녁 늦게까지 팔았지만 서너 권밖에 팔지 못했다. 친구는 그나마 좀 더 팔았지만 10권을 다 팔지는 못했다. 다음날도 마찬가지였다. 이틀간 40원 정도 벌었던 것 같다. 그런데 첫날부터 예상수입이 200원 정도는 될 것으로 생각하고 밥에 과자까지 사 먹느라 적자가 났다. 용돈벌이는 고사하고 매일 저녁 늦게까지 더 할 수도 없었다.

나중에 집에서 알게 되었다. 집안 친척이 나를 보고선, 아들이 잡지 팔러 술집을 다닌다고 어머니에게 이르면서 들통이 난 것이다. 어머니는 대성통곡을 하면서, 할 짓이 없어서 어릴 때부터 술집을 드나들면서 더러운 잡지나 팔고 있냐고 하셨다. 아버지는 경험 삼아 한 거 같으니, 앞으로는 그만두라고만 하셨다. 어린 시절의 추억이지만, 그래도 인생 경험의 한 페이지로 기억에 남아 있다.

3. 〈이수일과 심순애〉
― 나를 예술계에 몸담게 한 신파극

1980년 5월 17일 비상계엄이 확대되고 전국 대학에 휴교령이 내려 학교에 갈 수 없는 상황이었다. 당시 나는 제주대학교 농과대학 원예학과 2학년에 재학 중이었는데, 다른 교과목은 수업이 진행되지 못하고 전공과목인 현장실습은 허용된 것으로 기억된다. 6월쯤엔가, 제주시 이호동에 있는, 워싱턴야자 등 아열대식물을 재배하는 농장이 원예작물도 함께 재배하고 있어서, 원예학과 학생들에게는 그 농장이 현장실습 장소로 배정되었다.

하루는 현장실습이 끝나고 집에 가던 중에 학생들 몇 명이 제주시 동문시장 내에 있는 일명 지하살롱이라는 소줏집에서 한잔하게 되었다. 1970년대와 1980년대에 제주에서 대학을 다닌 사람들은 대부분 기억하고 있을 것이다. 동양극장 뒷골목에서 서쪽으로 가다 보면 오른쪽으로 꺾어드는 골목 안쪽에 가게가 둘 있었다. 오후만 되면 대학생들로 연일 만원이었다. 그럴 수밖에 없는 것이, 소주나 막걸리만 시키면 삶은 돼지의 간과 허파를 몇 점 넣은 뚝배기 국물이 공짜로 무한 리필이었기 때문이다.

이런저런 이야기를 나누며 해질녘까지 마시고 있었다. 일행 가운데 이동훈이 약속이 있어서 가봐야 한다며 일어나기에, 웬만하면 자리를 옮겨서 한잔 더 하자고 붙잡게 되었다. 동훈이는 부득불 가야 한다고 완강했는데, 이유인즉 가람극회에서 연극 연습이 있기 때문이라는 것이다. 연극? 그 단어를 듣는 순간 귀가 쫑긋거려, 사정을 물어보았다. 간단히 들어본즉, 1975년에 제주YMCA 안에 연극 동아리인 '가람극회'(제주YMCA 대학생 극예술연구회)가 창립했고, 1980년까지 약 20편의 작품을 공연했다는 것이다. 창립 당시 활동했던 지도위원들과 선배들도 이런저런 사정으로 양분되어 활동하고 있다고 했다. 지금은 그가 가람극회 회장을 맡고 있고, 남은 회원들과 재창립의 의기투합으로 9월에 신파극 〈이수일과 심순애〉를 공연할 예정이라고 했다.

나로서는 초등학교 때 학예발표회에서 단역으로 연극에 출연했던 기억은 있지만, 당시까지 연극을 할 기회가 없었다. 특별히 예술 분야에서 활동하고 싶다는 욕심도 없었다. 그런데도 술자리에서 연극 연습이라는 말 한마디 듣고는 갑자기 온몸이 떨리는 느낌을 받았다. 나도 한번 해보고 싶다는 생각과 동시에 두려운 마음도 들었다. 연극이라면 관객 앞에 나서야 하는 일이 아닌가. 나는 어릴 적부터 내성적이라 부끄럼도 많이 타고, 평상시에도 땀을 많이 흘리기 때문에 사람들 앞에 나서는 걸 두려워했다. (그게 다한증이라는 것을 안 것은 한참 뒤였고, 다한증을 고치려고 애쓴 적도 많았다. 초등학교 때는 어머니 손에 이끌려 한의원 문턱도 꽤 밟았지만, 효과가 없었다. 용하다는 넋들이 집도 수없이 드나들었다. 때로는 아침 일찍 서둘러 가야만 차례가 온다며 침쟁이 집을 새벽부터 찾아가 정수리며 인중이며 온갖 혈에 침도 맞았지만, 흐르는 땀은 멈출 줄 몰랐다.)

나는 친구에게 이런 안타까운 속내까지 털어놓았다. 그러고 나서 결론인즉, 나중에 직장이나 사회생활을 위해서라도 연극 활동을 하면 뭔가 자신감도 생기고 성격도 활발해질 것 같으니, 연극 연습하는 곳에 따라가고 싶다고 말했다.

그러자 동훈이가 말하기를, 가람극회에는 아무나 입회할 수 없으며, 선배들의 심사도 거쳐야 한다는 것이다. 나는 술도 얼마간 취했겠다, 목소리를 높이면서 꼭 같이 가고 싶다고 억지를 부렸다. 동훈이도 난감했을 것이다. 결국은 술자리를 급히 파하고, 비틀거리며 연극 연습 장소로 따라나섰다.

우리가 도착한 곳은 서문통 제주은행 남쪽 맞은편 골목, 옛 현대극장 입구에 있는 제주YMCA였다. 정문을 들어서서 왼쪽에 있는 건물의 출입문을 열고 들어갔다. 바짝 긴장해서 허리도 약간 숙인 채 조심스레 들어갔다. 실내에는 다행히 아무도 없었다. 전면에 한 뼘 높이의 작은 무대가 있었다. 무대 벽면에는 큰 도화지 한 장마다 한 글자씩, '제주YMCA 어린이집'이 붙어 있고, 무대 앞에는 어린이집에서 수업하는 교실로 사용하고 있었다. 양옆으로 벽을 따라 위에는 선풍기가, 중앙에는 위아래 미닫이 창문이, 아래는 강당에서 주로 사용하는 긴 나무의자가 놓여 있었다. 왼쪽 뒤에는 2층으로 올라가는 나무계단이 있는데, 2층은 조명실과 음향실로 사용하고 있다고 했다. 낮에는 어린이집으로 사용하고 저녁에는 가람극회가 사용하는 제주YMCA 소극장이었다.

저녁 연습이 있으니 회원들은 좀 있으면 올 테니까 잠깐 쉬고 있으라며, 동훈이는 대본을 읽고 있었다. 나는 할 일도 없고 해서 교실 한쪽에 있는 긴 의자에 앉았다. 낮에 마신 술기운도 오르고 더운 석양빛까지 강하게 받으니 꾸벅꾸벅 졸기 시작했다. 창문 모서리에 몇 차례 머리를 박기도 하다가, 몰려드는 졸음을 참을 수가 없었다. 발소리라도 들리면 일어날 기세로 의자 밑으로 들어가, 그나마 조금이라도 시원한 바닥에 누워버렸다.

한창 맛있는 꿀잠을 자고 있는데, 갑자기 "누구야? 누가 의자 밑에서 자는 거야?" 하는 소리에 화들짝 일어났다. 키는 자그마한데 통통한 사람이 나를 노려보고 있었다. 놀란 김에 나는 친구를 쳐다볼 겨를도 없이 바로 대답했다. "열심히 하겠습니다." 당시 연출을 맡은 제주대학교 국어교육과 출신 김종식 선배였다. 훗날 김종식 선배는 나를 만나기만 하면 당시 얘기를 하면서, "열심히 하겠습니다"를 내뱉곤 했다.

이런 우여곡절로 가담한 가람극회에 매일 등교하다시피 했다. 며칠 지나자 〈이수일과 심순애〉의 일본 순사 역을 맡게 되었다. 전체 50쪽 분량 가운데 1쪽에 불과한 대사지만 내가 맡은 역을 열심히 연습했다.

하루는 가람극회 대표인 이동훈이 제주도청에 마련된 계엄사령부에 공연 허가를 받으러 갈 때 나도 동행했다. 당시는 비상계엄 시국이라, 신문·방송뿐만 아니라 공연도 사전에 검열을 받고 허가를 받아야만 무대에 올릴 수 있는 상황이었다. 그러니 허가를 받으려면 검열을 통과할 수 있는 무난한 작품을 선택할 수밖에 없었다. 그래서 가람극회에서는 신파극 〈이수일과 심순애〉를 택했던 것이다. 검열을 받는 데 필요한 첨부 서류로 〈이수일과 심순애〉의 대본 복사본도 가지고 갔다. 대본을 검토하던 정훈장교(?)가 웃으면서 굳이 신파극 〈이수일과 심순애〉를 공연하는 이유가 뭐냐, 일제강점기에 저항 운동의 일환으로 공연했던 작품 아니냐

'가람극회' 엠티에서(1983년)

등등을 물었다. 웃는 얼굴에 침 못 뱉는다고 아양 떨 듯 다정하게 웃으면서 설명을 했다. 그런데 정훈장교는 일본 순사의 대사 중에 "빠가야로"를 빼라고 하면서도 시원하게 대본에 둥그런 도장을 찍어주었다. 실제 공연에서는 "빠가야로" 대사를 삭제하지 않고 공연했다(훗날 이동훈은 말하기를, 당시 장교는 제주대학교 교련 시간에 교관으로 있던 해군 대위라고 기억했다).

우여곡절 끝에 신파극 〈이수일과 심순애〉를 가람극회 전용 극장인 제주YMCA 소극장에서 9월 25일부터 27일까지 목·금·토 3일간 네 번(토요일 2회) 무대에 올렸다. 소극장 객석이 150석 정도였지만, 관객이 몰려드는 바람에 2층으로 올라가는 계단도 객석으로 사용해야 했다. 신발장이 적어서 입장하는 관객에게 신발

담는 비닐봉지를 나눠줘야 했다. 그런데도 공간이 모자라 관람을 포기하고 돌아가는 관객도 생겨났다.

9월 하순은 여름철의 더위가 한풀 꺾인 때였지만 막바지 더위가 있을 때였다. 좁은 실내에 300명 가까운 사람이 꽉 차 있으니 사람 열기로 상당히 더웠다. 더욱이 땀 냄새에, 신발을 벗었으니 발 냄새까지 뒤섞여 실내에 퍼졌으니, 오죽했으랴. 공연 후반기엔 실내 선풍기로는 도저히 감당이 안 되어 양옆 창문을 모두 열고 공연을 할 정도였다. 창문을 열었음에도 선풍기가 돌아가면서 뿜어내는 온갖 냄새는 참으로 고역이었을 것이다.

그래도 관객의 반응은 참 뜨거웠다. 공연 중에 부르는 이수일의 '무너진 사랑탑' 등을 부를 때는 함께 따라 부르기도 하고, 눈물을 훔치는 관객도 많았다.

내가 맡았던 일본 순사 역은 날카로운 목소리와 강압적인 동작으로 연기를 하지만, 약간 어리바리한 배역이었다. 며칠간 굶어 쓰러진 경성제국대학생 이수일을 위해 친구 전 군이 빵을 훔치다 걸려 일본 순사에게 잡혀가는 장면이다. 일본 순사는 친구의 뺨을 때리면서 절도죄에 공무집행방해죄, 천황모독죄로 콩밥을 먹여야 한다고 관객들을 보면서 큰 소리로 떠들어댄다. 친구는 그사이에 잽싸게 도망가고, 일본 순사는 "어서 가! 이 소센싱 새끼" 대사를 뱉으며 돌아서서 발로 차지만, 친구가 이미 도망가버린 허공에 헛발질로 엉덩방아를 찧는 우스꽝스러운 장면에 관객들은 얼씨구나 하면서 박수와 웃음을 터뜨리기도 했다.

마지막 부분에 앞서 심순애가 이수일의 품에서 "수일 씨, 가련하고 어리석은 계집, 여기서 한 많은 세상을 하직합니다." 대사와 함께 천천히 고개가 젖혀질 때는 또 언제 움직였냐는 듯이 모두가 하나같이 쥐죽은 듯 조용해지곤 했다.

이수일이 죽은 심순애를 안고 무대를 퇴장하는 피날레 장면에서는 소극장의 좁은 객석이 떠나갈 것처럼 박수 소리가 요란했다. 애틋한 사랑의 결말에 대한 아쉬움이 가장 컸겠지만, 코를 찌르는 공연장의 악취에서 벗어났다는 시원함도 함께 담겨 있었을 거라 회상해본다.

기대 이상의 성과를 이룬 연일 만원사례 때문에 마지막 날까지 이미 예매한 관객을 다 수용할 수가 없어서 하루 연장 공연을 해야 했다.

지금 와서 돌아보면, 1980년 가을은 5·18민주화운동으로 비상계엄이 전국을 뒤덮은 암담한 시절이었지만, 개인적으로는 내 인생에서 제주예술계에 반평생을 몸담게 만든 일생일대의 전환점이었다.

4.「떠나가는 배」비 건립

제주예총(한국예술문화단체총연합회 제주도지회)에 다니던 시절이다. 1999년 여름으로 기억하는데, 하루는 제주시 문화예술과의 H 과장으로부터 전화를 받았다. 내용인즉, 제주 일간지의 K 회장이 제안하여 양중해 시인의 「떠나가는 배」비(碑)를 건립하는데 제주예총이 사업을 맡아줬으면 했다. 양중해 시인은 제주예총 창립 초대 지회장과 2~3대, 7~8대 지회장을 지냈고, 당시는 제주문화원장을 맡고 있을 때였다.

그러나 제주예총은 부설 단체인 제주관광민속예술단의 상설 공연을 비롯하여 4월 왕벚꽃축제, 제주예총 창립기념행사, 6월 한라문화제─강릉단오제 축제 교류, 7월과 12월 청소년예술학교, 8월 제주도미술대전, 9월 한라문화제, 12월 기관지 《제주예술》 발간 등으로 1년 내내 쉴 새 없이 사업을 추진하고 있었다. 특히 하반기에 몰려 있는 사업을 추진하는 데도 사무국 인원으로 벅찬 실정인데, 연초부터 준비하고 있던 제주도미술대전과 한라문화제를 비롯하여 많은 사업이 여전히 남아 있어 도무지 엄두가 나질 않았다.

제주예총이 맡는 게 당연한 일이긴 하지만, 시간적으로나 예산상으로나 난관이 한둘이 아니었다. 과연 연내에 마무리할 수 있을지 가늠할 때, 그 결과는 불을 보듯 뻔했다. 제주시 문화예술과에 어려운 사정을 설명해도 막무가내였다. 비 건립을 무조건 연말까지 완료해야 한다는 것이다. 양중해 시인은 제주예총의 초대 지회장까지 지냈는데, 제주를 대표하는 문화예술단체인 제주예총에서 맡지 않으면 안 된다며 으름장까지 놓았다.

「떠나가는 배」는 시이면서 가곡의 노랫말이기 때문에, 사업을 추진하기에 앞서 문학계와 음악계의 의견을 들었으나 찬반으로 양분되어 있었다. 생존한 작가의 시비를 건립하는 데 반대하는 의견도 많았지만, 이번에 비를 세울 거면 제주와 관련된 시비와 노래비를 모아서 시비 동산을 만들자는 의견도 강했다. 하지만 제주시의 건립 의사가 워낙 강해서, 결국은 제주예총 회장단과 이사회에서 사업을 승인하고 추진하게 되었다. 그러나 추진하는 과정에 큰 문제에 봉착하게 되었다. 제주시에서 비 건립에 따른 보조금을 급히 확보하려다 보니 예산이 충분치 못했다. 「떠나가는 배」는 20행이 넘기 때문에, 일반적인 시비 형태인 세로형으로 제작하면 그나마 예산을 맞출 수 있는데, 제주섬 지형의 가로형으로 할 경우엔 제주석으로 하면 가능하지만, 암회색인 오석(烏石)을 사용하면 비용이 많이 들어간다는 것이다. 도내 석재사에 문의한 결과, 그렇게 큰 돌은 제주에서 3~4개월 안에 구하기도 어렵고, 육지에서 오석을 수송해 와야만 했다. 또한, 대형트럭과 선박을 이용하여 제주항까지 운송한 다음, 시를 새기는 비용까지 하면 천만 원 정도 든다고 했다.

여기저기 수소문하다가 우연히 일도2동 신산머루에 있는 호남석재 사장을 만났다. 그가 하는 말이, 자기네 업체에서 제작하는 비석의 비문은 양중해 선생이 전부 써주고 있으니, 두어 달 안에 오석을 구해서 12월 초까지는 비를 제작해주겠다는 것이다. 지성이면 감천이란 말이 이런 것인가 하는 마음이 들 정도로 고마웠다.

그러나 다음에 닥친 문제는 건립 장소였다. 애초에는 많은 사람이 오가며 볼 수 있는 제주항 여객터미널 인근을 염두에 두었는데, 그쪽에는 마땅한 장소가 없었다. 탑동 방파제, 사라봉 등대 언덕 등을 살폈으나 장기간 설치할 수 있는 행정상 허가구역이 아니어서, 차선책으로 탑동 해변공연장 잔디밭으로 확정했다. 추진하는 과정에서 기회가 있을 때마다 양중해 시인을 뵙고 의견을 구하면, 고생한다는 얘기 외에는 사견을 일절 밝히지 않았다.

1999년 12월 28일, 드디어 힘들게 추진한「떠나가는 배」비 건립 제막식이 열렸다. 양중해 시인 부부, 김태환 제주시장, 이봉만 제주시의회 부의장, 강영석 한라일보 회장, 제주예총 강영호 지회장을 비롯한 임원진, 비의 글을 써준 서예가 현병찬 선생 등 많은 내외빈이 참석했다.「떠나가는 배」의 노래를 작곡한 변훈 선생은 병환 중이라 참석하지 못했다. 세모인 12월 말인데 하늘이 도운 듯 날씨도 따뜻하여 행사도 무사히 끝났다.

제주예총의 역대 지회장이 참석하는 자문회의가 끝나고, 식사를 하는 자리에서「떠나가는 배」를 부르면 양중해 시인께서는 잔잔한 미소를 지으면서 흐뭇해하셨다.

한번은「떠나가는 배」를 지은 연유를 들었는데, 박목월 시인과 부두에서 떠나보내는 한 여인에 관한 내용이었다. 정확한 기억을 되살리기 힘들어, 당시 제주문화원에서 양중해 원장을 모셨던 현태용 사무국장의 회고로 정리하면 이렇다.

박목월 시인은 1951년 제주에 피난을 와서 칠성통에 있는 동화여관에 방을 얻어 살았는데, 그때 20대 여제자가 육지에서 따라왔다. 이런 사실을 알게 된 여자의 아버지가 제주까지 찾아와서 딸을 설득하여 데리고 가게 되었다. 당시 목월 시인은 제주 문인들과 동백다방에서 날마다 차도 마시고 문학 얘기도 하면서 지내곤 했다. 아버지의 요청에 딸은 이틀만 말미를 달라고 했다. 돈이 없어서 허리까지 흘러내린 머리카락을 팔아서 쌀을 사다가 저녁 상을 차려드린 뒤, 다음날 제주를 떠나게 되었다. 떠나는 날 동부두에는 30여 명의 문인이 배웅하러 나왔는데, 목월 시인과 양중해 시인만 마지막까지 남아서 연락선이 수평선 너머로 사라질 때까지 한참을 바라보다가 발길을 돌려세웠다고 한다. 동문로타리 부근 선술집에서 막걸리를 한잔하다가 종이가 없어서 시멘트 종이를 찢어서 시를 적었는데, 제주제일중학교에 같이 근무하던 변훈 선생이 곡을 붙인 것이 바로「떠나가는 배」라는 제목으로 사랑을 받는 노래이다.

그런데도 1980년대 중반까지 작사자는 미상으로 알려져 있었다. 노랫말 시가 양중해 시인의 작품으로 알려진 사정도 현태용 사무국장의 전언을 옮긴다. 양중해 시인이 1980년대 중반에 방송 출연차 제주MBC에 갔다가 오현고 제자이기도 한 김순두 선생(당시 라디오편성부장)과 편성국 사무실에서 차 한 잔을 하고 있었는데, 그때 라디오에서「떠나가는 배」가 흘러나오자 "이 노래, 내가 지은 시야." 했다고 한다. 그동안 방송과 음악교과서에 노래가 소개될 때 작사자 미상으로 나와도 아무 말도 안 하고 있다가 제자에게 무심코 발설한 것이다. 그 후 김순두 선생이 발 벗고 나서 문교부와 교육청을 비롯하여 백방으로 애를 쓴 끝에 양중해 시인의 시로 인정받게 되었다고 한다.

5. 천만다행, 축제를 살린 오색천의 기적

1998년 9월 22일부터 9월 30일까지 제주시 종합경기장 애향운동장에서 제37회 한라문화제가 한국예총 제주도지회 주최로 열렸다. 한라문화제는 때마침 9월 25일부터 종합경기장에서 개최된 제79회 전국체육대회 경축 문화행사로 펼쳐졌다. 당시 제주예총 사무처장을 맡고 있어서 연초부터 상당히 바쁘게 경축 문화행사로 한라문화제를 준비해왔다. 전국체전과 맞물려 개최되기에 여느 때보다 성대하게 문화제를 펼칠 수 있다는 자신감도 있었지만, 주변의 사전 평가도 좋은 편이었다.

9월 22일 한라산신제를 시작으로 다양한 프로그램이 순조롭게 진행되었다. 24일 열린 '98체전 전야 대축제는 경축 퍼레이드에 이어 제주예술인들이 출연하여 다양한 공연을 선보였다. 전국체전을 찾은 선수단과 관광객들로부터 박수갈채를 받는 등 연일 성공적인 일정을 보내고 있었다.

제9호 태풍 '야니'가 북상한다는 기상청 예보는 있었지만, 이맘때면 늘 그래왔듯이 제주를 비껴가면서 '비 좀 오겠지' 하는 안이한 기대를 버리지 못했다. 그러나 그것은 무지에 가까운 낙관이었고, 나는 그 대가를 혹독하게 치러야 했다. 한라문화제 개막 후 일주일 동안 이틀 정도 간간이 소나기성 빗방울이 내리긴 했으나 행사를 진행하는 데는 큰 지장이 없었다. 한라문화제 행사 8일째인 9월 29일, 화요일 11시경에 도지사 부인이 전국체전 선수단을 위한 자원봉사 관계자를 격려하는 한편 공연도 관람할 것이라는 연락을 받은 터였다.

　30일 새벽에 태풍이 마라도 남쪽 해상에 온다는 기상청 예보라면 29일 공연은 큰 지장이 없을 것 같았다. 그런데 28일, 종일 비가 내리기 시작하여 저녁에는 갑작스레 바람이 거세지고 빗방울이 굵어졌다. 상황실로 사용하는 컨테이너 지붕이 요란한 빗방울 떨어지는 소리에 시끄러울 정도였다. 순간적으로 한라문화제 집전본부 상황실 직원들과 스태프 등 모두가 특설무대 쪽으로 몰려갔다. 무대의 조명과 음향 타워를 내리고, 무대 배경판을 붙잡아 바람에 넘어가지 않도록 유지하는 일이 급선무였다. 혹여나 붙들어 맨 밧줄이 풀릴까 수시로 확인하고, 철제와 나무 지지대를 추가로 묶으며 강풍을 이겨내는 수밖에 없었다. 무대 배경판을 해체하고 다시 세우려면 배경 그림이 부분부분 뜯겨 엉망이 될 테니 하는 수 없이 붙들어 맬 수밖에 없었다.

　무대는 애향운동장 본부석 맞은편 계단형 객석을 등지고 설치되어 있었다. 바람이 회오리처럼 소용돌이치면서 무대를 때리기 때문에 좌우 양끝이 어지럽게 흔들렸다. 야속하게도 그날 밤은 참으로 길고도 처참했다. 사방은 으르렁거리는 바람 소리로 가득했고, 무대는 억수 같이 내리는 비에 무방비 상태였다. 조금이라도 센 바람이 불면 무대를 붙잡고 있다가 바람이 잔잔해지면 한숨 돌리는 순간의 연속이었다. 물에 젖은 장갑을 벗어 쥐어짜고 통통 부르튼 손을 옷에 닦아낸 다음 다시 장갑을 껴야 하는 일이 반복되었다. 얼굴과 옷에 줄줄 흐르는 빗물을 그냥 맞은 채, 몸으로는 무대 배경판을 지탱하고 손으로는 붙들고 있어야 했다. 물에 흠뻑

젖어 몰골이 초췌한 모습들은 하나같이 물에 빠진 생쥐나 다름없었다. 가만히 살펴보면 우습기 짝이 없지만 돌아볼 정신이 없었다. 바람이 강하게 불어와 "붙잡아", "바람 온다" 하고 외치는 소리가 들려오면 쏜살같이 달라붙어 붙잡곤 했다. '조금만 버티면 괜찮겠지!' 하는 희망으로 서로를 다독였다. 아침 여섯 시쯤 먼동이 트면서 바람도 조금씩 잦아들고 빗줄기도 사라지고 있었다.

모두가 잠도 못 자고 밤새 시달렸으니 피곤이 한껏 몰려와 지칠 대로 지쳤다. 오전부터 행사 준비하고 종일 행사를 진행하려면 간단하게나마 아침 식사를 해야 했다. 모두가 버스터미널 인근 해장국집으로 갔다. 모습은 한결같이 꾀죄죄했지만, 그래도 강풍과 폭우 속에서 밤새 무대를 지켜냈다는 승리감에 어깨에 힘도 주고 서로 다독였다. 간단하게 막걸리도 한 잔씩 돌리면서 따뜻한 국물로 속을 달랬다. 어제 밤새 전투를 치른 무적의 용사처럼 저마다 의기양양하게 무용담도 나누며 씩씩하게 식당 문을 나섰다.

애향운동장으로 들어서서 무대 현장이 가까워질수록 저 멀리 보이는 부회장님 모습이 아무래도 이상했다. 먼발치에서 보더라도 뭐라고 말하면서 좌우를 살피는 모습과 계단을 오르내리는 모습에 왠지 불길한 느낌이 들었다. 직원들이 밤새워 무대를 지킨다고 했는데, 아무도 보이지 않자 걱정하는 것 같았다. 빨리 가서 밤새 일어난 일을 설명드려야지 하고 걸음을 재촉했다. 그런데 무대에 점점 가까워지는 순간마다 눈에 잡히는 한 컷 한 컷의 이미지는 썰렁 그 자체였다. 밤새워 지켰던 무대 배경판은 몇 덩이의 잔해물이 되어 펜스 계단에 여기저기 뒹굴고 있고, 무대 바닥만 휑

하니 자리를 지키고 있을 뿐이었다.

"김 처장! 밤새 근무했다면서 무대 세트는 어디 갔어? 이게 지킨 거야?"

정말 믿을 수가 없었다. 이럴 수가! 무대는 누가 치웠다고 할 만큼 바닥만 남고 참담했다. 무대 세트는 고사하고, 펜스 계단과 무대 주변에는 부서진 조각들이 나뒹굴고 있었다. 식사하러 간 짧은 사이에 바람이 다시 한번 광기를 드러내 소용돌이치면서 무대 세트를 강타했던 것이다. 나는 그 자리에 주저앉을 뻔했다. 정오 무렵 공연이 시작되는데, 이제 대여섯 시간밖에 남지 않았다. 도지사 부인이 공연을 관람하러 온다는데, 애써 준비한 공연을 무대 세트도 없이 맨바닥에서 올려야 할 판이니, 이런 낭패가 또 없었다. 정말 아찔했다.

실경 공연처럼 숲이나 명승지와 같은 아름다운 배경에서 올리는 공연도 아닌데, 뒤에는 애향운동장 펜스 계단만 보일 뿐이니, 공연 장면들이 펜스를 배경으로 펼쳐지는 이미지가 떠오를 뿐이었다. 배비장과 애랑이 서로 정분을 나누는 애틋한 장면과 뒤주 속에 갇힌 배비장의 원통한 노래를 운동장 펜스를 배경으로 공연한다면, 그야말로 기가 막힐 노릇이다. 무대 세트 없이는 도저히 펼쳐질 수 없었다. 공연을 취소할 수밖에. 밤새워 지켰는데 해장국을 먹으러 간 사이에 불어닥친 강풍에 무대 세트가 날아가서 공연을 올리지 못하게 되었다고 보고하기도 참 난감한 노릇이었다.

이를 어쩐다? 절망 속에서도 머리는 미친 듯이 돌아가기 시작했다. 도대체 지금 이 상황에서 뭘 할 수 있지? 무대 세트를 다시 만들 시간은 없고, 그렇다고 세트를 빌려올 수도 없고… 그나마 무대 주변은 어지럽지만, 조금만 치우면 공간을 되살릴 수도 있겠다는 생각이 들었다.

무대를 둘러보던 나는 한 가지 아이디어가 떠올랐다. '오색천!' 그래, 오색천으로 무대 세트를 조금이나마 커버하면 어떨까? 완벽한 무대 배경판과 질감까지 기대할 수는 없겠지만, 색감은 어느 정도 커버가 될 것 같았다. 바람에 날리는 천의 잔잔한 질감으로 무대 상부의 분위기를 연출할 수 있지 않을까? 대나무와 천 사이로 보이는 펜스 계단은 어쩔 수 없지만.

망설이고 있을 시간이 없었다. 주변 장식에 사용했던 대나무 장대와 오색천을 모두 꺼내고, 모두가 달라붙어 오색천을 대나무 위에 매달아 장대를 무대 세트 뒤에 세우고 고정하는 작업이 우선이었다. 시간이 그리 오래 걸리는 작업은 아니었다. 바람에 한 번 된통 당한 처지라, 오색천 장대의 간격과 높이도 비슷하게 맞춰가며 조임 상태를 두 번 세 번 확인했다. 마음에는 썩 흡족하진 않지만 그나마 구색 맞추기의 외형은 괜찮았다.

한편으로는 참으로 억울하기 그지없었다. 밤새워 지킨 무대가 일순간에 사라진 바람에 이런 고생을 하고 있으니 말이다. 해장국 먹는 시간이 얼마나 된다고, 순간을 참지 못하고 굳이 먹으러 가야 했을까 하는 후회가 앞서기도 했다. 배달시켜 먹었으면 그나마 지킬 수 있었을 텐데. 그래도 잊자, 모두 잊어. 이렇게라도 해결되면 됐다는 생각으로 위안을 삼았다.

시간이 흘러 공연 시작 한 시간 전. 무대는 비로소 새로운 얼굴을 갖추었다. 배경판은 없지만, 과장을 좀 하자면 오색천이 흩날리며 만든 자연스러운 곡선과 색의 조화는 야외무대가 주는 여백과 어울렸다. 출연자들도 그동안 있었던 이야기를 들었는지, "처장님, 무대가 더 멋져요." 하며 내 기분을 달래주었다. 정말 낯 뜨거운 말이었다. 공연 시간이 되어, 관객들은 그런 사정도 모른 채 공연을 관람했다. 〈애랑이 보레 옵데가〉 작품이 워낙 좋았지만, 출연진도 어느 때보다 더욱 맛깔나게 연기를 해줬다. 도지사 부인과 도청 관계자들도 소식을 들었는지 수고했다는 격려를 해줬다.

공연뿐만 아니라 다른 행사도 아무 사고 없이 마무리되었다. 누가 알았을까. 그 모든 게, 태풍 속에서 무너진 무대 위, 오색천과 대나무 장대로 급조된 무대란 것을.

축제가 다 끝난 뒤 무대를 철수하면서 대나무 장대를 내리고 오색천을 접어서 보관 상자에 담을 때는 '천만다행'이라는 말이 생각났다. 아무것도 남지 않은 썰렁함이 주는 절망감 속에서 순간 떠오른 발상의 조합이 가끔 기대 이상의 성과로 이어진다는 것을 깨닫게 된다. 연극이란 무대는 그 위에 서는 사람만이 아니라, 그 뒤를 받치는 수많은 이야기로 완성된다는 사실이야말로 진리일 것이다.

6. 한라문화제와 강릉단오제의 축제 교류

해마다 한라문화제를 준비하면서 겪는 가장 큰 어려움은 새로운 기획 프로그램을 개발하는 일이었다. 1998년 제37회 한라문화제는 제79회 전국체육대회와 연계하여 열리게 되었기 때문에 참가선수단 환영음악회 등 다채로운 프로그램을 기획하고 있었다. 하지만 한라문화제에 대한 부정적인 시각이 많다 보니 매년의 일회성 행사를 위한 프로그램보다 지속적으로 끌어갈 수 있는 기획안이 필요했다. 당시에는 전국적으로 전통문화를 소재로 한 축제들이 많았는데, 특히 1960~1970년대에 3대 전통 문화제로 평가받던 백제문화제와 신라문화제 등도 한라문화제와 같이 변화 없는 기획, 백화점식 나열 프로그램 등으로 대내외적 비난을 받으며 상당히 어려운 시기를 보내던 때였다.

고민하던 차에 3월 말, 전국의 전통문화축제 중에 한라문화제와 유사한 테마의 축제를 대상으로 상호교류 협약을 맺고 발전적인 전략을 마련할 계획을 수립했다. 그러나 백제문화제·신라문화제·개천예술제·강릉단오제 등을 대상으로 선정하여 조사한 결과, 백제문화제·신라문화제·개천예술제는 한라문화제와 같은 시기인 10월에 개최하고 있어서 상호교류가 어려운 실정이었다. 그나마 강릉단오제는 음력 5월 5일 단오절을 기점으로 열리기 때문에, 양력으로 6월 초라면 한라문화제와 교류하는데 가장 좋은 시기였다. 교통편도 1997년부터 강릉공항과 제주공항 사이에 직항편이 개설되어 어려움이 없을 것 같았다.

당시 강릉단오제는 강릉문화원에서 주관하고 있었는데, 강릉문화원 사무국의 심오섭 부장을 통해 축제 교류 계획을 타진했다. 며칠 뒤에 긍정적인 결과를 통보받고, 상호 방문의 조건을 타협

한 결과, 1998년 당해 연도부터 교류를 추진하되, 첫해는 당장 6월에 열리는 강릉단오제의 계획과 예산안이 확정된 상태여서 공연단 교류가 어려우니, 6월에는 제주예총이 강릉단오제를 견학차 방문하고, 9월에는 강릉문화원이 한라문화제에 공연단과 함께 방문하는 것으로 확정했다. 다음해부터는 매년 공연단을 초청하되 공연 출연료는 각자 부담하며, 30명 내외의 인원에 대해 축제 개최지 공항에 도착한 이후부터 떠날 때까지 체재비를 부담하는 것으로 결정했다. 제주예총과 강릉문화원 모두 보조금 예산에서 경비를 부담하는 처지라 민간 출연 보상금 수준에서 집행할 수밖에 없어, 상호 충분히 수용할 수 있는 조건이었다.

제주예총은 1998년 5월 28일부터 31일까지 3박 4일 일정으로 강영호 제주예총 회장을 비롯하여 임원진과 사무처 직원 등 20여 명이 강릉단오제를 방문했다. 제주예총 방문단은 도착한 첫날 거리행진에 초청 내빈으로 참여했는데, 마치 부처님오신날 연등 행진처럼 강릉시의 기관장과 단체장을 비롯하여 사전에 참가 신청한 시민과 관광객 등이 단오제를 즐겼는데, 연도에는 구경하는 인파로 가득했다.

강릉단오제는 신주빚기·대관령산신제·국사성황제 등 전통 제례부터 시작하여 강릉관노가면극 공연을 비롯하여 단오굿, 민속놀이, 초청 공연 등이 펼쳐졌다. 강릉 남대천 일대에서 열렸는데, 강릉시 남쪽을 동서로 흐르는 남대천의 둔치를 활용하여 각종 행사장과 난장을 배치했다. 중심 행사가 펼쳐지는 단오장을 중심으로 단오굿당과 동춘서커스의 대형 천막 등이 길게 늘어서 있었다. 동춘서커스는 이미 사라진 지 오랜 것으로 알고 있었는데, 강릉단오제에서 동춘서커스는 없어서는 안 될 정도로 인기가 높다고 했다.

강릉 남대천 맞은편에는 강릉단오제 축제 장터로 일명 '난장'이 열리는데, 전국의 많은 상인이 찾아와 온갖 물건을 팔고 있었다. 대관령 동쪽인 영동지방이 태백산맥으로 막혀 있어 대관령 서쪽 지역과 왕래가 힘들던 시절에 단오장이 열리면 전국에서 상인들이 모여들어 만물시장을 이루었고, 이렇게 모여든 상인들의 갖가지 물건을 사기 위해 강릉을 비롯한 인근 지역의 주민들이 장터에 몰려나왔다. 난장은 강릉단오제의 가장 큰 볼거리의 하나로, 그 자체가 축제장으로 자연스럽게 만들어진 것이다.

난장을 둘러보면서 놀란 것은, 팔고 있는 물건도 다양하지만, 매장 정리 세일처럼 가격도 아주 저렴한 것들이 많았다. 서울 남대문시장에서 왔다는 아주머니의 간곡한 호객행위에 넘어가 결국 여름용 이불 한 채를 샀는데, 버스에 오르자 먼저 탄 일행이 웃는 게 아닌가. 알고 보니, 너 나 할 것 없이 두툼한 이불 한 채씩 들고 탄 것이다. 저녁에 호텔에 들어갔더니, 카운터 주인도 강릉단오장에 오면 많은 이들이 이불 한두 채는 사간다고 웃으면서 얘기하는 것이다.

제주예총의 강릉단오제 교류 방문 이후 강릉문화원은 9월 한라문화제에 답방 형식이지만 초청예술단 공연 프로그램으로 9월 25일 서귀포 천지연광장, 9월 26일 제주시 애향운동장에서 강릉문화원 임영회의 〈강릉관노가면극〉을 무대에 올렸다. 강릉관노가면극은 관노(노비)들의 무언 가면극으로 약간의 재담만 있는

데, 한라문화제 행사장에서 연행될 때 무언극 형식의 탈놀이라 관객들의 반응이 낮을 것으로 우려했으나 예상과 달리 관객들의 몰입도가 높고 중간중간 웃음과 박수를 보내는 등 전반적인 반응은 상당히 좋았다.

이후로도 한라문화제와 강릉단오제는 해마다 상호 교류가 이어졌는데, 3년쯤 지난 2001년에는 제주공연단의 강릉단오제 공연 시간 배정과 관련한 에피소드가 있었다.

2001년 6월에 개최된 강릉단오제에는 제주예총 소속의 제주관광민속예술단이 참가했는데, 공연 시간이 저녁 10시였다. 제주에서도 저녁 10시에 공연을 한 적이 없지만, 강릉단오제 단오장에 마련된 야외무대에서는 공연 준비부터 철수까지 장시간을 대기실에서 기다려야 한다. 단원들 중에는 공연 시작 서너 시간 전부터 음식을 일절 삼가는 사람도 있었다. 점심을 조금 늦게 하더라도 아침 식사와 너무 간격을 두기도 그렇고, 공연이 끝난 뒤 철수할 때까지 열 시간 이상을 참아야 한다. 또, 숙소에 들어가면 자정에 가까워 정리하다 보면 심야 늦은 시간에 잠자리에 들게 되어 다음날 공연도 같은 시간이라 컨디션 조절도 걱정거리였다.

그동안 성공적으로 추진되어온 상호 교류였는데, 무슨 말 못할 사정이 있어서 일부러 공연 시간을 저녁 10시로 늦춘 것은 아닌가 하는 의구심마저 들었다. 그러나 주최측인 강릉문화원과 통화해보니, 상호 교류에 대한 평가는 부정적이 아니라 그 반대였다. 강릉단오제 공연에 제주예총 소속 제주관광민속예술단이 해마다 공연을 했는데, 그동안 공연한 작품의 평가가 가장 좋아서 단오제에 가장 많은 관람객이 모이는 시간인 저녁 10시에 배정한 것이었다. 예술단원들의 입장을 충분히 이해하지만, 강릉단오제를 찾는 강릉 시민과 국내외 관광객들에게 가장 좋은 공연을 선사해주고 싶다는 것이다. 결국, 내부 회의를 거쳐 강릉문화원의 요청을 받아들여 예정대로 저녁 10시에 공연을 하였다.

제주관광민속예술단은 민속 뮤지컬 〈애랑이 보레 옵데가〉를 공연했는데, 강릉지역 방송국을 비롯하여 강릉 시민과 영동지역 주민과 국내외 관광객들이 객석을 가득 메웠다. 제주 기생 애랑과 양반 배비장의 사랑 이야기인 〈배비장전〉을 박병도의 각색·연출로 1998년부터 제주민속관광타운에서 상설 공연으로 무대에 올려 국내외 관광객들부터 많은 찬사를 받고 있었다. 공연의 수준도 높지만, 우리 고유의 민속과 무속·민요·무용·노래·대사를 함께 엮어 민속 뮤지컬이라는 새로운 장르로 풀어냄으로써 공연예술의 묘미를 부각시킨 작품이다.

공연이 끝나고 정리하느라 시간이 꽤 걸렸는데도 버스로 이동하는 도로에서, 버스에 탈 때도, 연신 "공연이 너무 좋았다"거나, 당시 한창 유행하던 "따붕!"이란 말로 성원하거나, "제주에 가면 상설공연장에 꼭 가보겠다"는 등 응원과 격려를 받았다. 예술단원 모두가 힘든 하루였지만, 공연예술을 통한 제주의 민간 홍보대사의 역할을 함으로써 더욱 자부심을 갖게 되었다.

강릉단오제는 역사적으로 기원이 정확하지 않으나 학술적으로 원삼국시대로 보고 있으며, 중국의 단오제와는 날짜와 이름은 같지만 행사 자체가 달라, 유네스코에서도 2005년 한국 고유의 인

류무형문화유산으로 별도 등재한 것은 강릉문화원의 노고 덕분이다. 강릉단오제와 연계를 맺은 나로서는 경의를 표한다.

7. 제주예총 사무실 이전의 우여곡절

2003년 여름철로 기억한다. 제주예총 사무처장으로 일하고 있던 때였는데, 하루는 갑자기 제주문예회관을 관리하는 제주도문화진흥원(현, 제주특별자치도 문화예술진흥원)의 전시시설 담당자로부터 청천벽력과 같은 공문을 받았다. 제주예총은 문예회관 내 별관의 일부 공간을 사무실로 임대하여 사용하고 있었는데, 그 사무실을 대극장 로비 옆 공간으로 이전하라는 통보였다. 이유인즉, 전시공간이 부족하여 제주예총 사무실과 다목적 공간을 제2전시실로 조성할 계획으로 예산을 이미 확보해놨다는 거였다. 예총으로서는 이전을 제안받은 공간이 너무 협소했다. 예총 사무실과 바로 붙어 있는 다목적실은 예총과 회원단체의 각종 회의 장소와 한라문화제 상황실 등으로 연중 사용하고 있어서 도저히 옮길 수 없었다. 문예회관을 벗어나 다른 별도의 공간으로 임대 이전하는 방법밖에 없었다. 그러나 당장 이전할 공간을 찾는다는 건 예산도 전혀 없는 상황에서는 불가능한 일이었다.

급히 예총 산하의 시각예술 단체인 미술협회·건축가협회와 의논했다. 그러나 제주도내 시각예술인들은 전시장을 확충하는 사업에 적극적으로 찬성하고 있어서 예총의 입장에 손을 들어줄 수 없다는 결론이었다. 2000년경부터 문예회관의 전시실이 1개 실로 운영되면서 대관을 받지 못한 작가들의 불만이 끊이지 않던 때였다. 문화진흥원 자체의 기획전, 예총과 민예총 산하 회원단체들의 전시 사업, 서예대전, 전국 단위 공모작품전, 국가지정 유·무형문화재와 대한민국 문화훈장 수상자 개인전 및 추모전 등에 전시실을 우선적으로 대관하면 연간 55건 중에 20여 건이 배정되기 때문에, 일반 작가들의 대관은 하늘의 별 따기처럼 어려운 여건이었다.

예총 회장단은 긴급 이사회를 소집하여, 1988년에 문예회관을 개관하기 전에 제주예총 주최로 1986년 12월에 제주도 문예진흥기금 조성 초대미술전을 개최하여 이바지한 바가 크고, 현재 문화진흥원이 사용하고 있는 2층 사무실은 문예회관 기본계획을 수립할 당시 전시실로 설계되어 있었다는 사실을 근거로 내세워 이전 불가의 답변을 보내기로 하였다.

더욱이 참으로 난감했지만, 행정기관인 제주도문화진흥원에 대한 야속함은 이루 말로 표현할 수 없었다. 문화진흥원은 개관 당시부터 전시실을 사무실로 사용하고 있다가 15년이 지난 시점에 예총더러 작은 사무실로 이전하라고 하다니, 예총으로선 문예회관 밖으로 쫓겨나는 신세로 전락하고 말았으니 억울하고 가슴 아픈 일이 아닐 수 없었다.

다행히 제주도 문화예술과의 한동주 과장이 예총 이전과 관련하여 어려운 사정을 듣고 앞장서서 대안을 제시해주었다. 문화예술인회관 건립이 예술인들의 숙원사업이지만 회관을 건립하기에는 현실적으로 어려운 실정이니, 이 기회에 예총과 민예총이 함께 입주하여 우선 급한 대로 문화예술인회관을 조성하는 기반구축 사업으로 시작하자, 향후 본격적인 문화예술인회관을 장기적으로 추진하자는 것이었다.

당시 민예총은 삼도2동 중앙성당 인근 2층에 사무실이 있었다. 현경철 사무처장과 협의한 결과 민예총도 찬성할 것 같다는 것이다. 상호 회장단과 이사회의 승인을 얻기로 하였다. 그러나 계획대로만 되면 최상의 방안이었으나 최종 예산 확정까지는 안심할 수 없었다.

11월 중순에 문화진흥원에서는 예총 산하의 시각예술단체의 찬성 입장을 충분히 간파하고 있어서 제주도내 미술인을 대상으로 제2전시실 추진 상황 설명회를 개최했다. 설명회에 참석하여 예총이 문예회관에 사무실을 사용하게 된 연유와 과정을 설명했다. 그러나 참석자들은 예총의 입장에 상당히 냉담한 분위기였다. 더욱이 설명회가 끝난 후 한국미술협회 제주도지회 등 20개 단체는 문화진흥원 제2전시실 건립추진위원회를 구성하고 예총에 성명서를 전달하는 사태까지 발생했다. 내용인즉, "제주도 문예회관 내의 추가적인 전시실 확보는 도내 예술인 단체와 작가 개인, 그리고 도민들의 숙원으로, 전시실의 부족을 해소하기 위한 타개책으로 문예회관 내 제2전시실 건립을 적극 지지하며, 예총 사무실의 조속한 이전과 함께 전시실 확충이 이뤄지기를 결의한다"라는 것이었다.

예총에서도 곧이어 이사회를 열어 "전시장 확충에 근본적으로

동의하지만, 사전에 예산을 확보한 후 일방적으로 통보하는 권위주의적 발상을 비롯하여, 설명회를 개최해 예술계의 반목을 조장하는 제주도문화진흥원의 행위에 대해서 강력하게 항의하며, 현재 문화진흥원이 사용하고 있는 2층 사무실 또한 전시실로 계획된 공간이었으니, 공청회 등 보다 장기적인 관점으로 전시실 확보 방안을 마련해야 한다"는 견해를 밝혔다.

예총과 문화진흥원의 대립 관계였던 제2전시실 확충 문제는 예총 회원단체가 참여하는 제2전시실 건립추진위원회와의 대립 관계로 양상이 바뀌면서 예총 내부에서도 상당히 껄끄러운 상황이 계속되었다.

결국, 우여곡절 끝에 2003년 12월 도의회에서 8억 원이던 예산이 대폭 삭감되어 1억 8천만 원이 통과되면서 부족한 대로 예총과 민예총은 2004년 1월부터 급히 이전 장소를 물색하게 되었다. 예총의 서정용 회장과 민예총의 김수열 회장은 각 단체의 사무처장이 앞장서서 문예회관 인근 지역을 중심으로 임차공간을 물색하도록 일임했고, 그래서 찾아낸 장소가 사라봉 서쪽의 신축 건물인 세모빌딩이었다. 다만, 2층과 3층(각 90평)을 한꺼번에 임대하는 조건으로만 빌려주겠다는 것이었다. 그리하여 2004년 2월 제주도와 세모빌딩 소유주 간에 계약 체결이 완료되고 입주 준비를 하게 되었다.

예총과 민예총의 사무처장들은 고민이 생겼다. 3층까지 연결된 엘리베이터가 없었기 때문에, 예총과 민예총 가운데 어느 쪽이 2층을 사용하느냐가 문제였다. 그런데 예총 회장이 3층은 옥상과

가깝고 사무실 한쪽 천장에 캐노피가 있어서 3층을 사용하겠다고 결정하는 바람에, 사용하는 내내 천장을 통해 들어오는 햇살을 견뎌야 했다. 평상시에는 좋지만 무거운 짐을 들고 올라올 때는 여간 힘든 게 아니었다. 특히 한라문화제가 끝나고 많은 짐을 나를 때는 직접 손으로 나를 수밖에 없었다. 아마 엘리베이터 없는 주택에 살았던 사람은 익히 경험했을 것이다. 그래도 이게 얼마나 좋은가. 늘 불안한 셋방살이의 설움을 누가 알 것인가. 제주도에서 문화예술인회관을 건립하기 전에 우선 기반을 다지는 마중물로서 출발점이기에 더욱 기분이 좋았다.

2004년 2월 초에 이주 작업이 시작되었다. 예총 사무실 입구에 쌓인 미술대전 작품들을 작가들에게 연락하여 찾아가도록 독촉하는 한편, 오래된 자질구레한 짐들은 일일이 확인하면서 선별 과정을 거쳐 과감히 버렸다. 선별하는 과정에 참으로 귀한 유물들을 건지기도 했다. 양창보 회장 재임 때인 1982년 5월 제주예총이 주관한 한국예총지부장단 회의에서 안건으로 채택되어 1983년부터 1984년까지 특별사업으로 추진했던 추사 김정희 적거지 복원사업의 설계도면과 각종 서류, 복원 당시 과정을 촬영한 사진첩, 복원 사업비의 자체 자금을 마련하기 위해 판매했던 세한도 복사본 등 다양한 자료를 찾아냈던 것이다. 그 밖에도 각 협회의 창립 당시의 도록 및 팸플릿을 비롯하여 제주문화예술계의 활동상과 발자취를 파악할 수 있는 귀중한 자료들이 무수히 발견되었다.

2004년 3월 20일 드디어 제주예총과 제주민예총이 입주식을 가졌다. 김태환 도지사를 비롯하여 예총과 민예총 회장 및 산하

단체장들이 참석하여 격려와 축하의 뜻을 전했지만, 가장 뜻깊은 것은 각자 다른 길을 걸어온 제주 문화예술계의 양대 축이 전국에서 처음으로 한집살이를 시작하게 된 사실이었다. 서로 대립 평행선을 달리던 두 단체가 한집살이를 준비하면서 긴밀한 협력 관계를 맺고 향후 더욱 돈독한 사이로 발전할 가능성을 가시화할 수 있다는 점은 상당히 고무적인 일이었다.

이후 양 단체는 본 건물에서 활동하다가 2009년 2월 10일 재단법인 제주문화예술재단이 매입하여 사무실로 사용하는, 문예회관 인근의 건물로 이전하여 현재에 이르고 있다.

8. 『제주문화예술 60년사』 발간

2005년 8월 1일은 내가 제주를 대표하는 문화예술기관에 적을 두게 되는 일대 전환점으로, 1996년 3월 한국예총 제주도지회에 입사하여 10년간 사무처장으로 재직하다 재단법인 제주문화예술재단의 문예부장으로 옮겨 출근하는 첫날이었다.

입사 초기에는 누구나 그러겠지만, 상당히 낯설고 초조하고 마음의 여유도 없었다. 문화예술진흥부를 총괄하는 문예부장이라는 직함을 달고 있지만, 어느 정도의 시간이 흘러 여유가 좀 생기면 다음해의 새로운 사업계획도 세울 수 있을 것 같았다. 그런데 입사하여 일주일쯤 지난 때였다. 주·월간회의에서, 김병택 이사장으로부터 2006년도 문예진흥부의 제주도 보조금 사업계획안을 수립하라는 지시가 떨어졌다.

　기존에 하던 문예진흥기금 지원사업 등은 그대로 유지하면 되지만 신규사업을 승인받는 게 문제였다. 나로서는 예총 사무처장으로 있으면서 재단의 사업과 관련하여 가까이 살펴볼 수는 있었다. 하지만 세부적인 시스템은 알지 못한 상황이었다. 시간은 급하고 내부적으로 검토해야 할 시간적 여유가 없었다. 급한 대로 예총에 근무하면서 오랜 기간 숙고하고 제주도 문화예술과에 요청했지만 번번이 무산되었던 사업을 우선 올리자고 마음먹었다. 그중에 가장 하고 싶었던 사업이 제주문화예술의 활동상을 정리하는 '제주문화예술 60년사'의 발간이었다. 1945년 이후 제주문화예술계의 활동 자료를 수합하고 정리하여 각 분야별 원고를 작성하는 일은 1년의 기간으로는 부족하여 2년간의 지속 사업으로 추진할 계획이었다.

　제주예총에 재직할 때, 제주예총이 1962년에 창립된 이후 2002년이면 40주년을 맞이하므로 2001년 하반기에 제주예총 40년사를 발간할 계획을 수립한 적이 있었다. 그러나 제주예총 자체적으로 예산을 확보할 방도가 없었다. 제주도의 보조금을 받아야만 할 수 있는 사업인데, 민간단체의 40년사 발간을 지원받는 건 쉬운 일이 아니었다.

　그렇다면, 민간단체인 제주예총 사업으로 제주예총 40년사 발간이 안 된다면, 1945년 광복 이후 제주문화예술의 발자취를 집대성하는 사업으로 확대하여 제주도제 실시 60주년 기념사업으로 추진하면 가능할 것 같았다. 제주문화예술재단은 2001년에 개원되었으나 도드라진 사업을 추진하지 못하는 실정인데, 60년사 발간은 오히려 재단의 설립 취지와 목적에 가장 부합할 것 같다는 당위성도 담겨 있었다.

이미 제주예총이 1988년에 『제주문화예술백서』를 발간한 바 있고, 부록으로 1945년부터 1987년까지 문화예술 일지를 수록하고 있었다. 60년사 발간을 추진하는 데 가장 기초적인 자료는 그나마 확보된 여건이라고 판단했다. 그러나 이 판단은 기우였음을 실제로 사업을 추진하면서 뼈저리게 알게 되었다.

재단 내부 회의에서도 제주문화예술의 발전을 위해서는 가장 필요한 사업이라는 공감대를 얻었다. 특히 김병택 이사장으로부터 적극적으로 추진하라는 지시를 받게 되었다. 2005년 8월부터 제주도 문화예술과와 여러 차례 협의했다. 2006년부터 2007년까지 2억 원의 예산에 2년간 지속 사업으로 추진하는 발간 취지와 기대 성과를 충분히 설명하여 2006년도 재단 신규 사업에 반영하라는 승인을 받았다. 2005년 12월 제주도의회 예산심의와 제주문화예술재단 이사회의 승인도 잘 이루어졌다. 본격적으로 2006년 2월부터 발간 사업을 추진하기 위해 제주도 문화예술과와 업무협약을 맺고 세부추진계획 수립 및 편찬위원회 구성까지 물 흐르듯 진행되어 탄력을 받게 되었다.

그러나 25명의 분야별 집필진에게 자료로 제공해야 할 기초자료를 수집하는 게 가장 큰 문제였다. 장르별 조사위원을 위촉했지만, 신문 등 언론자료를 검색할 수 있는 기간은 그나마 다행인데, 1945년부터 문화예술 분야 기사를 검색할 수 없는 연도의 자료를 수집하고 분류하는 게 우선 급선무였다. 예총이 1988년에 발간한 『제주문화예술백서』에는 1945년 이후 제주문화예술 일지는 날짜별로 기록되어 있으나 내용이 전혀 없었다. 또한 부분적으로 정확하지 않은 게 많았다. 1988년 발간을 준비하면서 기초자료를 남겨두지 않았기 때문에 세부적인 자료를 참고로 사용할 수 없었다.

그나마 사업계획 수립 단계부터 언론기사 수집의 복안을 두고 제주일보의 김홍철 부국장에게 자초지종을 설명하면서 필요시에 협조해줄 것을 요청해 두었다. 다행히 김 부국장이 적극적으로 앞장서서 제주일보사의 승인을 받아줌으로써 자료실에서 문화관련 기사를 스캔하고 촬영할 수 있었다. 그런데 문제는, 1945년부터 기사를 스캔 받는 일도 방대하지만, 자료실에 들어갈 수 있는 인원이 적어 시간적 여유가 없다는 점이었다. 이 문제는 '극단 이어도'의 김광흡 대표가 제주일보 자료실 조사위원으로서 흔쾌히 맡아주었다. 정말 귀중하고 수많은 자료를 확보할 수 있었다. 스캐너로 복사할 수 없는 기사는 하나하나 카메라로 클로즈업 촬영했다. 온종일 자료실에서 나 홀로 작업한다는 게 보통 일이 아니었다. 기사가 대부분 문화면에 실려 있지만, 첫 면부터 한 면 한 면 넘기며 일일이 확인해야 했다. 오래된 신문철이라 좀과 쥐벼룩 같은 벌레에 물려가며 8월부터 9월까지 장장 2개월 동안 작업했다. 2006년 스캔 작업 이후 2007년 7월에도 추가 작업을 통해 1987~1997년의 자료를 보완할 수 있었다.

자료 수집만의 문제가 아니었다. 각 문화예술 장르별 활동상을 정리하여 원고를 집필하는 25명의 작업도 상당히 늦어졌다. 문화면 기사는 그나마 행사가 끝난 뒤의 사후 보도면 다행인데, 사전 보도는 실제 행사와 날짜나 장소, 내용이 다른 경우가 문제였다. 그렇다 보니 집필자 원고가 늦어지면서 사업 기간이 2008년 6월 30일에서 2008년 8월 31일로 연장되었지만, 다행히 발간을 마무리할 수 있었다.

총4권에 1,300면이 넘는 분량으로 구성되었다. 1권(330면)에 총설·문학·미술·서예·사진·건축을 소개하고, 2권(312면)에 음악·국악·무용·연극·영화를, 3권(288면)에 연예·민속예술·문화 일반·단체·행정과 시설을, 4권(387면)에 부록(연보)을 실었다. 애초 계획은 1945년 광복 이후부터 설정했으나 장르에 따라 1945년 이전의 제주 출신 예술가의 활동상도 다뤘으며, 현대 제주문화예술사의 흐름을 통시적으로 정리함으로써 자료의 가치를 높이고자 하였다.

훗날(2021년 12월) 제주예총에서 『제주예총 60년사』를 발간할 때 내가 편찬위원장을 맡아 전반적인 작업을 추진했는데, 『제주문화예술 60년사』의 장르별 활동상과 일지가 중요한 자료로 활용되었음을 밝힌다.

■ 나의 연보

• 1960년 5월 17일, 전라북도 군산시 중동에서 태어남(본적: 제

주시 건입동, 2남 2녀 중 막내).
- 1973년 2월, 목포교육대학 부속초등학교 졸업.
- 1974년 중학교 1학년 겨울방학 때 고향인 제주로 이주하여 제주중학교로 전학.
- 1979년 2월, 오현고등학교 졸업.
- 1983년 2월, 제주대학교 농과대학 원예학과 졸업.
- 1980년 제주대학교 2년 재학 중에 제주YMCA 대학생 극예술동호회(가람극회)에 입회하여 5·18 민주화운동과 비상계엄 시국에 신파극 〈이수일과 심순애〉(조일제 번안, 김종식 연출)에 '일본 순사' 역으로 출연하면서 연극계에 입문.
- 1981년 4월 4~5일, 가람극회 〈미열〉(조성현 작, 강용준 연출) 출연. 6월 12~14일, 가람극회 〈클로우즈 업〉(클레이고스 작, 박순남 연출) 출연.
- 1982년 3월 28~31일, 가람극회 〈정복되지 않는 여자〉(서머싯 몸 작, 김종식 연출) 출연. 6월 20일, 가람극회 〈아득하면 되리라〉(오태영 작, 양연기 연출) 출연.
- 1983년 6월 16~20일, 가람극회 〈기적을 파는 백화점〉(이어령 작, 김석범 연출) 공연. 11월 23일, 육군 입대(1986년 1월 30일, 병장 제대).
- 1985년 5월 23일, 85년도 전반기 안전사고 예방 웅변대회 1등 수상(육군 보병 제93연대).
- 1986년 9월, '제주YMCA 대학생 극예술동호회'(가람극회)에서 '극단가람'으로 재창단.

- 1987년 6월 24일, 극단가람, 제주도 등록 및 한국연극협회 제주도지회 가입. 제주시농협 입사(1990년 퇴직). 1989년 2월 29일, 우수직원 표창.
- 1989년 4월 15일, 결혼(배우자: 한청자).
- 1990년 6월 30일, 딸 고운 태어남.
- 1991년 9월 15일, 극단가람 〈아득하면 되리라〉(오태영 작, 김석범 연출) 공연
- 1992년 5월 21일~6월 4일, 제주에서 열린 제10회 전국연극제 사무간사로 참여하여 2만 명이라는 역대 최다 유료관객을 유치하는 등 성공적으로 개최함(한국연극협회 전국연극인협의회장 공로패).
- 1995년 5월 19일, 아들 기찬 태어남.
- 1996년 3월, (사)한국예총 제주도지회 사무국장 입사. 2005년 7월까지 재직하면서 제주봄대축제 왕벚꽃축제, 제주예총 창립기념행사, 청소년예술학교, 제주도미술대전, 탐라문화제, 제주예총 기관지《제주예술》발간 사업 등을 통해 제주문화예술 발전에 기여함.
- 1999년 9월, 제주에서 열린 제40회 한국민속예술축제 및 제6회 전국청소년민속예술제를 제38회 한라문화제와 연계하여 성공적으로 개최(문화관광부장관 표창).
- 2001년 5월 24일~6월 9일, 제주에서 열린 제19회 전국연극제에 기획팀장으로 참여.
- 2002년 3월, 단국대학교 경영대학원 입학(예술경영전공). 3월,

제주관광대학 관광컨벤션산업과 출강(~2006년 7월).
- 2003년 4월 16일, 제20차 예총전국대표자회의 개최(한국예총 회장 공로패).
- 2004년 5월, 제주도문화예술진흥위원회 전문위원(~2005년 9월). 8월, 단국대학교 대학원 졸업(경영학석사). 학위논문:「지역축제의 특성화 방안에 관한 연구 — 탐라문화제를 중심으로」.
- 2005년 8월, (재)제주문화예술재단 문예진흥부장으로 입사. 2020년 6월까지 문화예술진흥본부장, 예술공간TF단장, 공간사업본부장, 경영기획본부장, 전문위원 등을 역임하고 정년퇴직함.
- 2006년 4월, 2006년도 제주문화의 달 행사 추진위원회 위원. 12월, 문화예술진흥에 기여한 공으로 문화관광부장관 표창을 받음.
- 2008년 12월, 제주도축제육성위원회 위원(~2010년 11월).
- 2009년 12월, 문화예술발전에 기여한 공으로 문화체육관광부장관 표창을 받음.
- 2010년 10월, 제주시관광축제추진협의회 위원(~2014년 12월).
- 2017년 1월, 제주도축제육성위원회 위원(~2018년 12월). 12월, '제주비엔날레 2017'의 성공적인 개최에 기여한 공으로 제주도지사 표창을 받음.
- 2020년 7월 1일, (재)제주문화예술재단 정년퇴직(전문위원). 11월, 제주시관광축제추진협의회 위원장(~2022년 10월).
- 2021년 5~12월, (사)한국예총 제주도연합회의『제주예총 60년사』편찬위원회 공동위원장. 8월, (사)제주축제산업진흥원

원장(~2022년 10월).

- 2023년 1월, (재)제주문화예술재단 이사(~2025년 1월). 3~10월, 제주에서 열린 '제41회 대한민국연극제' 및 '제2회 대한민국시민연극제'의 집행위원회 행정경영감독. 7월 21일, 외손녀 김세라 태어남. 12월, 제주문학관 운영위원회 위원(~2025년 12월).
- 2024년 3~12월, 제주에서 열린 '제33회 전국무용제'의 집행위원회 행정경영감독.
- 2025년 1월, (재)제주문화예술재단 이사.

책끝에 덧붙임

'예담길'은 '예술을 이야기하면서 길을 걷는다'는 취지의 모임으로, 2014년 가을에 발족했습니다. 제주대에서 정년 퇴임한 김병택 교수의 제안에 후배 문인들이 호응하면서 결성되었는데, 현직에서 물러난 뒤에도 얼마든지 사회 활동과 창작 활동을 펼칠 수 있다는 것을 보여주자는 뜻으로 의기투합한만큼, 참여자들 모두 환갑을 지났거나 앞둔 연배였습니다.

처음엔 시인과 작가 등 9인으로 출범했으나, 세월이 흐르는 동안 나간 이도 있고 새로 들어온 이도 있어, 지금은 8인으로 구성되어 있으니, 명단은 다음과 같습니다.

김병택(문학평론가·시인), 장일홍(극작가·소설가), 문무병(민속학자·시인), 김석희(소설가·번역가), 김대용(이슬람학자·시인), 김희숙(무용가), 양원홍(방송인·시인), 김석범(문화행정·기획가)

이들은 모두 제주에서 태어나 자랐고, 고향의 자연과 문화를 호흡하면서 각자 나름대로 예술의 길을 걸어왔습니다. 매월 첫째 주화요일에 만나서 제주의 곳곳을 두어 시간 걸으며 예술을 이야기하거나, 좋은 공연이나 전시가 있으면 관람하기도 하고, 그런 다음에는 철 따라 괜찮은 맛집을 찾아가 술잔을 나누며 대화의 마당을 펼칩니다.

발족한 직후 몇 년은, 한 해 동안 출간된 회원들의 저서를 가지고 북콘서트 형식의 출판기념회를 열기도 했습니다. 그러나 안타깝게도 코로나 사태가 닥치면서 중단되었고, 그 후엔 되살리지 못했습니다. 그렇게 아쉬움이 남아 있는 가운데, 작년(2024년) 말에 만났을 때, '예담길'도 어느덧 10년 세월이 흘렀으니 뭔가 뜻있는 일을 해보면 좋지 않겠는가, 하는 이야기가 나왔습니다.

무엇을 할 것인가를 놓고 논의가 펼쳐진 끝에, 각자 살아온 이야기를 써서 책으로 내자는 합의가 이루어졌습니다. 누구의 말마따나 황혼이 아름다운 것은 그만큼 한낮을 밝히며 불타올랐기 때문일 테니, 나름대로 자기 분야에서 열심히 살아온 내력을 정리해 보는 것도 뜻있는 일이 아니겠는가—하는 생각에 모두의 마음이 모아진 것이지요.

올해 들어 첫 모임에서 집필과 편집 방침을 협의하고, 9월에는 원고를 정리하여 출판사에 보낼 수 있었습니다. 책을 많이 내봤다는 이유로 편집을 맡은 처지에서, 처음 시작할 때만 해도 이런저런 염려가 없지 않았는데, 모두가 신나게 참여하고 열심히 애써준 덕분에 무사히 작업을 마무리하게 되었습니다.

살아온 이야기를 쓴다는 것은 기억을 더듬어 과거를 파헤치는 일입니다. 그렇게 파헤치다 보면 슬프고 아픈, 어쩌면 감추고 싶은 사연도 함께 되살아나 불편해질 수도 있을 테지요. 어쩌면 그렇게 새삼 드러난 추억들이 새로운 위안과 치유의 실마리가 될 수 있을지도 모릅니다. 또, 그렇게 각자 나름대로 살아온 날들에 대한 반추를 통해 앞으로 살아갈 날들—얼마 안 남았지만—에 대한 희망과 열정을 새롭게 다질 수도 있을 것입니다.

이 책에 실린 글들에는 제주의 다양한 문화 현장에서 벌어졌거나 이루어진 일들도 담겨 있습니다. 그 기록들은, 사적으로든 공적으로든, 제주 문화예술의 한 시대적 풍경을 보여주는 자료로서 중요한 의미를 가질 수도 있을 것입니다.

책이 나오면, 서로 경의를 나누며 자축의 술잔을 들어도 좋지 않을까 합니다.

2025년 만추
김석희